COUR D'ASSISES DE LA SEINE.

AFFAIRE HUBER.

ATTENTAT CONTRE LA VIE DU ROI.

ACTE D'ACCUSATION.

Le procureur général près la Cour royale de Paris expose que, par arrêt en date du 27 mars 1838, la Cour a ordonné la mise en accusation et le renvoi devant la Cour d'assises du département de la Seine, pour y être jugés conformément à la loi, *de* :

1°. Laure Grouvelle, sans profession, âgée de trente-cinq ans, née à...., demeurant à Paris, rue des Beaux-Arts, 2 ;

2°. Louis Huber, âgé de vingt-trois ans, corroyeur, né à Vasselonne (Bas-Rhin) ;

3°. Jacob Steuble, âgé de vingt-deux ans, né à Krenighen (Suisse), ouvrier mécanicien, demeurant à Paris, rue d'Enfer, 76 ;

4°. Jean-Vincent Giraud, âgé de trente-cinq ans, commis marchand, né à Volouer (Savoie), demeurant à Paris, rue d'Enfer, 76 ;

5°. Antoine-Napoléon Annat, âgé de trente-cinq ans, corroyeur, né à Espalion (Aveyron), demeurant à Paris, rue Saint-Denis, 201 ;

6°. Léon-Didier Valentin, âgé de vingt-quatre ans, étudiant en droit, né à Saint-Loup (Deux-Sèvres), demeurant à Paris, cloître Saint-Benoît, 24 ;

7°. Jules-Armand-Marie Leproux, âgé de vingt-neuf ans, juge-suppléant au tribunal civil de Vervins, né et demeurant à Vervins ;

8°. Amédée-Hercule-Léopold de Vauquelin, âgé de quarante-six ans, propriétaire, né à Algy, arrondissement de Falaise, y demeurant.

Déclare, le procureur général, que de l'instruction et des pièces de la procédure, résultent les faits suivants :

On pouvait croire en France qu'on n'aurait plus de complots ni d'attentats régicides à déplorer. Il semblait que, dans leur impuissance même et dans leur désespoir, les factions les plus violentes et les plus haineuses devaient désormais renoncer à ces odieuses tentatives d'assassinat que la protection de la Providence avait fait tant de fois échouer, et qui avaient soulevé dans tous les cœurs tant d'indignation et de dégoût. Des esprits généreux qui se confient au pouvoir de la clémence et des bienfaits voyaient une nouvelle garantie de sécurité dans cette grande mesure de l'amnistie, qui leur paraissait marquer le terme des luttes armées et des agressions meurtrières. Cette espérance n'était point vaine : les mauvaises passions s'agitent dans un cercle de jour en jour plus rétréci. Mais il semble que leur violence s'accroît en raison des forces qui les refoulent, et les complots qui sont l'objet de cette accusation présentent, dans leurs moyens d'exécution, les caractères d'une dernière tentative furieuse et désespérée, qui semble défier à la fois et la protection du ciel et l'exécration publique. Malgré l'expérience si douloureusement acquise de tout ce que le crime peut tenter, on aurait à peine admis que de tels projets eussent pu être conçus et pussent être réalisés, si l'on n'avait pas trouvé, dans un écrit émané de l'un des accusés, l'indication précise de la nature du complot et des moyens d'exécution. Mais c'est une chose remarquable que les bases principales de cette accusation si grave sont fournies par des écrits attribués aux accusés eux-mêmes, et saisis soit entre leurs mains, soit entre les mains de ceux que leur prudence en avait constitué les dépositaires. Le récit des faits va montrer par quelles circonstances fortuites la justice a reçu de premières révélations, et quels résultats ont amené les développements de la procédure.

Le 8 décembre 1837, vers dix heures du soir, un préposé des douanes, nommé Pauchet, était de service sur le quai de Boulogne-sur-Mer ; un paquebot, arrivant de Londres, venait de déposer à terre ses passagers ; la pluie tombait avec force, un homme, qui venait de la jetée, passe, en courant et en tenant relevé les pans de sa redingotte, auprès de Pauchet, et celui-ci, le suivant de l'œil, voit rouler derrière lui un objet qu'il ne peut distinguer. Il s'approche et ramasse un portefeuille ; il s'efforce, mais inutilement, d'atteindre et de rappeler l'homme qui venait de le perdre, et qui avait déjà disparu. Ce fut le lendemain seulement que Pauchet ouvrit le portefeuille ; parmi les papiers qui s'y trouvaient, un seul fixa son attention : c'était un passeport délivré à un sieur Louis Huber ; il en conclut que ce portefeuille appartenait à un voyageur qui le ferait chercher ; il le laissa entre les mains d'un sieur Bailly, dans la maison duquel il logeait, et qui se chargea de le rendre si on le faisait crier. Aucune réclamation ne fut faite. Bailly se rendit pour prendre des informations chez un sergent de ville qu'il ne rencontra pas. Il était encore dépositaire du portefeuille lorsque le sieur Pauchet rentra chez lui. On examina alors avec plus de soin les diverses pièces qui y étaient renfermées, et une lettre signée Stiegler parut révéler l'existence d'une entreprise formée contre le Gouvernement. Pauchet crut devoir montrer cette lettre à quelques-uns de ses chefs, qui, après en avoir pris connaissance, lui donnèrent le conseil de remettre immédiatement le portefeuille et tout ce qu'il contenait au commissaire de police. Ce dépôt fut effectué le 10 décembre, à huit heures du matin. Deux heures après, on arrêta, dans un hôtel garni tenu par une dame Petiton, un individu qui y logeait sous le nom de Stiegler. Il reconnut que le portefeuille lui appartenait : il avoua qu'il voyageait sous un nom qui n'était pas le sien et avec un passeport qui ne lui appartenait pas. C'était le nommé Louis Huber, condamné par la Cour d'assises du département de la Seine à cinq années de prison dans l'affaire dite *le complot de Neuilly* ; rendu à la liberté le 11 mai dernier, par l'ordonnance d'amnistie, mais placé par suite de sa condamntion sous la surveillance de la haute police.

Il était arrivé à Boulogne dans la soirée du 6 décembre, par un paquebot qui venait de Londres. On l'avait vu à Londres dans les jours qui avaient précédé, à l'hôtel de l'Ancre-Bleue, où il paraissait n'avoir de relations avec personne ; à Boulogne, personne n'était venu le visiter, et il avait seulement demandé l'adresse d'un banquier chez lequel il n'était point allé, quoiqu'il eût voulu faire croire qu'il l'avait vu. Dès le lendemain de son arrivée, il avait confessé qu'il manquait d'argent, et il avait écrit à Paris pour en demander. Sa lettre portait sur l'adresse les noms de deux personnes, dont l'une était chargée de la remettre à l'autre. L'un de ces deux noms était celui de la demoiselle Grouvelle. Le 9 décembre, il avait reçu de Paris un bulletin qui constatait l'envoi de 40 fr. par les messageries de Laffite et Caillard ; l'expéditeur était désigné sous le nom de Grouvelle,

Dans la journée du 9 ; Huber s'était rendu deux fois au bureau des Messageries pour demander si l'argent était arrivé ; on lui avait répondu qu'il ne pourrait le recevoir que le lendemain, et il avait déposé le bulletin et le passeport sous le nom de Stiegler entre les mains de l'aubergiste, pour garantir le paiement de sa dépense, car il n'avait point apporté de bagage avec lui.

Son portefeuille contenait quinze pièces, parmi lesquelles il importe de signaler 1° une expédition de l'arrêt de la Cour d'assises, rendu contre lui et qui l'avait condamné comme coupable de complot contre la vie du Roi ; 2° le passeport qui lui avait été délivré au moment où la porte de la maison centrale de Clairvaux lui avait été ouverte ; 3° un lambeau de journal contenant les détails d'une tentative qu'il avait faite pour s'évader pendant sa détention ; 4° deux certificats émanés d'officiers publics et qui constataient qu'il était arrivé à Londres le 6 août 1837, venant de Belgique, et le 30 novembre 1837, venant de France ; 5° une lettre non cachetée, signée Stiegler, et adressée au sieur Leproux, juge suppléant à Vervins ; 6° une feuille intitulée, au recto plan n° 1, et au verso plan n° 2, couverte de caractères allemands, et portant sur la marge droite des chiffres qui indiquaient nécessairement des quotités ou des dimensions se rapportant à des objets annoncés dans les lignes en regard desquelles ils étaient placés.

Au milieu du portefeuille était attaché un carnet sur lequel on lisait une longue suite de nombres qui n'étaient l'expression d'aucun calcul et qui constituaient évidemment un langage de convention. On a pu remarquer tout d'abord cette singularité, que ces nombres, soit qu'ils fussent composés d'un seul chiffre, soit qu'ils en comprissent plusieurs, se trouvaient toujours assemblés deux à deux par un trait d'union.

Huber reconnut, comme on l'a déjà dit, son portefeuille, et parapha toutes les pièces qu'il contenait, à l'exception toutefois de la lettre adressée au sieur Leproux et de la feuille écrite en caractères allemands ; il déclara que, relativement à ces deux pièces, il s'expliquerait plus tard. Il ajouta que, lorsqu'il s'était aperçu, le 8 décembre, en rentrant, de la perte de son portefeuille, il s'était borné à le demander dans l'hôtel, où on lui avait répondu qu'on ne l'avait pas vu et qu'il n'avait fait aucune autre démarche, parce qu'il ne savait à qui s'adresser. Il résulte cependant de la déposition d'un témoin qu'on lui avait donné le conseil de le faire publier, mais il avait paru croire qu'il était tombé dans la mer et avait donné lieu de penser qu'il n'y attachait pas d'importance.

Conduit à la maison d'arrêt de Boulogne, Huber eut pour compagnon de captivité un sieur Ringot, détenu pour dettes, qui fut chargé de le surveiller. Sombre et taciturne pendant le jour, lorsqu'il se trouvait confondu avec les autres prisonniers, Huber, lorsqu'il était seul avec le sieur Ringot, donnait un plus libre cours aux pensées et aux sentiments qui l'agitaient. Tantôt préoccupé de l'importance qu'il voulait qu'on lui donnât, tantôt se laissant entraîner à de violents accès de colère, il disait que son portefeuille contenait des papiers et notamment une lettre et un plan qui pourraient faire arrêter deux cents personnes ; qu'il avait été arrêté lui-même deux jours trop tôt ; que s'il fût resté libre, on aurait bientôt entendu parler de lui ; qu'il était républicain et qu'il voulait tuer son père et sa mère, expliquant que, par ces mots, il désignait le Roi et la Reine. Il regrettait de ne pouvoir écrire à ses amis, qui ne le laisseraient pas, disait-il, arriver prisonnier à Paris, s'il lui était possible de les prévenir. Il se vantait de pouvoir faire trembler à lui seul le quartier où il était détenu, et prétendait qu'on ne connaissait que lui dans toutes les prisons où il avait été renfermé.

Ces propos, rapportés par le détenu Ringot, indiquaient qu'Huber avait été arrêté pendant qu'il travaillait à réaliser un projet exécrable, et confirmaient les inductions que présentait cette lettre signée Stiegler, qui avait été trouvée dans son portefeuille et qu'il avait refusé de reconnaître, quoiqu'elle fût mêlée à ses autres papiers et quoiqu'il eût été contraint d'avouer qu'il voyageait sous le nom et avec le passeport de Stiegler.

Cette lettre, adressée au sieur Leproux, juge suppléant à Vervins, est ainsi conçue :

« Brave ami, vous êtes sans doute déjà prévenu de mon arrivée. Mais
» comme vous en ignorez l'époque, je vous prie de vous diriger sur-le-champ
» vers le lieu du rendez-vous. Je m'y trouverai en vous attendant ; surtout
» prenez bien vos mesures ; car, à mon dernier passage à Calais, j'ai re-
» marqué une surveillance très-active. Les hommes comme vous sont trop
» utiles par votre fortune, vos capacités et surtout par l'influence que vous
» exercez; tandis que moi, pauvre prolétaire, je ne puis offrir à la patrie
» que mon sang et la pureté de mes intentions.

» N'ayant eu l'argent nécessaire pour passer par la Belgique, je me suis
» vu forcé de passer par Boulogne ; heureusement que le plus fort est fait.
» Tout le matériel est concentré dans Paris : le plan que l'on exige, je l'ap-
» porte ; songeons maintenant aux moyens d'exécution. Nous pouvons, si la
» circonstance l'exige, frapper le grand coup ; mais, surtout, réfléchissons
» bien. Ne compromettons pas la sûreté du peuple par une témérité. Exa-
» minons la marche de la nouvelle Chambre, et si le peuple pouvait arri-
» ver à son bonheur moralement, épargnons l'effusion du sang, mais je le
» crois impossible ; l'aristocratie est trop corrompue. Je le dis à regret, il
» faut une révolution matérielle pour perfectionner la révolution morale.
» Le peuple a besoin de se débarrasser de tous ces vautours à figures hu-
» maines qui voudraient dévorer tout ce qui ne leur ressemble pas. Si par
» malheur nous succombons dans la lutte, nous subirons le sort du mar-
» tyr ; nous avalerons la ciguë jusqu'à la lie, et nous mourrons tranquilles
» avec nos consciences, quelle que soit l'opinion qu'on aura de nous. Quant
» à nos coreligionnaires, il y a bien peu d'hommes purs. Ils prêchent la vertu
» et ne sont, pour la plupart, qu'égoïstes, ambitieux, intrigants et jon-
» gleurs politiques. Je le dis à regret, mais cependant cela existe: je les ai
» vus de trop près ; et si, jusqu'à ce jour, nous avons conservé nos têtes,
» ce n'est pas par leur discrétion. Combien cette honorable demoiselle n'a-t-
» elle pas été en butte à leurs vociférations calomnieuses, et cependant elle
» est remplie de dévoûment. J'adore la république et j'abhorre les faux
» républicains. Je n'ai d'espoir que dans le peuple, qui lui seul est pur, et
» j'espère qu'il profitera du triste exemple qu'il a reçu en juillet. »

Il demeure évident, après la lecture de cette lettre, que celui qui l'écrit a concerté antérieurement et arrêté avec celui à qui elle est adressée, une résolution qui touche au moment de son exécution, dont tous les préparatifs sont faits, pour laquelle il a fallu rassembler un matériel, qui ne peut s'accomplir que par l'effusion du sang et dont le but est de substituer la république à la monarchie constitutionnelle. Si l'auteur de la lettre paraît s'arrêter un moment à l'idée qu'une révolution morale pourrait dispenser de recourir aux violences de ce qu'il appelle une révolution matérielle, c'est seulement pour travailler à détruire l'objection qu'un esprit moins décidé, qu'une conscience plus timide pourraient hasarder, et pour conclure qu'il faut accepter toutes les nécessités et tous les périls de l'entreprise.

Il n'est pas indifférent de remarquer que, dans cette même lettre, le prétendu Stiegler rappelle au souvenir de son correspondant une honorable demoiselle qu'il ne nomme pas, mais qu'il signale comme remplie de dévoûment, et comme étant en butte à des vociférations calomnieuses. Il est surtout important de fixer la pensée sur cette phrase : « Le plan qu'on exige, je l'apporte. »

Huber, on l'a déjà dit, n'avait à Boulogne aucun bagage. Les perquisitions qui avaient été faites dans la chambre qu'il occupait chez la dame Petiton n'avaient produit aucun résultat ; mais le 13 décembre, au moment où il allait partir pour Paris, les gendarmes qui devaient l'escorter firent sur sa personne la visite d'usage pour s'assurer qu'il ne cachait aucune arme, aucun instrument dangereux. Ils découvrirent, dans sa poche, deux lettres, l'une adressée à M. Stiegler, à Boulogne ; l'autre, sans adresse, datée de Boulogne, le 9 décembre 1837, et dans la coiffe de son chapeau, le plan colorié d'une machine dont on connaîtra bientôt la destination et l'objet. Au moment où les gendarmes déployaient ce papier, Huber se précipita pour l'arracher de leurs mains ; il ne put réussir qu'à en déchirer un morceau qu'il jeta dans le feu. On peut déjà comprendre que c'était là le plan relatif à l'entreprise dont Huber entretenait le sieur Leproux, ce plan qu'on exigeait et qu'il annonçait avoir entre les mains.

La lettre datée de Paris ne contenait que ce peu de mots : « Je vous attends, directement, ici, mon cher ami ; s'il vous manque de l'argent pour payer la diligence, en tous cas, débarquez chez nous, nous vous recevrons avec plaisir. adieu. S. et F. (Salut et fraternité). »

Elle n'était pas signée, mais la lettre datée de Boulogne, dont les énonciations suffisent pour démontrer qu'elle émane d'Huber lui-même, vient donner à des faits déjà constatés une confirmation nouvelle et signaler une troisième personne comme ayant pris part aux résolutions criminelles dont il préparait l'exécution : « Amie, écrivait-il, il faut avouer que le sort se » joue bien de nous. Hier en rentrant, j'étais privé de mon portefeuille. Je » venais du port, où j'étais allé pour voir si A... ne débarquait pas. » Il exprimait ensuite les inquiétudes que lui causait cette perte : « Car le porte- » feuille contenait, ajoutait-il, mon arrêt de la Cour d'assises, les détails » de ma tentative d'évasion et de plus, une lettre à notre ami, dans la- » quelle je lui parlais assez ouvertement de notre entreprise. » Il terminait en disant que ses dangers personnels ne devaient point empêcher de continuer ; qu'il convenait, toutefois, de se méfier et de cacher un individu qu'il désignait.

Le premier mot de cette lettre annonce qu'elle était destinée à une femme, et sa teneur prouve non-seulement que cette femme était la confidente des desseins de Huber, mais encore qu'elle concourait avec lui à une entreprise qui leur était commune et qu'elle pourrait conserver les moyens de la mener à fin, malgré l'arrestation de l'un des hommes qui en étaient les agents. Le nom de Grouvelle, écrit par Huber, sur l'adresse de la lettre, par laquelle il demandait l'argent nécessaire pour continuer son voyage; ce même nom retrouvé sur le bulletin qui constatait un envoi de 40 francs, indiquait déjà quelle était cette femme. Ces premières données ont été pleinement confirmées par l'instruction.

C'est le 10 décembre qu'Huber avait été arrêté à Boulogne. Aussitôt que l'on connut à Paris cette arrestation et les découvertes dont elle avait été suivie, des recherches actives furent dirigées à Paris contre un assez grand nombre de personnes. Des mandats d'amener placèrent notamment sous la main de la justice la demoiselle Grouvelle, une demoiselle Hergaland qui travaillait chez elle comme ouvrière et à laquelle elle témoignait beaucoup d'amitié et de confiance; les nommés Vincent Giraud et Annat, dont les rapports, soit avec Laure Grouvelle, soit avec Huber, étaient connus, et le nommé Steuble qui, depuis un mois, habitait chez Vincent Giraud.

Des perquisitions minutieuses furent opérées au domicile de chacun d'eux. Le 13 du même mois, le sieur Leproux était arrêté à Vervins.

Dans la poche du tablier de la demoiselle Hergaland, on trouva deux lettres que la demoiselle Grouvelle lui avait récemment adressées. L'une de ces lettres annonçait l'envoi d'un paquet qu'on ne trouva pas dans le premier moment, mais qui a été saisi depuis; l'autre invitait la demoiselle Hergaland à aller demander à un sieur Journeux, le prêt d'une somme de 50 ou même de 30 fr.

On n'avait pas reçu 500 fr. qu'on attendait; un ami qu'on ne désignait pas, pouvait arriver d'un moment à l'autre. Depuis la veille, on avait bien des choses à raconter; car « *le temps vole*, disait-on, *et les événements avec lui.* »

Avec ces deux lettres, la demoiselle Hergaland avait dans sa poche deux autres pièces qu'elle déclara lui avoir été remises par la demoiselle Grouvelle. C'étaient un billet adressé par Steuble à Huber, qui établissait que des rapports antérieurs avaient existé entre ces deux individus, et une lettre qui était évidemment celle par laquelle Huber, arrivé à Boulogne, avait demandé à la demoiselle Grouvelle l'argent nécessaire pour continuer son voyage. Huber annonce à la demoiselle Grouvelle qu'il rapporte ce qu'elle lui a demandé, mais qu'elle ne s'était pas trompée, qu'il ne l'a pas obtenu sans peine, qu'il a fallu employer la ruse, qu'il a dû s'emparer des plans pendant l'absence de ceux qui les détenaient. Un individu qu'il ne nomme pas lui objectait que les factures étaient fausses et voulait garder ce qu'il lui demandait. Le défaut d'argent l'a empêché de revenir par la Belgique. Il s'est hasardé à passer par Boulogne. Mais il doit plus qu'il ne possède à l'hôtel où il loge. Il se voit réduit à y rester honteusement et à faire, dans l'intervalle, de nouvelles dépenses. Il promet de rembourser tout ce qui aura été dépensé pour son compte personnel, et termine en annonçant qu'il a brûlé un billet de 400 fr.; qu'il n'a pu agir de cette manière que parce que c'était pour elle, et qu'il aura la diligence gratis.

L'explication de cette dernière circonstance se trouve peut-être dans une démarche qu'Huber avait faite pour obtenir qu'on imputât sur le prix de la place qu'il retenait pour revenir à Paris, des arrhes qu'il avait payées à un précédent voyage, pour une place qu'il n'avait pas occupée. Quoi qu'il en soit, cette lettre, antérieure à celle qu'Huber avait préparée pour annoncer la perte de son portefeuille, ne permet plus de douter de la coopération de Laure Grouvelle à qui elle a été adressée et qui l'a reçue, dans cette entreprise dont Huber, sous le nom de Stiégler, entretenait le sieur Leproux. Elle explique comment Huber se trouvait en possession de ce plan, saisi sur lui, qu'il présentait dans sa lettre au sieur Leproux comme une condition du succès. Huber a été à Londres pour s'en emparer, parce qu'on l'exigeait à Paris, parce que la demoiselle Grouvelle le lui avait demandé. Et, s'il reste quelque chose d'obscur dans cette résis-tance qu'il a éprouvée et qu'il a essayé de vaincre par les représentations de factures qu'un inconnu prétendait fausses, toujours est-il que l'existence de ce plan entre ses mains, et les efforts faits pour s'en emparer le lient de la manière la plus étroite à l'accomplissement de cette révolution matérielle et sanglante dont on préparait les moyens.

Ce plan a été soumis à des experts : ils ont facilement reconnu qu'il représentait une machine composée de seize canons de fusil, réunis en jeu d'orgue, sur deux rangées de huit chacune, superposées l'une à l'autre ; ces canons de fusil sont assemblés sur un axe en fer autour duquel ils peu-vent avoir un mouvement de rotation. Ce système est monté sur un affût à deux roues, analogue aux affûts des pièces d'artillerie de campagne et sur la flèche duquel on remarque une vis de pointage transversale, et une trémie percée de seize trous, qui se meut autour de deux charnières et paraît destinée à introduire les charges.

Considérée comme projet d'arme de guerre, cette machine a des rap-ports nombreux avec d'autres machines connues qui ont été jugées ne pouvoir servir en campagne. Mais elle peut être établie, elle peut fonc-tionner, et le seul obstacle que rencontreraient ceux qui tenteraient de l'employer à commettre un attentat, ce serait l'impossibilité de la produire en public sans qu'elle frappât l'attention. On verra plus tard que cette diffi-culté avait été prévue, et de quelle manière on espérait la surmonter.

Tel était donc le plan que Huber rapportait dans la coiffe de son cha-peau : c'était le dessin d'une machine meurtrière analogue à celle que Fieschi avait employée pour un attentat de douleureuse et sanglante mémoire, mais d'une construction plus savante, dont l'usage devait être moins dangereux pour ceux qui devaient le tenter, et dont le feu, plus rapidement et plus sûrement dirigé, présentait à d'atroces combinaisons des chances de succès plus terribles encore.

Ce n'est pas à ce plan que se rapportent les énonciations de cette feuille écrite en langue allemande, qui porte pour titre au recto, plan n° 1, et au verso, plan n° 2, et qui a été trouvée dans le portefeuille de Huber. On y lit là la description et la dimension de diverses pièces qui peuvent appar-tenir à la machine figurée sur le plan saisi, mais qui pourraient aussi entrer dans la construction d'un autre appareil. Si les indications que con-tient cette feuille sont relatives, comme on est conduit à le penser en la trou-vant entre les mains d'Huber, à la machine dont il s'occupait, il faut admettre qu'il a été dressé des plans partiels dont elle contenait l'explica-tion.

Quoi qu'il en soit, les lettres dont on a présenté ci-dessus les termes ou l'analyse, et qu'on n'a pas hésité à attribuer à Huber, quoiqu'il ne les ait pas reconnues, non-seulement parce que les experts commis dans l'instruc-tion les lui ont attribuées, mais encore parce qu'il est facile à tous les yeux d'y reconnaître son écriture ; ces lettres, disons-nous, et les pièces sai-sies sur lui établissent seules, quoi qu'il en soit, l'existence d'un odieux complot, indiquent quelques-uns de ses auteurs et révèlent le moyen par lequel l'attentat devait être accompli. Il convient maintenant de remonter à l'origine de cette trame criminelle et d'en suivre les développements.

Rendu à la liberté par l'ordonnance d'amnistie du 8 mai 1837, Huber était venu à Paris. Mais il était placé sous la surveillance de la haute police, et, condamné dans un procès où il avait été accusé d'un complot contre la personne du Roi, il ne pouvait pas être autorisé à résider dans cette ville. La clémence royale abrégeait pour lui un châtiment mérité, mais l'administration aurait manqué de prudence si elle n'avait pas usé du droit qu'elle avait de lui interdire le séjour de Paris. On n'ignorait pas que, traduit à raison d'une tentative d'évasion devant les juges de Bar-sur-Aube, on lui avait demandé quel était son projet en cherchant à s'évader, et qu'il avait répondu : « De remplir le devoir d'un bon républicain. » On avait insisté pour connaître de quelle manière il comprenait ce devoir : « Si vous ne le savez pas, avait-il dit, il est inutile que je vous l'apprenne. » Détenu à Paris pendant le procès d'Alibaud, il avait demandé à être confronté avec cet assassin, dans le seul but de lui porter des paroles d'encouragement et de sympathie.

Il reçut donc l'injonction de quitter Paris, et feignit d'obéir. On le vit, le sac sur le dos, faire ses adieux dans le quartier qu'il habitait. Il ne partit pas cependant, et vint souvent prendre ses repas chez le nommé Moutier, logeur, rue Marie-Stuart, dans la maison duquel il avait autrefois logé.

Là se trouvait aussi un jeune suisse, Jacob Steuble, qui arrivait d'Angleterre. Il y avait accompagné son père qui se disait inventeur d'une machine de guerre, et qui avait parcouru une partie de l'Europe pour offrir son secret à divers gouvernements. Cette machine était à peu près semblable à celle dont le plan a été saisi entre les mains d'Huber. Elle en différait seulement en ce qu'au lieu d'être armée de 16 canons de fusil, elle s'adaptait à une pièce de bronze percée de 32 trous qui formaient autant de bouches à feu. Cet appareil avait été proposé au gouvernement français qui, sur un rapport du comité d'artillerie, l'avait repoussé sous le double motif qu'il ne constituait pas une invention nouvelle, et qu'il ne pouvait être utilement employé dans les armées.

Une mésintelligence dont la cause n'est pas connue survint entre Jacob Steuble et son père, et détermina leur séparation. Jacob Steuble, instruit par son père dans l'art de la mécanique, dépositaire de ses procédés, et ayant quelque habitude du dessin, n'était cependant qu'un ouvrier mal habile et essayait vainement de trouver de l'emploi comme tourneur de métaux. Il se trouvait donc réduit à une grande détresse, lorsque le hasard le mit en rapport avec Huber. Steuble ne parlait que l'allemand ; Huber, Alsacien d'origine et élevé à Paris, parlait également l'allemand et le français. Cette circonstance fit naître entre eux une intimité qui amena bientôt de mutuelles confidences. Huber apprit que son nouvel ami avait l'aptitude nécessaire pour diriger la construction d'une machine dont les effets redoutables pouvaient être mis au service d'une odieuse et sanguinaire pensée.

Ces choses se passaient à la fin du mois de mai et au commencement du mois de juin 1837. A cette époque, Huber était entré en relations avec la demoiselle Grouvelle. La condamnation qu'il avait subie avait suffi pour le recommander à cette femme, depuis longtemps connue par l'exaltation et la violence de ses sentiments républicains. Admiratrice passionnée de Morey et d'Alibaud, elle a surmonté les répugnances les plus naturelles, pour leur rendre de funèbres devoirs ; elle a payé les ornements de leur tombe ; elle est dépositaire de leurs reliques ; elle s'émeut à leur souvenir

et n'en parle qu'en pleurant. Huber lui apparut comme l'héritier de leur pensée et de ce qu'elle appelle leur énergie. Parmi des papiers qu'elle avait confiés à la demoiselle Hergaland, et que celle-ci avait soigneusement cachés, on a trouvé un écrit que l'opinion unanime de trois experts lui attribue, et dans lequel elle trace le portrait du patriote qui lui a paru le plus remarquable. Il est impossible de n'y pas reconnaître Huber, puisqu'elle signale l'homme dont elle parle comme étant le seul qui ait encouragé Alibaud dans la prison, et qu'Huber seul a donné ce témoignage d'une sympathie régicide. Des détails de signalement viennent d'ailleurs justifier cette application. Dans cet écrit, Laure Grouvelle résume en ces termes ses propres sentiments et ceux de l'homme dont son enthousiasme dicte l'éloge : « Sa conduite envers Alibaud a un cachet particulier d'élévation.
» C'était l'élan du cœur, et certains actes de sa vie portent l'empreinte
» d'une rare et calme intrépidité : l'homme s'est révélé là tout entier. Quel-
» que soit l'avenir que les circonstances lui gardent, il y a dans cet
» homme du Morey et de l'Alibaud. »

On conçoit ce que de tels sentiments devaient produire, le jour où ceux qui en étaient animés croiraient avoir trouvé le moyen d'égaler par l'attentat ceux dont ils étaient les émules, et de les surpasser par le succès.

Bientôt des conférences ont lieu entre Huber, Steuble et la demoiselle Grouvelle, tantôt chez cette dernière, tantôt chez Huber. Plusieurs déclarations constatent leurs rapports mutuels à cette époque. La demoiselle Hergaland accompagnait Laure Grouvelle quand celle-ci allait chez Huber, et deux fois elle a vu Steuble venir les y rejoindre. Deux fois aussi, sur l'invitation de Huber, qui lui avait dit devoir épouser Laure Grouvelle, le logeur Moutier a été chez elle lui demander le paiement de ce qui lui était dû par Huber. Le 7 juillet, par une lettre qui a été retrouvée et saisie, Huber indique à la demoiselle Grouvelle un rendez-vous chez une femme Rozé, et annonce qu'il y verra avec plaisir une amie qu'elle doit lui amener et lui faire connaître. Enfin, parmi les papiers remis par Laure Grouvelle à la demoiselle Hergaland, se trouve une lettre par laquelle Steuble redemande à Huber un gilet qu'il lui a prêté. Ces faits prouvés par l'instruction suffisent pour mettre hors de doute les relations habituelles qui s'étaient établies entre ces accusés.

Huber et Laure Grouvelle ont refusé de donner aucune explication sur leurs relations, soit entre eux, soit avec Steuble, de même qu'ils ont constamment persisté à ne fournir aucun éclaircissement sur les faits et sur les pièces qui leur étaient personnellement opposés. Ce silence est pour eux le résultat d'un système dont l'effet pourrait être de ne pas compromettre davantage un coupable déjà compromis, s'il n'était pas lui-même un indice gravement accusateur, mais qui servira toujours bien mal les intérêts de l'innocent soupçonné sur de fausses apparences. Deux autres accusés, les nommés Annat et Vincent Giraud, s'y sont aussi réfugiés; mais Steuble n'a pas pris le même parti, et s'il a été amené à faire des aveux qui n'ont point échappé à ses coaccusés, c'est qu'après avoir essayé le mensonge, il a dû céder à une évidence contre laquelle le silence ne sera pas toujours une sauvegarde.

Arrêté le 12 décembre dernier, dans le logement de Vincent Giraud, qui lui avait cédé son lit pour partager celui de son oncle, vieillard plus qu'octogénaire, Steuble avait d'abord prétendu qu'il ne connaissait ni Huber, ni Laure Grouvelle, ni Vincent Giraud lui-même; que, cherchan un logement, il était par hasard entré dans la maison de ce dernier ; que, venu de Londres dans les premiers jours de novembre, il avait cherché de l'ouvrage à Paris, et que, n'en ayant point trouvé, il se disposait à repartir pour la Suisse, son pays natal. Il soutenait même qu'il ne connaissait pas un individu nommé Klappel, avec lequel il était venu de Londres et qui partageait son lit chez Vincent Giraud.

L'invraisemblance de quelques-unes de ces allégations suffirait pour les réfuter : il en est d'autres qui se trouvaient déjà démenties par les premières données de l'instruction. Toutes furent bientôt démontrées fausses. Vincent Giraud lui-même déclara que Steuble lui avait été adressé par une personne qu'il refusa de nommer, parce que c'était, pour emprunter ses expressions, une affaire de confiance. Il fut établi que Steuble, pendant le cours du mois de mai, du mois de juin et du mois de juillet précédents, avait logé presque sans interruption dans la maison du nommé Moutier, où Huber venait prendre ses repas ; qu'il y avait eu avec Huber de fréquentes relations, et que non-seulement il connaissait Laure Grouvelle, mais que cette demoiselle lui portait assez d'intérêt pour lui avoir envoyé son médecin et être venue elle-même le visiter pendant une maladie qu'il avait éprouvée depuis son séjour chez Vincent Giraud. Enfin, il indiquait lui-même dans un billet adressé à une personne qu'il désirait voir, qu'on le trouvait chez le sieur Philippe Grouvelle, frère de Laure, rue des Beaux-Arts, depuis midi jusqu'à cinq heures.

Steuble a depuis été forcé de reconnaître la vérité de tous ces faits, et on comprend tout ce qu'il y a de gravité dans les dénégations par lesquelles il les avait d'abord accueillis.

Contraint aussi d'avouer que la description de la machine, écrite en allemand, et saisie à Boulogne dans le portefeuille d'Huber, était de sa main, il prétendit qu'elle se rapportait à une machine de guerre ; qu'on la lui avait prise pendant son premier séjour à Paris avec un livre qui contenait des descriptions du même genre, et il ne put expliquer comment cette feuille se trouvait entre les mains d'Huber. Il soutenait enfin dans ses premiers interrogatoires qu'il n'était pas l'auteur du plan saisi dans le chapeau d'Huber.

Ce que l'on a déjà fait connaître des résultats de l'instruction rendait peu vraisemblables ces moyens de justification ; d'autres circonstances, non moins graves, n'étaient pas plus faciles à expliquer.

On avait saisi un grand nombre de pièces diverses appartenant, soit à Steuble, soit à cet individu nommé Klappel, qui était venu avec lui d'Angleterre, et qui avait trouvé, comme lui, un asile chez Vincent Giraud.

On remarquait parmi ces papiers des lettres par lesquelles Steuble demandait qu'on lui envoyât d'Allemagne des recettes de fusées et un livre intitulé l'*Artificier allemand* ; trois recettes pour la composition de fusées de calibres différents ; une lettre dans laquelle il témoignait le désir qu'en lui écrivant, on lui donnât le nom de Valisser ; une autre lettre adressée à un sieur Souillard, condamné par contumace, réfugié en Angleterre, l'un des prévenus des attentats d'avril 1834, qui ont échappé par la fuite à un débat contradictoire, et dans laquelle il se plaignait de la manière dont il avait été traité, et regrettait d'avoir été forcé de renoncer à une affaire de laquelle il attendait les plus heureux résultats. Enfin, un certificat trouvé parmi ces mêmes papiers, et délivré à Londres sous le n° 1221, constatait que Steuble était arrivé à Londres, venant de Belgique, le 6 août 1837, le jour même où un certificat pareil, délivré sous le n° 1222, et trouvé dans le portefeuille d'Huber, constatait que ce dernier y arrivait aussi, venant aussi de la Belgique.

Il était donc ainsi prouvé que Steuble était arrivé en Angleterre en même temps qu'Huber, et ces premières indications sur la nature des motifs qui l'y avaient conduit, et des relations qu'il y avait eues, permettaient déjà d'entrevoir que le voyage de cet ouvrier mécanicien dans le pays d'où Huber avait plus tard rapporté le plan de la machine, devait avoir pour but l'exécution du complot.

Une perquisition faite chez un sieur Journeux, homme de lettres, dont les liaisons avec la famille Grouvelle étaient notoires, a placé sous la main de la justice des pièces qui ne paraissent pas laisser de doute à cet égard. On y a saisi des papiers renfermés dans une enveloppe cachetée, et portant pour suscription ces mots : « Testament de madame Grouvelle mère. » Le paquet a été ouvert en présence et du consentement de la dame Grouvelle, et la gravité des révélations que fournirent les écrits qu'il contenait s'accroît encore par cette circonstance qu'ils se trouvaient aux mains de la dame Grouvelle, et qu'elle prenait tant de soins pour les cacher.

Parmi ces écrits se trouve d'abord une lettre écrite par Steuble, à un de ses amis, sous la date du 29 septembre 1837. Il annonce qu'il vient de traiter de l'une des plus grandes affaires qu'il puisse entreprendre, et que, s'il réussit, son existence est assurée. Il recommande de ne pas faire connaître qu'il est à Londres ; il donne son adresse chez le réfugié Souillard. Il indique une série de signes hiéroglyphiques, dont on pourra se servir si on veut lui demander des choses qu'il puisse seul lire et comprendre. Une autre lettre, saisie en même temps, est écrite par Steuble à Huber. Elle a pour objet de demander le motif pour lequel il a été *traité comme un coquin.* « Ce ne peut être par suite d'une lettre écrite à Madame la duchesse de Berry et dont il avait demandé que la réponse fût adressée chez un ami commun nommé Moll. Il avait seulement pour but de s'assurer si l'amitié de ce dernier était sincère. Il avait demandé de l'argent pour envoyer une lettre en Allemagne. On avait promis de le lui donner. Souillard, qui s'était engagé à payer pour le logis, est celui qui a payé pour la lettre. » Tel est en substance le contenu de cet écrit, dont une partie est déchirée et ne présente plus que des mots sans suite sur lesquels on ne doit pas hasarder de conjectures.

Ce qu'il importe surtout d'y remarquer, c'est qu'il renouvelle les plaintes de Steuble sur les mauvais traitements qu'il éprouve, plaintes qu'il exprimait aussi dans sa lettre à Souillard et qu'il dirige ici contre Huber. Il fournit ainsi lui-même l'explication d'une autre pièce qui doit surtout fixer l'attention et qui a été saisie aussi dans le paquet trouvé chez Journeux. C'est un projet de traité entre Jacob Steuble et la république française. Steuble y annonce qu'il a fait tout ce qu'il pouvait pour la réussite de l'entreprise, et qu'Huber s'est opposé à ce que, dans un langage resté inintelligible, il appelle son *abmachung.* Il stipule que, désormais, la maison sera louée en son nom, qu'il aura seul la faculté de permettre l'introduction dans les ateliers, que toutes les commandes, les achats et le paiement des ouvriers lui seront confiés, qu'enfin il aura la liberté de se retirer quand il lui plaira.

Enfin, à ces différentes pièces se trouvait joint un billet signé E. C. Valisser, et par lequel celui qui l'écrit accepte un rendez-vous qui lui a été demandé dans Hyde-Park pour voir une personne arrivée de Paris. Ce billet devait être attribué à Steuble, par cela seul qu'il avait indiqué lui-même, dans une lettre dont on a déjà parlé, ce nom de Valisser comme étant celui sous lequel il désirait qu'on lui écrivît.

En présence de ces différents écrits, ne devait-on pas regarder comme certain que Steuble, parti avec Huber pour l'Angleterre, s'y trouvait engagé avec lui dans une entreprise qui exigeait le secret, dans laquelle il voyait une source de fortune et dont l'exécution était entravée par une rupture inexpliquée entre ceux qui étaient chargés de la mener à fin. Quelle était donc cette entreprise pour laquelle Steuble traitait avec la république française?

Appelé à donner des explications, Steuble a bientôt achevé d'écarter le voile qui ne cachait déjà plus la vérité. Dans les interrogatoires que lui a fait subir le juge d'instruction, dans une déclaration circonstanciée écrite par lui-même, il a fait connaître, sinon avec une entière sincérité, du moins avec le degré de franchise que comportait sa position, le secret de son voyage en Angleterre et de ses relations avec Huber et Laure Grouvelle. Voici ce qui résulte en substance de ses aveux.

Huber, qu'il avait rencontré chez Moutier, avait appris de lui qu'il était capable de faire construire une machine de guerre semblable à celles dont il avait montré les plans. Huber promit de lui donner les moyens de construire une machine de seize canons. Il le conduisit chez Laure Grouvelle. Après plusieurs pourparlers, il fut convenu que la machine serait construite et que, pour y travailler plus facilement et avec plus de sécurité, Huber et Steuble se rendraient en Angleterre.

Steuble avait demandé à quel usage cette machine était destinée. « De quel parti êtes-vous? avait répondu Huber. — De tous, celui que je préfère est celui de mon pays, la république. — Eh bien ! voulez-vous construire cette machine pour le rétablissement de la république? — Oui, pourquoi pas? » Et Steuble, en rapportant cette conversation, fait observer que sa machine serait très-utile en cas de révolution, et qu'elle mettrait fin promptement au carnage.

Il avait donc consenti à construire la machine; il avait stipulé qu'on lui donnerait le logement, la table et quelqu'argent, et que, si la révolution se terminait à l'avantage de la république, une place à l'arsenal lui serait réservée. Il part avec Huber : à leur arrivée à Londres, ils rencontrent un ami de celui-ci qui les conduit chez Souillard. Ils avaient fort peu d'argent. Mais quelque temps après, on leur en expédie. Steuble achète les instruments nécessaires et commence à dessiner. Huber témoigne le désir d'avoir un dessin qui représente la machine dans son ensemble, et Steuble consent à faire ce dessin.

Dans ces entrefaites, Huber partit pour Paris où il allait chercher de l'argent. Quand il revint, les plans étaient terminés.

Mais ce fut alors, et au moment où il s'agissait de commencer des travaux plus coûteux, qu'éclata une mésintelligence que Steuble avait d'abord attribuée à la révélation que lui avait faite Huber du projet d'employer la machine à un attentat contre la vie du Roi, et que depuis il a fait remonter à des tentatives faites par Huber pour se substituer à Laure Grouvelle dans la direction de l'entreprise, et pour s'emparer de la machine dont il voulait qu'on lui enseignât l'assemblage. Steuble commença, dit-il, à soupçonner la bonne foi de son complice, et brûla le plan qui représentait le secret principal. Il renferma les autres, au nombre de huit, dans sa commode, avec la recette des fusées à la Congrève. Mais le lendemain d'une scène violente dans laquelle Huber, sur son refus de construire la machine pour la livrer à un homme qui en offrait 25,000 fr., et voulait l'employer à un attentat contre la vie du Roi, avait saisi un couteau et l'en avait menacé, Huber pénétra dans son logement pendant son absence et s'empara des plans en lui laissant un billet ainsi conçu : « Vous avez » voulu me tromper, j'ai votre secret ; ne vous présentez plus devant moi, » vous êtes un mauvais drôle. » Depuis, il a appris qu'Huber parlait mal de lui, et il lui a écrit à ce sujet. Dix jours après, il reçut un billet dans lequel on lui donnait un rendez-vous, le soir, dans Hyde-Park, pour y voir une personne qui arrivait de Paris : il redouta une vengeance et ne se rendit au lieu indiqué qu'accompagné de deux amis : personne ne parut.

Quelque temps après, il quitta Londres, revint à Paris et vit Laure Grouvelle, qui lui dit qu'il ne fallait pas songer à la machine, et fut reçu chez Vincent Giraud, que jusqu'alors il ne connaissait pas, et où, pendant un mois, il vécut sans qu'on lui demandât rien pour sa nourriture et pour son logement.

On se rappelle qu'une partie de ces faits a déjà été confirmée par les documents que l'instruction a recueillis. Il en est d'autres qui ne sont pas établis d'une manière moins positive par des preuves tout à fait indépendantes de la déclaration de Steuble.

On a vu comment il était prouvé qu'Huber et Steuble étaient arrivés à Londres ensemble le 6 août, venant de Belgique. Les registres des messageries donnent la certitude que Steuble était parti de Paris le 31 juillet, par la voiture de Soissons, accompagné d'un individu qui prenait le nom d'Albert ; qu'arrivés à Soissons le 1er août, tous deux ont immédiatement pris la route de Laon ; que de Laon ils sont partis pour Vervins où ils sont arrivés vers quatre heures du soir. Des témoignages précis établissent qu'après avoir passé la nuit dans cette ville, ils se sont rendus à Maubeuge et ont été s'embarquer à Ostende. On aura plus tard occasion de montrer dans quel but cette route avait été choisie. Il a encore été clairement constaté que, vers la fin du mois d'août, Huber a quitté Londres pour revenir à Paris. Le 30 août il partait de Boulogne sous le nom de Bacraut, et arrivait à Paris le 1er septembre. Il y descendit chez le nommé Annat, qui le fit passer pour un de ses parents. Le 21 septembre, il repartit de Paris sous le nom de Stiégler, avec un passeport délivré quelques jours auparavant à un individu de ce nom. Il ne devait monter en diligence qu'à la barrière Saint-Denis ; Laure Grouvelle se rendit sur le boulevart pour avoir un entretien avec lui. À cette époque, Huber avait pris la précaution de teindre en noir ses cheveux. Le 25 novembre il est de retour à Paris : mais le 28 il remonte dans la diligence de Calais, et l'on sait qu'il revenait de Londres au moment de son arrestation : toutes ces courses sont prouvées par les registres des messageries.

Huber s'est refusé à en faire connaître le motif et le but ; mais ses propres écrits et les révélations de son complice apprennent de quels soins il était occupé.

D'un autre côté, un réfugié étranger, le nommé Darwaris, a reçu à Londres, de Steuble lui-même, la confidence du complot. Pendant le mois d'octobre, ils se trouvaient ensemble dans une rue de Londres, et ils y furent rencontrés par deux Français, les nommés Souillard et Lorbin. Cette circonstance parut contrarier Steuble. Darwaris lui demanda le motif de ce sentiment pénible qu'il semblait éprouver. Steuble lui répondit qu'on lui avait défendu de parler devant des étrangers; et comme une interdiction de ce genre augmentait la surprise de Darwaris, Steuble lui confia qu'il était venu en Angleterre avec Huber pour y construire une machine destinée à tuer le Roi des Français; qu'ils avaient passé par la Belgique; qu'en chemin, ils avaient reçu de l'argent d'un fonctionnaire public, qu'ils attendaient de jour en jour les sommes nécessaires pour confectionner la machine, et qu'elles devaient être apportées à Londres par une femme.

Un autre témoin, nommé Schiller, a entendu Steuble tenir des propos qui annonçaient l'existence de ce complot. Si la chose réussit, disait-il, ma fortune est faite; si elle ne réussit pas, ma vie est en danger. Dans une autre occasion, il disait presque publiquement qu'il avait été chargé par Huber de construire une machine destinée à un attentat contre la personne du Roi, et qu'il le dénoncerait s'il cessait de lui donner de l'argent; Schiller affirme de plus qu'il tient de Huber lui-même qu'il avait déjà fourni sept ou seize cents francs pour la construction de la machine.

Ces propos, tenus par Steuble avec une indiscrète légèreté, ces menaces de dénonciation, ce défaut d'argent qu'il signale, semblent donner à sa rupture avec Huber des motifs beaucoup plus vraisemblables que ceux qu'il lui a supposés. On peut d'abord regarder comme certain que si Steuble n'a pas achevé son travail, ce n'était pas parce qu'il se refusait à continuer, dans la vue d'un attentat contre la personne du Roi, ce qu'il avait commencé dans la pensée d'un attentat contre son Gouvernement, car il disait lui-même que la machine qu'il construisait était destinée à tuer le Roi : et comment aurait-il pu croire que cette tentative parricide ne fût pas l'unique moyen de parvenir à une révolution qui devait s'accomplir à l'aide d'une machine? Les factieux qui rêvent encore les soulèvements populaires et la bataille de la place publique au sein d'une nation calme et pleine de confiance dans le Gouvernement qu'elle s'est donné, n'ignorent pas qu'en pareille occasion ce n'est pas d'une machine à seize coups qu'on peut attendre la victoire; un appareil de ce genre est une arme d'une énergique puissance pour l'assassinat, mais son utilité hypothétique dans le combat ne la placerait pas parmi les plus graves préoccupations de ceux qui songeraient à engager de nouvelles luttes.

D'un autre côté, rien ne paraît moins mériter la créance que ces allégations de Steuble, relativement aux efforts tentés auprès de lui par Huber, pour le dégager des promesses qu'il avait faites à Laure Grouvelle, et pour s'emparer de la machine. Car tout annonce qu'Huber n'a jamais cessé d'agir d'après les inspirations de Laure Grouvelle, et pour le succès de l'entreprise qu'ils avaient formée en commun.

Mais cette volonté de Steuble de ne plus travailler, parce qu'il n'y avait plus d'argent, et de dénoncer le complot si on ne lui en donnait pas, révélée déjà par la déposition de Schiller, se trouve d'accord, d'une manière bien remarquable, avec les énonciations en chiffres contenues dans le carnet d'Huber. De patientes et laborieuses investigations ont fait connaître la clé de ce langage mystérieux. On a été conduit à penser que ces nombres toujours accouplés devaient indiquer les mots en indiquant le chiffre de la page et celui de la ligne où ils se trouvaient dans un dictionnaire; de nombreux essais que les voyages d'Huber en Angleterre ont fait porter principalement sur des dictionnaires anglais, ont procuré la preuve que ce langage se traduisait à l'aide d'un dictionnaire de poche publié en 1836, par Tibbins, et qui se vend à la librairie européenne de Baudry.

Ce carnet contenait un projet de lettre qui, en partie du moins paraît avoir été d'abord écrit au crayon en langage ordinaire, et dans les interlignes duquel on avait ensuite inséré les chiffres par lesquels chaque mot devait être exprimé. On comprend que le long et minutieux travail de cette traduction ait dû entraîner des erreurs et des lacunes ; mais le sens général reste clairement intelligible.

Sur ce carnet on lit entre autres choses : « Je regrette amèrement les sacrifices qui ont été faits, j'en prends toute la responsabilité ; ma conscience est pure. Nous avons employé tous nos efforts pour le rassurer. Je l'ai prié d'aller vous joindre, il ne veut plus s'en..... J'apprends en ce moment qu'il a été chez un de ses amis pour faire traduire sa dénonciation. Celui-ci a refusé : il croit que nous avons voulu le tromper et exploiter. Nous avons reconnu que Christophe n'a voulu venir à Londres que pour faire ses conditions..., nous livrer la machine que pour la somme qu'il veut demander. Voyant qu'il ne peut nous exploiter de cette façon, il veut s'enrichir par dénonciation. Heureusement qu'il n'a pas prononcé votre nom, mais moi j'ai tout à craindre si l'ambassade me découvre... Je cherche l'occasion de lui faire subir le même sort qu'à l'autre. Amie, je vous réponds qu'il ne tombera pas en d'autres mains. »

On parle ensuite d'un projet de faire fabriquer une grande quantité de poudre fulminante d'un chimiste républicain qui pourra en procurer une masse suffisante pour faire sauter la moitié de la capitale, et on ajoute : « Si cela ne vous convient pas, envoyez de suite l'argent pour me sauver, aussitôt Christophe tué. Ma position est affreuse. Plus de... pour retourner tuer le tyran, capitan pacha ignoble. Faut cependant qu'il prissée avant moi, malgré tout... » La lettre se termine par ces mots : « Adieu, citoyenne amie, réponse de suite ; je ne puis vivre ainsi. »

Ce carnet était attaché, on s'en souvient, dans le portefeuille d'Huber. Sous la protection d'un langage qu'il croit impénétrable, sa pensée se révèle toute entière. Son but est nettement formulé ; il voit avec désespoir que les moyens lui échappent. L'individu qu'il désigne sous le nom de Christophe est celui qui devait livrer la machine. On redoute une dénonciation de sa part. Pour s'affranchir de cette crainte, on forme le projet de le tuer... Et Steuble a parlé de dénonciation ! et Steuble a reçu un billet pour un rendez-vous dans lequel il a cru deviner un guet-apens !

Steuble a quitté Londres au commencement du mois de novembre ; Huber y est resté après lui : Il était alors en possession de huit plans où étaient figurées les différentes pièces de la machine, sauf peut-être le secret principal que Steuble prétend avoir brûlé, mais dont Huber ignore la destruction. Ces expressions de la lettre adressée par Huber au sieur Leproux : *Tout le matériel est concentré dans Paris*, paraissent annoncer qu'il a fait construire cette machine. Était-ce pour donner les moyens d'en assembler les pièces, qu'il retournait si précipitamment à Londres à la fin de novembre, dans le but de rapporter le plan qui en offrait le dessin général ? Ce plan devait-il seulement être montré à de nouveaux associés dont les premiers conjurés se trouvaient, dans leur pénurie, forcés de réclamer l'assistance ? quels étaient ceux qui étaient alors les dépositaires de ce plan et qui craignaient qu'on ne les abusât par de fausses factures ? N'étaient-ce pas l'ouvrier qui avait confectionné les pièces, ou quelques prêteurs de fonds pour qui la possession du plan était une garantie de paiement, et qu'on voulait abuser en supposant la machine vendue à terme, et en leur remettant les factures en vertu desquelles le prix pourrait être exigé.

L'extrême difficulté d'une information à suivre en pays étranger et surtout en Angleterre n'a pas permis de rien constater à cet égard, et l'accusation doit s'arrêter là où elle ne rencontrerait plus que des conjectures.

Pour continuer à s'appuyer sur les donnés les plus positives, elle fixera maintenant l'époque et les moyens d'exécution de l'attentat qui était le but du complot en transcrivant une note qui paraît tracée par la main d'Huber et qui a été trouvée dans le logement qu'Annat avait partagé avec lui. Destinée à être montrée à un complice qui évidemment avait déjà reçu des informations antérieures et dont on marchandait l'assistance, cette note donnera la mesure des effrayantes conceptions devant lesquelles on n'avait pas reculé.

« Le moyen de nous en servir, le voici : On louera un appartement dans
» les alentours de la Chambre des Députés, avec une écurie ou un en-
» droit pour mettre le bois au rez-de-chaussée. C'est là que l'on placera le
» matériel des deux machines qui seront montées la veille de l'ouver-
» ture des Chambres, et quand le Roi sera arrivé à une certaine dis-
» tance, on sort vivement les deux machines de la porte-cochère pour
» foudroyer tout l'état-major et ce qui l'entoure. Je réponds du succès dans
» trois minutes. Pendant cette opération, deux homme placés sur un toit à
» une certaine distance de la Chambre enverront des congrèves fabriquées
» par le même inventeur sur le toit de la Chambre des Députés qui, dans
» cinq minutes, sera en feu. Ne me forcez pas de vous en écrire davan-
» tage, car vous devez reconnaître l'inconvénient d'autres explications;
» je ne puis vous les donner ou vous les faire donner que de vive voix, et si
» vous désirez concourir à une pareille entreprise, daignez nous donner
» une réponse définitive, car la position dans laquelle je me trouve ne
» me permet pas d'attendre plus longtemps ; quoique vous paraissiez
» vous défier de moi, je compte sur votre prudence et votre discrétion.
» Brûlez ce papier aussitôt lu. »

Si l'on avait pu douter que des conjurés fussent assez téméraires et assez déterminés pour faire servir à l'exécution d'un crime une machine armée de seize canons de fusil, et montée sur un affût à deux roues, l'auteur de cette note se chargerait de résoudre la difficulté, car le mode d'exécution qu'il indique ne peut être employé qu'à l'aide d'une machine qui puisse promptement changer de place, et qui déploye soudainement un feu meurtrier ; les expressions dont il se sert pour retracer son effet, et celles par lesquelles il indique son mouvement se rapportent nécessairement à un appareil semblable à celui qui est figuré sur le plan saisi. On remarquera peut-être que dans cette note on parle de deux machines, et que, jusqu'ici, soit d'après les lettres d'Huber, soit d'après les déclarations de Steuble, les conjurés semblaient se borner à en construire une.

Cette sorte de contradiction peut recevoir plusieurs explications, selon la date à laquelle la note dont il s'agit a été écrite, et comme cette date n'est pas connue, il ne convient pas de rien hasarder à cet égard ; mais il importe de remarquer qu'on y signale l'inventeur des machines comme devant aussi fabriquer les fusées à la Congrève qui devaient être dirigées sur le palais de la Chambre des Députés, et de rappeler que, dans les papiers de Steuble, on a trouvé plusieurs recettes relatives à ces sortes d'instruments de destruction. On ajoutera que lorsque Steuble , avant ses aveux , était interrogé sur la nature de cette entreprise où il se disait engagé , et qui devait assurer sa fortune , il répondait qu'il s'agissait pour lui d'aller en Amérique et d'y être employé à la fabrication de fusées à la Congrève.

Il paraît donc de plus en plus établi qu'une résolution d'attenter à la vie du Roi a été concertée et arrêtée d'abord entre Laure Grouvelle , Huber et Steuble ; que les moyens de consommer cet attentat ont été choisis et fixés par eux , et que chacun d'eux a pris une part active à des faits qui avaient pour but d'en préparer et d'en assurer l'exécution.

Déjà la lettre adressée par Huber sous le nom de Stiegler , à Jules Leproux , a semblé prouver que celui-ci avait adhéré à ce complot , qu'il concourait aux faits qui préparaient l'attentat , et qu'il devait même s'associer à l'exécution pour laquelle on l'invitait à se trouver à un rendez-vous précédemment indiqué. On a vu aussi que le nommé Vincent Giraud donnait chez lui asile à Steuble , comme le nommé Annat recueillait dans son logement Huber , caché sous un faux nom , et que, dans la commode de ce même Annat , on saisissait un écrit qui n'avait pu être confié qu'à un complice. Annat a prétendu qu'il n'avait jamais lu cet écrit , qu'il ne savait même pas qu'il fût chez lui , et qu'il ignorait par qui il y avait été apporté ; mais Huber , à deux reprises , a logé chez Annat , et cet écrit est de la main d'Huber. Son existence , malgré cette recommandation de le brûler par laquelle il était terminé , semble même indiquer qu'il n'était pas encore parvenu à sa destination , et qu'il n'avait été laissé à Annat que pour être remis par lui à la personne pour laquelle il avait été rédigé.

Il n'est donc pas permis de penser qu'Annat fût étranger au complot ; ses relations habituelles avec Laure Grouvelle ne sont pas moins bien établies que son intimité avec Huber qui est, comme lui , ouvrier corroyeur , et dont il avait partagé la captivité à Clairvaux , par suite d'une condamnation pour faits politiques. Enfin il résulte des livres de l'administration des postes , que le 17 octobre 1837 , un individu nommé Annat , et dont l'adresse est indiquée rue Saint-Denis , 101 , avait déposé à la poste une lettre chargée , adressée à un sieur Tourbeuf , à Londres , et qui est parvenue à sa destination : Annat demeure à Paris , rue Saint-Denis , 201.

C'est par suite de leurs rapports avec Laure Grouvelle , que Leproux , Vincent Giraud et de Vauquelin se sont trouvés engagés dans cette criminelle entreprise dont Huber a le droit de revendiquer peut-être la première pensée , mais dont Laure Grouvelle a dirigé l'organisation.

Issu d'une famille honorable de Vervins , Leproux avait été , au mois d'octobre 1836 , nommé juge suppléant au tribunal civil qui siége dans cette ville , et en cette qualité , il a été , pendant quelque temps , attaché au parquet. Ses collègues et ses concitoyens l'environnent de témoignages d'estime , et on était loin de penser qu'il pût jamais être compromis dans une si grave accusation.

Cependant , à l'époque où il faisait son droit à Paris , il s'était fait remarquer par l'exaltation et par l'ardeur de ses sentiments politiques ; mais ce n'est pas , s'il faut l'en croire , à la conformité de leurs opinions et de leurs vœux , qu'il faut attribuer ses premières relations avec Laure Grouvelle ; c'est au frère de celle-ci qu'il aurait d'abord été présenté à la fin de 1834 ou au commencement de 1835 , par le sieur Guinard , aujourd'hui condamné politique par contumace, à la suite d'une conversation qu'il aurait eue avec lui sur la fabrication du sucre indigène. Le sieur Philippe Grouvelle est ingénieur-mécanicien, et Guinard l'aurait indiqué à Leproux comme pouvant lui donner d'utiles conseils sur les meilleurs moyens d'établir et d'organiser une usine qu'il aurait eu alors le projet de faire construire. Quoi qu'il en soit, il est certain qu'à cette époque il fit aussi connaissance avec Laure Grouvelle, et qu'il manifesta devant elle des sentiments républicains; on a trouvé dans ses papiers un billet sans date, par lequel elle lui demandait un secours d'argent pour des patriotes.

Il convient lui-même que, depuis son retour dans sa famille, il a continué de correspondre soit avec le frère, soit avec la sœur, et qu'un sentiment d'amour-propre l'a empêché de leur faire connaître les modifications que l'âge et la réflexion avaient apportées dans ses opinions. Cette correspondance, toutefois, n'avait pas, suivant lui, un caractère politique; elle était toujours relative à des appareils de nature à être employés pour la fabrication du sucre indigène; le sieur Grouvelle annonçait qu'il avait trouvé un moyen nouveau de condenser la vapeur, et Laure Grouvelle, s'appuyant auprès de Leproux sur leurs relations d'amitié et sur l'identité de leurs sentiments politiques, lui demandait de vouloir bien fournir l'argent nécessaire pour faire des expériences et donner ainsi à son frère les moyens de se faire connaître.

Dans le mois d'octobre dernier, Leproux vint à Paris. Il y revit Laure Grouvelle et eut avec elle plusieurs entretiens, dans lesquels elle renouvela les propositions et les demandes d'argent qu'elle avait déjà faites par écrit. Leproux, s'il faut toujours l'en croire, n'y répondit que d'une manière évasive. Mais après qu'il eut quitté Paris, deux lettres de Laure Grouvelle vinrent encore le solliciter de réaliser sinon les promesses qu'il avait faites, du moins les espérances qu'il avait données. Dans la dernière de ces lettres, écrite à la fin du mois de novembre, on lui annonçait la visite à Vervins ou du sieur Grouvelle, ou de quelqu'un qui se présenterait en son nom.

Toute cette correspondance a été détruite; Leproux a prétendu qu'il ne gardait jamais de lettres, quoi qu'on en ait trouvé en sa possession un assez grand nombre d'une date déjà ancienne. Il a donc été impossible de constater d'une manière précise l'objet de ces relations continuées presque jusqu'au moment de l'arrestation des accusés. Il paraît seulement bien peu vraisemblable que la fabrication du sucre indigène et les machines nécessaires pour une usine en aient été le véritable motif. Car d'une part il n'était pas naturel qu'une correspondance de ce genre fût surtout entretenue par une femme, et d'une autre part il est certain que si le sieur Leproux père a un intérêt dans une fabrique de sucre, ni son fils, ni lui ne se sont jamais occupés ni de la construction, ni de l'organisation, ni de la direction de cette fabrique. Leproux fils n'a jamais hasardé à ce sujet ni un conseil ni une opinion, et d'ailleurs l'usine était dès le mois de novembre 1836 en pleine activité et ne pouvait être l'objet de travaux à exécuter en octobre et en novembre 1837. Cette correspondance détruite et inexpliquée ne préparait-elle pas celle qui s'est établie depuis entre Leproux et Huber, et dont le portefeuille de ce dernier contenait un monument qui a suffi pour dénoncer le complot? On sera plus nécessairement encore conduit à le penser si on se rappelle qu'à l'époque de son premier voyage en Angleterre, Huber, accompagné de Steuble, a passé par Vervins. Il y est arrivé vers 4 ou 5 heures du soir et il a immédiatement demandé l'adresse de M. Leproux, fabricant de sucre ; l'aubergiste auquel il s'adressait ne savait de qui il voulait parler. Car ni Leproux fils, juge suppléant, ni Leproux père, receveur des contributions indirectes, ne sont fabricants de sucre. Mais une personne qui était présente, rappela que Leproux père était intéressé dans une fabrique de sucre située dans une commune voisine. On donna son adresse à Huber qui s'éloigna.

Leproux fils convient qu'à cette même époque un individu qu'il ne connaissait pas s'est présenté chez lui sous la recommandation de la demoiselle Grouvelle, se disant fort malheureux et demandant qu'on lui procurât de l'ouvrage ; qu'il lui a donné une vingtaine de francs et lui a indiqué l'adresse d'un sieur Devinsse, fabricant, qu'il supposait pouvoir l'employer.

Mais il a été constaté que personne dans ce temps ne s'est présenté chez le sieur Devinsse de la part de Leproux, pour lui demander de l'ouvrage ; tel n'était donc pas le but du voyage de cet étranger et quand on considère qu'il est d'ailleurs prouvé jusqu'à l'évidence que cet étranger n'était autre que Huber lui-même, on comprend, quel que soit le mystère dont s'environnent leurs rapports ultérieurs, comment Huber a pu depuis écrire à Leproux en le nommant *brave ami*, et tenir dans ces lettres, soit quand il lui parlait à lui-même, soit quand il parlait de lui à Laure Grouvelle, ce langage qui suffirait seul pour montrer quelle part Leproux a pris au complot et quelle part il devait prendre à son exécution.

Il ne paraît pas que Laure Grouvelle ait attendu de Vauquelin une coopération aussi active. Mais elle savait qu'il faisait profession de républicanisme et que sa bourse s'ouvrait avec facilité pour les intérêts et les besoins du parti.

C'était un ancien militaire qui jouissait d'une assez grande aisance et qui vivait dans une de ses propriétés à Verneusse dans les environs de Bernay. Ses rapports avec la famille Grouvelle paraissent remonter aux mois de janvier ou février 1836. Il a depuis entretenu avec Laure Grouvelle une correspondance : il prétend comme Leproux avoir brûlé les lettres qu'il a reçues d'elle, mais plusieurs de celles qu'il lui a écrites ont été retrouvées dans un paquet assez volumineux de papiers qui avaient été remis à la demoiselle Hergaland et que celle-ci avait soigneusement cachés. Quelques unes sont datées de l'ère républicaine et la correspondance est presque exclusivement relative aux affaires du parti républicain, aux secours à donner aux hommes qui, par leur coopération à des crimes ou à des délits politiques, ont encouru les châtiments de la loi. Ainsi Vauquelin autorise la remise à Annat d'une somme de 20 francs ; il accepte la mission de recueillir les dons ; il blâme la marche d'une commission établie dans le même but ; il consent, sur la demande de Laure Grouvelle, à recevoir chez lui le nommé Valentin, auquel on recommandait l'air de la campagne, à la suite d'une opération chirurgicale qu'il avait subie, et avec lequel il n'avait jamais eu aucun rapport personnel.

» C'est dans le cours du mois de mai 1837 que Valentin est venu s'établir à Verneusse : il y est resté jusque dans les premiers jours du mois d'août. Vers la fin du mois de juillet, pendant les fêtes qui consacrent l'anniversaire de la révolution de 1830, Vincent Giraud, ce même homme chez qui Steuble a été depuis caché, est arrivé à Verneusse. Il était porteur de deux billets ouverts, l'un adressé à de Vauquelin, l'autre à Valentin, tous deux écrits par Laure Grouvelle, et dans lesquels elle recommandait toute confiance aux paroles de son messager. Celui-ci annonça qu'il était chargé de demander une somme d'argent, et Vauquelin avoue lui-même qu'il avait remis 400 fr., qu'il s'est procurés par un emprunt.

Vincent Giraud est immédiatement revenu à Paris ; il y est arrivé le 29 ou le 30 juillet, et l'on se rappelle que le 31 juillet Steuble et Huber sont partis ensemble pour Londres.

Cette coïncidence devra nécessairement saisir l'attention, surtout si on remarque que Steuble et Huber, dépourvus de ressources pécuniaires, ne pouvaient pas faire les frais de leur voyage, et que Laure Grouvelle n'était pas non plus en position de pourvoir seule aux dépenses d'une entreprise coûteuse. D'un autre côté, Huber et Steuble n'ont emporté qu'une somme médiocre ; car peu de temps après leur arrivée à Londres, ils se trouvaient sans argent et ont été obligés d'attendre, pour commencer leurs travaux, qu'on leur en envoyât de Paris. On peut donc conclure que les 400 fr. obtenus de Vauquelin par Vincent Giraud, sur la demande de Laure Grouvelle, ont fourni à Huber et à Steuble les moyens de se rendre à Londres, et par conséquent, si Vincent Giraud, l'émissaire de Laure Grouvelle, si Vauquelin, qui a fourni les fonds, ont eu en ce moment la connaissance de la destination que ces fonds devaient recevoir, ils ont à la fois participé au complot et aux actes qui en commençaient la réalisation.

Le voyage entrepris exprès par Vincent Giraud est une première indication de l'importance de la mission qui lui était confiée. La rapidité de sa course témoigne de son urgence, et le soin qu'on a pris de ne pas faire connaître, dans les billets dont il était porteur, la nature de l'affaire qui lui était confiée, établit à quel point elle commandait le mystère.

Vauquelin et Vincent Giraud prétendent cependant qu'il s'agissait seulement de secours à recueillir pour les amnistiés politiques, de mesures de philanthropie tout à fait étrangères aux faits de l'accusation. Mais entre Vauquelin et Laure Grouvelle, ces sortes de sujets avaient été souvent traités par correspondance, et d'ailleurs les sympathies de ce genre avaient souvent reçu à cette époque des manifestations publiques, qui prouvaient qu'elles étaient sans danger.

On ne peut donc pas croire que telle fût la mission de Vincent Giraud ; le détail des circonstances qui l'ont accompagnée et de quelques-unes de celles qui l'ont suivie, va bientôt en établir, d'une manière plus précise encore, le véritable caractère.

Il paraît constant qu'aussitôt après l'arrivée de Vincent Giraud, Vauquelin a envoyé son garde à Bernay, pour inviter un sieur Picquenot à venir immédiatement à Verneusse. Picquenot, qui a été compris dans les poursuites, était depuis longtemps en relation avec Laure Grouvelle, et n'avait pas été étranger aux menées du parti républicain dans l'arrondissement de Bernay.

Il était lié avec un sieur Godard, habitant de Rouen, qui partageait les mêmes opinions politiques, et qui n'avait pas été moins gravement compromis dans les faits de l'accusation, par une correspondance avec Laure Grouvelle, suivie au moment où celle-ci s'occupait le plus activement du complot, et dont Godard lui-même a déclaré ne pouvoir expliquer ni l'objet véritable ni les termes mystérieux. Vauquelin avait été mis en relation avec Godard par l'intermédiaire de Picquenot, et avait en ce dernier la plus grande confiance.

Picquenot se rendit de suite à l'invitation de Vauquelin ; il trouva réunis à Verneusse Vincent Giraud, Vauquelin et Valentin. Il prétend qu'il n'a été question devant lui que de secours à donner aux amnistiés , et d'abonnements aux journaux politiques ; s'il fallait au contraire ajouter confiance à des déclarations faites par Valentin, et qui depuis ont été en partie rétractées, en partie modifiées, Vincent Giraud aurait expliqué qu'il s'agissait d'une machine infernale plus terrible et plus sûre que toutes celles imaginées jusqu'alors, et qu'on avait besoin de 1,000 fr. pour pourvoir aux premiers frais ; Valentin ajoute qu'à la suite de cette communication, Picquenot, Vauquelin et lui auraient fait entre eux une collecte dont le produit, montant à 400 fr., aurait été remis à Vincent Giraud. On verra bientôt qu'en cette partie, du moins , les révélations de Valentin ne méritent aucune créance ; mais il reste toujours que la seule explication fournie sur le fait avoué des fonds demandés par Giraud et versés entre ses mains, consiste à dire qu'il s'agissait de l'assistance à donner soit aux amnistiés politiques, soit aux journaux républicains ; Picquenot déclare d'ailleurs que Vauquelin lui a confessé avoir emprunté la somme de 400 fr. remise à Vincent Giraud.

Depuis, Vauquelin a prétendu qu'il n'avait pas été dans sa pensée de donner cette somme et qu'il avait seulement consenti à la prêter jusqu'à concurrence de moins de 330 fr. à Laure Grouvelle. Dans une lettre qu'il adresse à celle-ci, sous la date du 6 fructidor an 45 (août 1837), il lui donne l'explication de ses intentions à cet égard, et la prie de vouloir bien lui indiquer l'époque à laquelle les 330 fr. qu'il réclame pourront lui être remis. Laure Grouvelle supporte impatiemment cette réclamation, et sur ses plaintes Godard intervient. Par une lettre du 18 octobre 1837, il reproche à Vauquelin de vouloir reprendre ce qu'il a donné , et dans la pensée que la somme dont il s'agit a été remise pour soulager des condamnés politiques , il le blâme vivement de vouloir retirer son offrande : le 23 octobre, Vauquelin répond pour se justifier : il affirme que sur les 400 fr. par lui remis à Vincent Giraud, une somme de 330 fr. n'a été livrée qu'à titre de prêt ; 20 fr. étaient dus à Laure Grouvelle qui, d'après une autorisation de Vauquelin, dont il a été déjà parlé , les avait remis à Annat ; 50 fr. étaient destinés au soulagement des *frères* ; les 330 fr. restants devaient lui être rendus.

On voit donc que Vauquelin lui-même limite à 50 francs ce qu'il a donné pour les amnistiés, pour une cause philanthropique ; et comme les reproches de Godard l'ont ému, il se hâte d'expliquer que la destination de la somme qu'il soutient seulement avoir prêtée était toute différente. La destination résulte clairement de cette lettre du 23 octobre : Vauquelin écrit que c'est sous un prétexte spécieux que cette somme lui a été demandée par un inconnu porteur d'une lettre de la demoiselle Grouvelle, qui recommandait toute confiance , et, pour éclaircir autant que la prudence le permet, aux yeux de son correspondant, ces mots de *prétexte spécieux* évidemment employés pour contredire la pensée d'un bienfait ou d'un don, il ajoute : « Vous remarquerez qu'on me demandait » une somme beaucoup plus forte pour une cause très-grave à laquelle j'ai » accordé une faible confiance, et que je ne dois pas trahir dans la crainte » de compromettre des amis... Si je vous voyais, je vous soumettrais ma

» correspondance avec mademoiselle Grouvelle ; quelques minutes d'en-
» tretien vous mettraient au courant. Picquenot était présent au verse-
» ment en question. »

Il n'est donc pas vrai que les 330 fr. aient été versés ni pour des secours
aux condamnés politiques ni pour des abonnements à des journaux. Il n'est
pas vrai qu'ils aient eu la même destination que les 50 francs qui constituaient un don de ce genre et dont on n'hésite pas à faire connaître l'objet. Ce qui est vrai, c'est que le don ou le prêt de 330 fr. avait été déterminé par une cause très-grave, si périlleuse à énoncer qu'on n'osait pas
même en confier le secret à une intime correspondance. La lettre de
Vauquelin à Godard, mystérieuse sur ce point comme l'avaient été les
billets dont Vincent Giraud était porteur, vient montrer que le même
intérêt commandait le même silence.

Quelle était donc cette cause si grave et si compromettante? L'époque
de la demande, les noms de Laure Grouvelle et de Vincent Giraud, le départ de Huber et de Steuble ne répondent-ils pas à cette question ?

Ne doit-on pas conclure que Vauquelin qui, par sa lettre, annonce lui-
même qu'il connaît cette cause et qu'il a brûlé depuis sa correspondance
avec Laure Grouvelle, qu'il promettait à Godard de lui soumettre pour
dissiper ses doutes, a pris part au complot et aux actes qui en commençaient l'exécution en remettant l'argent nécessaire pour pourvoir aux
premiers frais.

A la vérité, il résulte des expressions de cette même lettre qu'il n'a
accordé qu'une faible confiance à ce complot; mais son peu de foi dans les
moyens indiqués ne l'a pas empêché d'y concourir, il a eu seulement
pour résultat de le déterminer à ne pas livrer quelques mille francs qu'on
lui demandait, et à faire un prêt au lieu de consommer un don; mais
pour être moins confiante et moins désintéressée, son assistance n'en est
pas moins réelle et sa culpabilité ne résulte pas moins du concours établi
par un prêt que du concours établi par un don.

Valentin avait revendiqué pour lui-même une part de cette culpabilité
quand il avait déclaré devant un magistrat de Poitiers avoir fourni de ses
deniers une partie de la somme remise à Vincent Giraud. Cette assertion
était contraire aux faits qui viennent d'être établis par des pièces qui ne
peuvent être contestées, et Valentin lui-même l'a depuis rétractée; mais
cet individu était chez Vauquelin au moment où Vincent Giraud y est arrivé, il a reçu la confidence des motifs de son voyage et il affirme lui-même
que depuis son retour à Paris Laure Grouvelle lui a révélé le complot et
les moyens d'exécution, qu'il s'y est associé et qu'il devait être chargé d'aller en Belgique pour acheter de la poudre et faire entrer en France la machine destinée à l'attentat, en employant les moyens habituellement mis
en œuvre par les contrebandiers des frontières maritimes. Les rapports
de Valentin avec Laure Grouvelle, Vauquelin et Vincent Giraud paraissent
indiquer qu'il a dû être, en effet, associé au complot, et certaine partie
de ses déclarations spontanées prouve qu'il en connaissait le secret. On
ne négligera pas, toutefois, de faire remarquer que Valentin n'a fait de
révélations qu'après avoir été condamné pour faux à cinq années de réclusion, par la Cour d'assises de Poitiers, et après avoir fait de vains efforts
pour obtenir devant cette Cour une condamnation pour délit politique.

En conséquence, Huber, Laure Grouvelle et Steuble sont accusés d'a-
voir, en 1837, concerté et arrêté entre deux ou plusieurs personnes une

résolution d'agir ayant pour but : 1° de commettre un attentat contre la vie du Roi ; 2° de détruire et changer le gouvernement, laquelle résolution a été suivie d'actes commis pour en préparer l'exécution.

3°. Leproux, Giraud, Vauquelin, Valentin et Annat, ce dernier condamné à une peine afflictive et infamante.

D'avoir, à la même époque, participé à la dite résolution d'agir concertée et arrêtée entre deux ou plusieurs personnes dans le but de commettre un attentat contre la vie du Roi et de détruire et changer le gouvernement, laquelle résolution a été suivie d'actes commis pour en préparer l'exécution ;
Crimes prévus par les articles 56 et 89 du Code pénal.

INTERROGATOIRES.

PRÉSIDENCE DE M. DELAHAYE.

Audience du 7 mai.

A dix heures et demie, la Cour entre en séance.

Le siége du ministère public est occupé par M. le Procureur général Franck-Carré, assisté de M. l'avocat général Boucly.

Au banc de la défense sont placés : M⁰ Arago, avocat d'Huber ; M⁰ J. Favre, avocat de mademoiselle Grouvelle ; M⁰ Hemerdinger, avocat de Steuble ; M⁰ Lebond, avocat de Giraud ; M⁰ˢ Teste et Pouget, avocats de Leproux ; M⁰ Ch. Ledru, avocat d'Annat ; M⁰ Ferdinand Barrot, avocat de Vauquelin ; et M⁰ Colmet d'Aage fils, avocat de Valentin.

Sur un banc réservé, devant celui du barreau, quelques parents et amis des accusés : M. Leproux père, le frère de mademoiselle Grouvelle, M. Fouquier-d'Herouel, membre du conseil général de l'Aisne, M. le docteur Brouard, ont pris place. Au pied de la Cour et dans l'hémicycle, des siéges sont placés pour trois interprètes et MM. les Jurés suppléants.

M. le Président annonce que l'audience est ouverte.

M. Franck-Carré, procureur général. Messieurs, par arrêt du 2 mai, la Cour a remis à aujourd'hui pour statuer sur l'excuse de M. Sanson-Davilliers, juré de la session. M. Davilliers produit un certificat constatant la gravité d'une maladie dont sa femme est atteinte ; nous pensons que l'excuse doit être personnelle, et que la Cour ne saurait admettre une excuse tirée de l'état de maladie d'une personne étrangère. Nous demandons, en conséquence, que la Cour fasse application, à M. Sanson-Davilliers, de l'article 387 du Code d'instruction criminelle.

La Cour, après s'être retirée pour délibérer, rend, par l'organe de son président, l'arrêt suivant :

« La Cour, attendu que l'excuse présentée par le juré est de nature à » être admise, admet l'excuse de M. Sanson-Davilliers, et le dispense du » service pendant la présente session. »

M. le Procureur général. L'affaire étant de nature à entraîner de longs débats, nous requérons qu'il plaise à la Cour, conformément aux articles 4 de la loi du 25 brumaire an VIII, et 394 du Code d'instruction criminelle, ordonner qu'il sera procédé au tirage de quatorze jurés, et qu'un troisième conseiller assesseur sera adjoint à la Cour.

La Cour fait droit à ces réquisitions et se retire dans la chambre du conseil pour procéder, en présence des accusés et de leurs défenseurs, au tirage des jurés.

— Les accusés sont de nouveau introduits et se placent dans l'ordre suivant : sur le premier banc, mademoiselle Grouvelle, Huber, Steuble, Giraud ; sur le second banc, Annat, Leproux, Vauquelin et Valentin.

Dès que la Cour est rentrée en séance, Me Teste, défenseur de Leproux, se lève et dit : M. le Président, j'ai une observation à faire sur la manière dont les accusés sont placés. Mon client se trouve éloigné au second banc, et il me serait impossible de communiquer avec lui ; ne pourriez-vous pas faire placer tous les accusés sur le premier banc et la force armée sur le second ?

M. le Président. Cela est contraire aux usages.

M. F. Barrot. L'usage actuel est bien plus contraire à la défense.

M. le Président. Pour aujourd'hui, les choses peuvent demeurer comme elles sont ; il n'est pas nécessaire qu'il y ait de communications entre les accusés et leurs défenseurs, pendant le cours des interrogatoires ; au moment des débats, il sera possible, sans doute, de faire placer tous les accusés sur le premier banc.

M. le Président, à Huber. Accusé quel est votre nom ?

Huber. Louis Huber, âgé de...

M. le Président. Répondez à mes questions au fur et à mesure qu'elles vous seront adressées.

Huber. Ah ! très-bien.

D. Quel est votre âge ? — R. Vingt-trois ans.

D. Votre état ? — R. Corroyeur.

D. Où êtes-vous né ? — R. A Eygden (Bas-Rhin).

D. Où demeuriez-vous au moment de votre arrestation ? — R. (Après un moment de silence.) J'arrivais de Londres.

M. le Président. Steuble, levez-vous... Avant de procéder à l'interrogatoire de l'accusé Steuble, j'ai une observation à faire. Steuble n'entend pas la langue française ; nous lui avons nommé un avocat (Me Hemerdinger) qui parle l'allemand. En outre, nous avons fait venir à l'audience trois interprètes qui traduiront les réponses de l'accusé, et lui transmettront les actes dont il sera donné lecture aux débats. Nous invitons MM. les interprètes à se lever pour prêter serment.

M. Winger, interprète-traducteur près le Tribunal de Strasbourg ; M. Simonin, traducteur attaché au Ministère des affaires étrangères, et M. Ungher, professeur de langue allemande, prêtent le serment prescrit par la loi.

M. le Président demande à Steuble ses noms et prénoms, par l'entremise d'un des interprètes. Il déclare se nommer Steuble (Jacob), âgé de vingt-deux ans, mécanicien, né à Krenighen (Suisse), demeurant à Paris, rue d'Enfer, 76.

Les autres accusés déclinent ensuite ainsi leurs noms, prénoms, demeures et qualités. Mademoiselle Laure Grouvelle, rentière, âgée de trente-cinq ans, née à Paris, demeurant à Paris, rue des Beaux-Arts, 2;

Giraud (Jean-Vincent), âgé de trente-quatre ans, travaillant dans le commerce, né à Volouer (Savoie), demeurant à Paris, rue d'Enfer, 76;

Annat (Antoine-Napoléon), âgé de trente-cinq ans, corroyeur, né à Espalion (Aveyron), demeurant à Paris, rue Saint-Denis, 201;

Leproux (Jules-Armand-Marie), âgé de vingt-neuf ans, avocat et juge suppléant au Tribunal civil de Vervins (Aisne);

Vauquelin (Amédée-Arthur-Léopold), âgé de quarante-six ans, propriétaire, né à Algy, arrondissement de Falaise, demeurant à Bernay, département de l'Eure;

Valentin (Léon-Didier), âgé de vingt-quatre ans, étudiant en droit, né à Saint-Loup (Deux-Sèvres), demeurant à Paris, cloître Saint-Benoît, 24.

M. le Président. Il va être donné lecture de l'acte d'accusation. A l'égard de Steuble, il lui en a été remis une copie en allemand, et, en outre, lecture de l'acte d'accusation en langue allemande sera donnée par l'un des interprètes.

M. le greffier Catherinet donne lecture de l'acte d'accusation.

M. Hemerdinger. M. le Président, l'accusé Steuble est, depuis plusieurs jours, en proie à une assez grave indisposition; il se trouverait, en ce moment, hors d'état de continuer à assister à l'audience : je sollicite de la Cour, en son nom, quelques minutes de suspension, durant lesquelles il pourra se remettre et prendre l'air.

M. le Président déclare l'audience suspendue : la Cour, MM. les Jurés et les accusés se retirent.

Au bout d'un quart d'heure, l'audience est reprise, et l'un des interprètes, placé près du banc des accusés, procède, sur l'original de l'acte d'accusation, à la traduction de cette pièce.

Le greffier procède à l'appel nominal des témoins cités, tant à la diligence du ministère public qu'à la requête des accusés, et dont le nombre s'élève à quatre-vingt-sept. L'huissier audiencier de service les fait retirer dans leurs chambres respectives.

M. le Procureur général. Messieurs, six témoins n'ont pas comparu : le sieur Desroches, de Boulogne-sur-Mer, a fait parvenir un certificat de médecin, constatant que son état de maladie l'empêche de se rendre à Paris; les témoins Benoît, Cluzel, femme Cluzel, Darwaris et Cleubel n'ont pas été trouvés aux domiciles indiqués dans la procédure : nous ne pouvons requérir contre eux la peine prononcée par l'article 80 du Code d'instruction criminelle; nous nous bornerons donc à requérir les huissiers de faire de nouvelles recherches pour retrouver ces témoins.

La Cour dit, en conséquence, qu'il n'y a lieu de prononcer aucune peine contre les témoins absents : ordonne que les huissiers feront de nouvelles recherches pour les assigner, et prononce qu'il sera passé outre aux débats.

Audience du 8 mai.

M. le Président. Nous prévenons le barreau que nous soumettrons à un débat commun les accusés Huber, Steuble et Laure Grouvelle. Nous n'épuiserons pas de suite l'interrogatoire de chacun d'eux ; mais nous les soumettrons à un débat commun en ce moment.

Huber, levez-vous! Vous étiez en Alsace, dans les environs de Strasbourg ; vous avez quitté ce pays en 1829 ; vous aviez alors quatorze ans et demi.

Huber. C'est vrai.

M. le Président. Vous avez eu un passeport qui vous a été délivré dans ce pays, et dans lequel on vous a donné la qualité d'étudiant.

Huber. C'est vrai.

M. le Président. Où avez-vous étudié ? — R. Au collége de Wissembourg.

D. Vous étiez même porteur d'un certificat attestant que, pendant dix-huit mois que vous avez passés dans une commune voisine de la vôtre, vous avez tenu une conduite irréprochable ? — R. C'est vrai.

D. Vous êtes arrivé à Paris, vous avez été d'abord recueilli par un oncle, marchand de vins ; après deux ans passés chez lui, vous avez à peu près cessé vos relations avec cet oncle? — R. Je ne les ai pas cessées tout à fait : je le voyais quelquefois.

D. Vous êtes entré chez Clerys, corroyeur. — R. Oui, en 1833.

D. C'est là que, malheureusement pour vous, vous avez trouvé et connu Moulin, membre de la Société des droits de l'homme, et chef de l'une des sections de cette société. — R. C'est là que je l'ai connu.

D. Ce Moulin a été compromis dans l'affaire dite l'attentat de Neuilly, et vous y avez figuré vous-même. — R. Notre innocence a été reconnue après neuf mois de prévention.

D. Vous avez figuré dans l'affaire de l'attentat de Neuilly; vous avez été arrêté, le 26 juin, dans le domicile de la famille Chabot, avec les armes destinées à l'attentat. Vous vous êtes fait principalement remarquer par votre exaspération contre les agents et les représentants de l'autorité. — R. C'est l'indignation...

M. le Président. Indignation si vous voulez, mais. enfin, vous vous êtes laissé emporter à des violences contre les agents de l'autorité.

Huber. Quand on dit violences...

M. le Président. J'ai dit violences parce que le délit a été constaté contre vous.

Huber. J'ai là le procès de Neuilly qui constate le contraire.

M. le Président. Ces violences se sont renouvelées dans le cabinet de M. le Juge d'instruction et se sont produites de nouveau à l'audience.

Huber. Quant au juge d'instruction, Monsieur, c'est un homme.....

M. le Président. C'est un fait jugé.

Huber. Mais puisque vous y revenez, permettez-moi une explication. M. Zangiacomi, le juge, n'est pas un homme éclairé et impartial.

M. le Président. Silence!

Huber. C'est un homme....

M. le Président. Silence, encore une fois. Nous ne vous permettrons pas d'insulter un magistrat qui remplit ses devoirs avec autant de loyauté que de distinction. Le procès de Neuilly a révélé que vos lectures habituelles étaient Saint-Just, Laponneraie, Armand Marrast.

Huber. Il est bien malheureux que tous les ouvriers ne lisent pas ces auteurs.

M. le Président. Il vaudrait mieux, n'est-ce pas, qu'ils perdissent leur temps à de semblables lectures, au lieu de chercher dans un travail honorable les moyens d'élever leur famille?

Huber. On sait bien que le pouvoir ne veut qu'une chose, c'est de laisser le peuple à l'état des brutes...

M. le Président. Heureuses brutes que ces hommes honorables qui, dans leur travail et leur industrie, vont uniquement chercher leurs moyens de subsistance et ceux de leurs femmes et de leurs enfants! Mais, restons-en là.

Huber. Non pas! non pas! si vous voulez engager la discussion, je suis tout prêt; mais vous avez là vos lois de septembre! Si vous voulez me permettre de répondre, je suis tout prêt.

M. le Président. J'ai dû répondre, pour vous comme pour tous, à l'accusation portée contre le pouvoir, de laisser à dessein le peuple dans l'état d'abrutissement. Je m'abstiendrai désormais de toute discussion. Parlons maintenant des faits : vous étiez en prison par suite de la condamnation prononcée contre vous en 1836, lorsqu'eut lieu l'attentat d'Alibaud; vous écrivîtes une lettre à Alibaud, qui amena une confrontation entre cet accusé et vous. Vous lui avez donné des encouragements; vous lui avez dit : « Sois calme, Alibaud, sois courageux, et ne te laisse pas intimider par ces gens-là. »

Huber. Je vois que l'accusation considère ce fait comme très-grave; je demande à m'expliquer. Je n'ai pas demandé à être confronté avec Alibaud. On m'a demandé si je connaissais Alibaud, j'ai répondu que je connaissais beaucoup de monde, sans savoir le nom de chaque personne, et que je pourrais répondre à la question qui m'était faite, si on me montrait Alibaud. Quelques instants après, M. Pasquier me confronta avec Alibaud : Alibaud me parut un homme de dévoûment, un homme d'honneur...

M. le Président. Assez !...

Huber. Permettez-moi, Monsieur ; les déclarations d'un accusé avaient été, dans les mains du pouvoir, l'instrument de plus d'un assassinat judiciaire. Je le savais, et les encouragements que je lui donnais n'avaient d'autre but que de l'empêcher de dénoncer un innocent.

M. le Président. Assez ! Alibaud est jugé...

Huber. Oh! jugé !...

M. le Président. Vous avez dit vous-même, dans vos interrogatoires, que vous regardiez un assassin comme un homme sans honneur.

Huber (se retournant vers le public). Quant à cela, Messieurs...

M. le Président. C'est à moi que vous devez répondre et non au public.

Huber. Vous voyez que je vous réponds et que je suis fort attentif à vos questions.

M. le Président. Vous avez été amnistié au mois de mai 1837?

Huber. J'ai eu ce malheur... Je dis ce malheur, car l'amnistie a été un surcroît de misère et de persécutions pour les malheureux amnistiés; et si vous voulez me laisser expliquer, je vais vous le prouver. J'ai refusé d'aller à Orléans; je suis venu à Paris, le préfet m'a fait poursuivre; des agents ont été chez plusieurs de mes amis pour m'arrêter. Je demandai à parler à M. le Préfet de police, il me dit : « Si vous voulez rester à Paris, il faut vous engager à ne plus vous occuper d'affaires politiques , et à témoigner de votre reconnaissance pour le Roi qui vous a rendu à la liberté; prenez-vous cet engagement? » Je répondis que mon intention était de rester à Paris ; que là, seulement, je pourrais trouver des moyens d'existence. J'ajoutai , en outre, que je ne pouvais pas volontairement renoncer à mes droits de citoyen ; que tout Français avait le droit et le devoir d'étudier les ressources et les besoins de sa patrie. M. le Préfet insista; me demanda si je persistais dans mon refus, en ajoutant : « Voulez-vous que je vous déclare la guerre ou la paix ? » Je lui dis : « Je vous demande la paix , mais si vous voulez y mettre des conditions honteuses, j'aime mieux subir toutes les conséquences de ce que vous appelez la guerre. » Je me préparais à sortir avec un ami que j'avais amené pour répondre de moi ; mais M. Lecrosnier me dit : « Vous ne sortirez pas sans un passeport pour un lieu désigné. » On m'interdit cinquante villes et sept départements. Enfin , pour ne pas compromettre l'ami qui m'avait accompagné, je désignai Orléans. Mais, le lendemain , je renvoyai le passeport avec une lettre dans laquelle je déclarais que je venais à Paris; que je ne pouvais avoir ailleurs des moyens d'existence.

En effet, si j'étais parti, je n'en aurais pas été pour cela plus à l'abri des recherches et des persécutions de la police, je n'en aurais pas moins été traqué de ville en ville, traîné de cachot en cachot, accablé de douleurs , tristes souvenirs des cachots, arraché du sein de ma famille. J'aurais préféré être en prison. On ne m'avait arraché de Clairvaux que pour préparer ma route à l'échafaud.

Quoique j'eusse refusé de me soumettre aux conditions qu'on m'imposait , j'étais loin d'avoir des intentions hostiles. Jamais je n'aurais provoqué à l'insurrection ou au régicide. Si j'avais eu , en effet , les intentions qu'on me suppose, j'aurais accepté le passeport qu'on m'offrait, je ne l'aurais pas renvoyé le lendemain.

M. le Président. Il ne s'agit pas......

Huber. Ne m'interrompez pas. J'aurais pu , dis-je, en acceptant tout ce qu'on me proposait , écarter de moi toute espèce de surveillance; j'aurais gagné la confiance de la police, afin de pouvoir agir avec mystère et sécurité. On me demandait un serment: je l'aurais prêté. Eh! mon Dieu! qu'est-ce que c'est qu'un serment? c'est une formule, une bagatelle pour bien des gens. Ne voyez-vous pas nos hommes d'État en prêter tous les jours ?

M. le Président. Les renseignements contenus au dossier établissent qu'en sortant de Clairvaux vous avez obtenu un passeport pour venir à Paris, et avec ce passeport 60 fr. pour vos frais de voyage. Lorsque vous êtes arrivé à Paris , quinze jours se sont écoulés avant qu'on vous donnât un nouveau passeport pour Orléans. Quant à la promesse qu'on exigeait de vous , on ne la faisait pas accompagner d'un serment : ce serment n'était pas nécessaire. On vous demandait seulement de promettre de ne plus vous occuper d'intrigues politiques.

Huber. Ce n'est pas cela.

M. le Président. On vous a probablement demandé d'écrire une lettre dans laquelle vous vous engageriez à ne plus vous mêler à des intrigues politiques? Cela serait ainsi, qu'il n'y aurait rien d'extraordinaire. L'exaspération que vous aviez montrée ne permettait pas qu'on vous laissât à Paris, sans exiger de vous quelques garanties ; vous vous êtes refusé à les donner , et c'est alors que , sur votre propre désignation, on vous a donné un passeport pour Orléans. C'est une ville où il y a beaucoup de fabricants de cuirs, et vous auriez aisément trouvé à vous y occuper.

Huber. C'est bien facile à dire.

M. le Président. Avec le passeport, on vous a donné de l'argent pour votre route.

Huber. On m'a donné 30 sous.

M. le Président. Le lendemain, vous avez renvoyé le passeport et l'argent; c'est un fait reconnu. Vous avez même publié dans *le Bon Sens* votre lettre à M. le Préfet de police. Vous avez, plus tard, manifesté l'intention de partir, et on vous a vu, dans votre quartier, le sac sur le dos, annonçant que vous alliez partir. Vous aviez des relations à Paris, et notamment avec mademoiselle Laure Grouvelle. On a trouvé chez vous une lettre qui vous a été remise par une demoiselle Rosine. Vous avez travaillé chez un sieur Périssard, où vous ne gagniez rien : vous étiez sous les ordres d'un autre ouvrier qui vous apprenait en partie votre état.

Huber. C'est exact.

M. le Président. Vous avez connu Steuble, et vous avez même payé 27 fr. pour lui, chez Moutier, le logeur.

Huber. Steuble ne gagnait rien; il était bien malheureux; ses habits étaient engagés. J'ai demandé pour lui 27 fr. à mademoiselle Grouvelle. Lorsque quelqu'un est malheureux, c'est à mademoiselle Grouvelle qu'on s'adresse.

M. le Président. Accusée Laure Grouvelle, vous avez été signalée dans l'instruction, et presque dans le public, comme donnant souvent des secours aux malheureux, comme visitant les hôpitaux, les prisons. Une lettre trouvée dans les papiers saisis chez vous, lettre d'un nommé Viginet, apprend qu'à l'époque du choléra, vous lui avez donné, ainsi qu'à beaucoup d'autres, des secours à l'hospice du Lazareth. Seulement, l'instruction vous reproche, ou plutôt vous fait observer que vos soins étaient de préférence accordés à des hommes d'une certaine opinion, aux hommes de l'opinion républicaine.

Mademoiselle Grouvelle. Je ne fais guère acception de politique quand il s'agit de secourir un malheureux : cependant, je reconnais que l'opinion républicaine est la mienne.

M. le Président. Vous faites partie de l'association libre pour l'instruction du peuple.

Mademoiselle Grouvelle. Mon frère était à la tête de cette utile association.

D. A une certaine assemblée, vous avez eu 123 voix pour être du conseil des vingt. — R. C'est vrai.

M. le Président. Lors de l'exécution de Pepin et de Morey, vous avez donné des preuves d'une étrange exagération politique.

Mademoiselle Grouvelle. Il y a bien des choses à dire là-dessus, et d'abord l'exécution de Morey et de Pepin...

M. le Président. Il y a eu jugement, et vous ne pouvez attaquer la chose jugée.

Mademoiselle Grouvelle. J'ai la conviction intime que des innocents sont montés sur l'échafaud.

M. le Président. Il y a eu condamnation.

Mademoiselle Grouvelle. Et qu'importe ! si j'ai la certitude de leur innocence !

M. le Président. Les certitudes pour les hommes ne sont jamais que des opinions. Il y a au procès des pièces qui établissent la vive sympathie que vous avez affectée pour Morey....

Mademoiselle Grouvelle. Je l'éprouvais.

M. le Président. Il y a aux pièces la lettre d'une amie qui vous disait la vérité sur votre position. On lit dans cette lettre :

« Je suis désolée, ma chère amie, de vous voir vous mettre si fort en avant : secourez les personnes, visitez-les, faites tout le bien qu'il est eu votre pouvoir de faire; mais pourquoi des actes de nature à tenir éveillé sur vous l'œil de l'autorité ? »

Mademoiselle Grouvelle. La personne qui a écrit cette lettre est une dame excessivement craintive.

M. le Président. Vous avez chez vous une demoiselle Hergaland. Voici une lettre de vous qu'on a saisie sur elle; on y lit :

« Je vous envoie une lettre adressée de Londres au citoyen Godard : vous y verrez que quelqu'un se vante, à Londres, d'avoir enseveli et enterré Morey, et d'avoir en sa possession les cordes qui liaient les mains des victimes lorsqu'on les conduisait à la mort. Dites à ce Monsieur : Celui qui vous a écrit cela est un menteur. Nul que moi n'a ces cordes ; nul que moi n'a touché le corps de Morey : il n'y avait là que moi et une vingtaine de patriotes. Personne que moi n'a touché le corps. Les effets, les cordes ont été acquis et emportés par moi. Celui qui dit le contraire est un menteur. Tout ce qui appartenait à Morey et à Pepin est en lieu de sûreté. On n'a disposé de rien : tout est caché loin de Paris. »

A cette lettre, continue M. le Président, est jointe une note qui est un extrait de la lettre adressée à Godard, et dans laquelle on lit ces mots : « De quelle manière a-t-on envisagé à Rouen la mort des deux victimes?...»

Mademoiselle Grouvelle. La note n'est pas de ma main.

M. le Président. Oui ; mais, à la suite, est une note émanée de vous; la note ajoute :

« ..... Si nos amis, martyrs de la liberté, attachaient quelque prix à une mèche de cheveux et à une partie de la corde qui liait les mains de Morey, écrivez-moi. »

Ceci n'est pas de votre main ; mais voici, écrit de votre main, l'extrait de la lettre adressée au citoyen Godard :

« Tâchez de savoir le nom de celui qui prétend pouvoir donner de leurs cordes ; ce sont les citoyens Biette....... et moi qui, seuls, ont enseveli et inhumé Morey. La tête de Morey a été prise par moi, moi seule, pour être placée dans le cercueil; celle de Pepin par son neveu. Nul autre n'y a touché. C'est nous-mêmes qui les avons retirées de la terre pour les ensevelir. Tâchez de savoir le nom de cet imposteur; je ne sache pas que le citoyen Biette soit allé à Rouen. »

Reconnaissez-vous cette lettre?

Mademoiselle Grouvelle. Oui, seulement la fin.

M. le Président. L'exécution d'Alibaud a été encore pour vous une occasion de manifester vos sentiments. Dans une lettre de vous se trouve le passage suivant :

« Depuis votre départ, il s'est passé ici beaucoup d'événements. Alibaud, dont le corps avait été réclamé par sa famille et par son avocat, a été inhumé; une fosse particulière lui a été achetée au cimetière Montparnasse, près de Morey et de Pepin. Alibaud a laissé des manuscrits où sa belle âme se montre à découvert; tout est en sûreté. »

On s'est transporté au domicile de mademoiselle Hergaland, qui était chez vous comme ouvrière....

Mademoiselle Grouvelle. Et comme amie.

M. le Président. On a saisi sur elle, et dans son domicile, certains papiers qui se trouvent aux pièces, et dont nous allons entretenir MM. les Jurés.

Ici, nous devons recommander à MM. les Jurés la plus grande attention. Les accusés, dans l'instruction, se sont refusés à répondre. Le jury n'aura donc d'autre moyen d'avoir la vérité sur ces faits que par l'interrogatoire qu'ils vont entendre et les notes qu'ils pourront prendre.

Voici une note que mademoiselle Grouvelle reconnaît sans doute pour être de son écriture.

Mademoiselle Grouvelle : Je la reconnais.

M. le Président : Vous reconnaissez sans doute aussi qu'il y est question d'Huber ?

Mademoiselle Grouvelle : Je le reconnais ; mais je désire expliquer pourquoi je n'ai pas répondu dans l'instruction. Je voulais laisser ma défense toute entière devant le jury. Je ne voulais pas mettre mes moyens de défense à la merci d'un juge...

M. le Président : Abstenez-vous d'incriminer la conduite des magistrats. Sur ce défaut de réponses dans l'instruction, l'accusation et la défense auront libre discussion.

Voici la note que l'accusée Laure Grouvelle reconnaît être applicable à l'accusé Huber : « Habile, persévérant, audacieux, dévoué, énergique et brave jeune homme, une trempe rare dont nous avons vu quelques types. Homme simple qui fait bien parce que son cœur parle bien et qui ne se doute pas que quelquefois il a été très-grand. Ses instincts sont toujours généreux. Bon et doux comme un enfant, il pleure quand une belle action l'émeut, et au souvenir d'Alibaud, que seul il a encouragé dans sa prison. Il est moulé dans le style d'Alibaud et de Morey, il n'en parle pas sans un enthousiasme bien senti et une vive émotion. Dieu le garde ! Sa tête est belle, pleine de franchise et de douceur. Son front est élevé et découvert. Son regard est calme et d'une grande douceur ; toute la bienveillance de sa nature s'y retrouve. Ses cheveux d'un rouge prononcé sont loin de le déparer et ne déplaisent pas. Sa taille est au-dessus de la moyenne. Tout son maintien, plein de dignité, annonce la force morale dont il est doué et la profonde conviction qui l'anime. Voilà le portrait du patriote que je crois le plus remarquable aujourd'hui. Quelle que soit certaine réputation, sa conduite envers Alibaud a un cachet d'élévation particulier. C'est l'élan du cœur, et certains actes de sa vie portent l'empreinte d'une rare et calme intrépidité. L'homme s'est révélé là tout entier. Quel que soit l'avenir que les circonstances lui gardent, il y a dans cet homme du Morey et de l'Alibaud. »

M. le Président, à Huber : Vous reconnaissez que vous connaissiez l'accusée Laure Grouvelle depuis quelque temps. Vous avez tout à l'heure semblé désirer de donner à cet égard quelques explications.

Huber : Quand j'étais dans la maison de Clairvaux, j'ai souvent reçu des secours de Mademoiselle Grouvelle. Après l'amnistie, je lui rendis plusieurs visites pour lui faire mes remercîments. Voilà quelles ont été mes relations avec elle.

M. le Président : La voyiez-vous souvent ? — R. Deux ou trois fois par semaine.

M. le Président, à Mademoiselle Grouvelle : Reconnaissez-vous avoir eu de telles relations avec Huber ? — R. Oui, Monsieur.

M. le Président, à Steuble : Un bulletin d'études de la grande école normale de Vienne atteste que vous avez été élève de cette institution, que vous avez été jusqu'en troisième, et que vous vous êtes signalé dans cette maison par votre bonne conduite. On a, au dossier, des lettres de vous qui expriment pour votre famille des sentiments très-remarquables. Nous nous en rapportons à la défense du soin de les faire valoir.

(L'un des interprètes traduit en allemand les paroles de M. le Président.)

M. le Président continue : L'accusé a quitté Vienne en 1836. Il a été à Londres, où était son père; ouvrier mécanicien, qui avait proposé à divers gouvernements d'Europe les machines de guerre inventées par lui. Son père a quitté Londres avant lui pour venir à Paris. L'accusé est venu lui-même à Paris où son père était déjà, et cependant il n'a pas demeuré avec lui.

Steuble, par l'organe de l'interprète, répond affirmativement à tous ces faits. Il déclare aussi, sur la question qui lui en est faite, avoir connu mademoiselle Laure Grouvelle en 1836, ainsi que l'accusé Huber.

M. le Président, à Huber : Comment avez-vous fait la connaissance de Steuble ? — R. Steuble ne savait pas le français, je lui servais d'interprète. C'est moi qui l'ai introduit auprès de mademoiselle Grouvelle, vers la fin de juin 1836.

M. le Président : Steuble ayant dit qu'il était Suisse, mademoiselle Grouvelle ne lui a-t-elle pas demandé s'il ne professait pas l'opinion républicaine ? — R. Oui, Monsieur.

M. le Président : Steuble n'a-t-il pas dit que son père était l'inventeur de machines de guerre ? — R. Non.

M. le Président: Faites voir à l'accusé cette déclaration en entier signée de sa main, et demandez-lui s'il la reconnaît?

Steuble a à peine jeté les yeux sur le papier qu'on lui présente, qu'il parle avec vivacité et gesticule avec force. L'interprète explique qu'il proteste de toutes ses forces contre cette déclaration, qu'il argue de nullité. Il était bien malade quand il l'a faite; il en nie toutes les particularités.

M. le Président : L'accusé Steuble a commencé par tout nier : il a nié ses relations avec mademoiselle Grouvelle et avec Huber; il répondait à toutes les questions par les plus formelles dénégations. Enfin, au mois de janvier, il commença à faire des déclarations. Huit jours après son dernier interrogatoire, il envoya à M. le Juge d'instruction une pièce écrite en entier de sa main en langue allemande. Cette pièce a été traduite par M. Simonnin. Il dit maintenant qu'il ne faut pas s'y arrêter, parce qu'il l'a écrite alors qu'il était malade; c'est cependant lui qui l'a écrite; nous en donnerons lecture à MM. les Jurés quand il en sera temps. Si la traduction en est attaquée on pourra en faire vérifier l'exactitude; c'est pour cela que nous avons appelé trois interprètes, pour qu'il y ait un contrôle suffisant.

Steuble, expliquez quelle était cette maladie qui vous ôtait toute votre raison, de telle sorte que vous ne saviez plus ce que vous disiez.

Steuble répond avec vivacité. Bien qu'on n'entende pas ce qu'il dit, on comprend que quelque violence d'expression vient se mêler à ses paroles.

M. le Président, à l'interprète: Dites-lui que les violences ne prouvent rien, et qu'il s'explique avec plus de modération. Qu'a-t-il répondu? — R. Il dit qu'il était dans une mauvaise prison, privé d'air, et qu'il a été privé de l'usage de sa raison; qu'on l'a persécuté et tiraillé pour lui faire dire ce qu'on voulait.

M. le Président : Qui vous a tourmenté et tiraillé?

Steuble : C'est M. Simonnin.

M. Simonnin, se levant : Quand la Cour le permettra, je répondrai.

M. le Président : Vous serez entendu.

M. le Président : Vous prétendez aujourd'hui que cette déclaration vous a été arrachée ; mais il est à remarquer que les faits établis par l'instruction viennent la fortifier presqu'en tous points. A-t-il été question de la construction d'une machine de guerre qui devait contenir seize canons de fusil accouplés ?

Steuble : Je n'ai jamais dit que la machine dût contenir seize canons.

M. le Président : A-t-il été question d'une machine ? — R. Il a été question de diverses machines.

Huber : Il n'a été nullement question de machines Steuble parlait de son état comme mécanicien. Il dit : « Il vient de m'arriver un grand malheur. Mon père, mécanicien, a fait un traité avec le Gouvernement français pour une machine excessivement meurtrière. Au moyen de cette machine, quatre hommes peuvent tirer cinq cents coups à la minute. Je demandai à Steuble des explications. Il me dit qu'avec cette machine, quatre hommes pouvaient résister à dix mille. Je me demandai à quoi pouvait servir cette machine, et si le Gouvernement l'achetait uniquement pour faire respecter le nom français à l'étranger.

M. le Président. Il ne s'agit pas de tout cela, et d'ailleurs il est établi que le Gouvernement français a rejeté l'offre de Steuble père.

Huber. Je pensais que le pouvoir avait des intentions hostiles, qu'il pouvait bien méditer quelques ordonnances liberticides, et que cette machine pouvait bien être destinée à remplacer les forts détachés pour imposer silence au peuple s'il avait osé se plaindre. Je pensais épargner au pouvoir de nouveaux crimes, et au peuple de nouvelles souffrances.

M. le Président à Steuble. Avez-vous dit cela ? — Steuble ne répond pas.

M. le Président. Je vois, moi, que Steuble entend très-bien le français.

Huber. Il ne l'entend pas.

M. le Président. J'ai cru remarquer qu'il l'entendait assez bien, et ce qui m'a confirmé dans cette idée, c'est qu'il prêtait hier beaucoup plus d'attention à l'acte d'accusation rédigé en français, qu'à celui qui était rédigé en langue allemande. Je ne dis cela, au reste, que pour expliquer pourquoi je m'étais adressé directement à Steuble.

Mᵉ Arago. C'est justement parce qu'il comprenait moins qu'il écoutait avec plus d'attention.

Mᵉ Hemerdinger. Steuble entend bien quelques mots d'usage ordinaire, mais il ne comprend pas un enchaînement d'idées.

M. le Président. A-t-il dit à Huber que le Gouvernement français avait acheté une machine que son père avait inventée ? — R. Oui.

M. le Président. Nous avons ici trois rapports faits par le comité de la guerre et qui établissent que ce comité a constamment repoussé les propositions qui lui étaient faites à cet égard. (A Huber.) Ainsi Steuble vous aurait dit qu'il voulait quitter Paris ? — R. Il me dit que son père arrivait à Paris pour vendre une machine au Gouvernement; il craignait de le voir, et il avait bien raison. Son père avait antérieurement fait une machine pour Nicolas et, par suite, il avait été emprisonné par Nicolas.

M. le Président. Veuillez parler comme tout le monde.

Huber. Je dirai l'empereur, si vous voulez, ou le tyran Nicolas.

M. le Président. Asseyez-vous !

Huber. Il a été enfermé pendant des mois entiers; et, chaque jour, on lui administrait la bastonnade : voilà la reconnaissance de Nicolas.

M. le Président. Asseyez-vous. Accusée Grouvelle, vous avez eu des relations avec Huber, vous lui avez donné des secours?

Mademoiselle Grouvelle. J'ai connu Huber lorsqu'il fut rendu à la liberté; je lui avais donné des secours durant sa détention à Clairvaux, comme j'en donnais à tous les autres. Il me dit qu'il était envoyé en surveillance, et je le plaignis; car vous ne savez pas ce que c'est que la surveillance! Je recevais des renseignements là-dessus. Un pauvre surveillé d'Orléans m'écrivait chaque semaine : « Ma chère citoyenne, je meurs de faim. » Je conseillai à Huber de quitter la France; je craignais pour lui le sort des autres, le sort de Cuvinet, qui s'est asphyxié; celui d'autres, qui ont été jetés dans les cachots ou sont morts de misère. Je lui conseillai donc bien des fois de quitter Paris. « Mais je mourrai de faim ailleurs, » répondit-il, car il avait trop de cœur pour demander des secours. Sur ces entrefaites, il me parla de Steuble : il me le présenta. Steuble était malheureux, je m'intéressai à lui; je lui remis une bagatelle, 25 fr., je crois. Il ne me parla pas de machine dans cette entrevue. Une autre fois, Huber me dit : « Votre frère est ingénieur civil, Steuble est aussi ingénieur civil : » ce fut un motif de plus pour m'intéresser. Comme il ne savait pas le français, il pensa qu'il lui serait plus facile de trouver du travail en Angleterre. Bientôt un journal, le *Courrier français,* annonça que son père venait d'arriver à Paris pour vendre au Gouvernement une machine extrêmement meurtrière, et ce fut un motif de plus pour lui pour partir. Il avait des réclamations à faire en Angleterre; car le Gouvernement anglais est de très-mauvaise foi : il lui doit encore 80,000 fr. Huber voulait partir aussi. Il différa cependant, car on espérait que le Gouvernement actuel compléterait l'amnistie; car elle n'est pas complète, l'amnistie : et la preuve, c'est que Léger est encore au bagne. Léger, un homme de juin !

M. le Président. Voyons les faits : tout cela est étranger au débat. — R. Ces Messieurs se décidèrent à partir pour l'Angleterre au moment des fêtes de juillet, puisqu'on ne complétait pas l'amnistie et que l'on laissait la surveillance, qui est un moyen de faire mourir les malheureux amnistiés de faim.

M. le Président. Asseyez-vous. (A l'interprète.) Transmettez à Steuble mes questions. (Steuble se lève.) Demandez-lui pourquoi il a été en Angleterre. — R. Pour reprendre le procès que son père a avec le gouvernement anglais.

D. Quel est ce procès?—R. Son père a construit une machine de 30 canons. Une personne attachée à l'ambassade anglaise lui dit, alors que la machine eut été essayée, que, s'il portait sa machine en Angleterre, on lui donnerait 10 mille livres sterling. Il écrivit alors pour demander une avance, moyennant laquelle il porterait sa machine en Angleterre : l'ambassadeur demanda si la machine était complétement confectionnée; il y avait quelque chose à y faire. Il continua à travailler. Quand elle fut finie, il la porta à l'ambassade, où on lui donna trois mille livres; mais la machine n'était par lui remise qu'à titre de dépôt, car le gouvernement russe lui en proposait 150 mille roubles. Lorsqu'il voulut la reprendre, en soldant l'avance, le gouvernement anglais fit arrêter l'inventeur et saisir la machine.

D. En toute hypothèse, ce serait avec son père, et non avec lui, que l'Angleterre aurait traité; en quelle qualité prétendait-il donc exercer des réclamations personnelles? — R. Son père lui avait dit qu'il y avait possibilité d'obtenir justice.

M. le Président donne lecture d'une partie de la traduction de la note écrite par Steuble au juge d'instruction, et charge un des interprètes de suivre sur l'original pour s'assurer de la fidélité de la traduction : « Un soir que j'étais assis chez Moutier, un homme entra ; je lisais dans une grammaire, il me demanda ce que je faisais, je lui dis que j'étudiais le français. Il me demanda ma profession. — Mécanicien, lui répondis-je.—Votre nom ? dit-il. — Steuble. — Je suis Suisse et républicain, reprit-il. — Je lui dis que j'étais venu en France avec mon père, qui était inventeur d'une machine de trente canons. Il me demanda si je pourrais construire une semblable machine, et, sur ma réponse affirmative, il me conduisit chez mademoiselle Grouvelle et me demanda si je voudrais construire, pour elle, une semblable machine. Mademoiselle Grouvelle me reçut bien, mais assez froidement. Nous sortions ; Huber me questionna sur mes opinions, et me demanda si je serais décidé à construire unemachine pour le rétablissement de la république française. Je répondis que oui. A quelques jours de là, nous retournâmes chez mademoiselle Grouvelle. Elle me reçut mieux cette fois. On parla de la construction d'une machine, et elle me demanda quelles seraient mes conditions : je demandai le logement, la nourriture ; je ne demandais pas d'honoraires, mais je voulais assister au moment de l'action, et si l'événement réussissait, je me réservais une place à l'arsenal. Elle me demanda si je pouvais m'occuper immédiatement de la construction ; je lui répondis que oui, mais que j'aimerais mieux la construire en Angleterre, où je connaissais des mécaniciens qui pourraient m'aider. Nous reparlâmes, Huber et moi, de la machine ; je me serais décidé à la faire à Paris, mais je demandai à avoir près de moi un homme qui parlât allemand et français. Huber me dit que cet homme ce serait lui-même. A quelques jours de là, il me dit qu'il fallait venir chez mademoiselle Grouvelle, et lui dit que mon père arrivant, je voulais absolument partir pour l'Angleterre : il y allait lui-même, et me demanda de partir avec lui. A cette époque je ne m'étais pas encore aperçu des abominables projets de M. Huber et de la perversité de son caractère. »

Me Hemerdinger. Je demanderai si ce passage est bien traduit ?

M. le Président, à l'interprète : Veuillez traduire textuellement pour MM. les Jurés.

M. Winger traduit : « Car, à l'origine, je ne m'aperçus pas encore des desseins honteux et dénués de caractère de M. Huber. »

Le second interprète donne la même traduction.

M. le Président. M. Simonnin, veuillez vous expliquer là-dessus.

M. Simonnin. Le mot *honteux* s'y trouve textuellement.

M. le Président continue sa lecture.

« Malheureusement, je me conformai à ses désirs. Il me dit qu'il avait des amis en Angleterre, et qu'il me procurerait tout ce qu'il me faudrait. Nous allâmes rendre visite à mademoiselle Grouvelle, et je lui dis tout, comme M. Huber l'avait dit. Elle me dit qu'elle était fâchée que je fusse forcé de partir, mais elle y consentit. Nous partîmes pour Londres, où nous arrivâmes un matin à sept heures. Je lui demandai l'adresse de ses amis ; il me dit qu'il n'en avait point. Je fus effrayé, car je vis que M. Huber m'avait menti à Paris... »

M. le Président. Nous nous arrêterons ici. M. l'interprète, demandez à Steuble s'il a écrit ce qui vient d'être lu. — R. Oui, mais j'étais alors sous l'empire de la maladie.

D. A-t-il, à Londres, fait des démarches pour être payé de sa machine ? — R. Oui, auprès d'un certain lord Elliot. Parmi les papiers doit se trouver l'adresse d'un M. Tiquet, près de qui on pourrait prendre des informations.

M. le Président. Si le défenseur veut donner une note à cet égard, on verra. (A Huber.) Vous voyez, Huber, que, d'après la note dont vous venez d'entendre lecture, il y aurait eu quatre conférences où il aurait été question de la machine, de sa construction et des conditions que faisait Steuble. — R. Il n'a nullement été question de la machine. Steuble ne savait pas le français, il allait à Londres chercher de l'ouvrage ; moi je m'y rendais pour me soustraire aux persécutions de la police.

D. Quelle somme vous fut donnée pour faire le voyage ? — R. Mademoiselle Grouvelle me remit 200 fr., l'argent strictement nécessaire.

M. le Président, à mademoiselle Grouvelle : Expliquez-vous sur la déclaration et la note de Steuble. — R. Steuble avait perdu le sens quand il a tracé cette note.

D. Tous les faits sont donc faux ? — R. Il n'a jamais été question de la construction de la machine.

D. Steuble est donc capable de faire une fausse déclaration ? — R. Monsieur, si vous saviez comment nous avons été traités, vous concevriez qu'il ait pu perdre la tête.

D. Vous prétendez donc qu'il était fou ? — R. Il faut être fou pour écrire de pareilles folies.

M. le Président. Vous voyez, MM. les Jurés, par cette partie des débats, que des relations anciennes existaient entre les trois accusés.

Mademoiselle Grouvelle. Mais non, M. le Président ; je n'ai connu Huber que lorsqu'il est venu me remercier après sa sortie de Clairvaux ; j'avais vu Huber seulement ici sur le banc des accusés de Neuilly.

M. le Président. J'ai voulu établir que des relations avaient existé entre Steuble et Huber, car ces relations avaient d'abord été niées dans l'instruction ; elles auraient abouti à des conférences où aurait été arrêté le projet de la construction d'une machine meurtrière. Nous devons ici faire quelques questions à mademoiselle Grouvelle sur le voyage de Giraud à Verneuil et à Bernay.

M. le Président, à la demoiselle Grouvelle : Vous aviez des relations à Rouen, Verneuil et Bernay ; une correspondance trouvée le prouve. — R. Il n'y avait que quelques lettres.

M. le Président. En mai 1837 vous aviez envoyé Valentin à M. de Vauquelin, à Bernay.

Mademoiselle Grouvelle, souriant avec ironie. Oui, je venais d'être très-malade, je crachais le sang ; de son côté, Giraud était à l'hospice, et ma première visite fut pour Valentin ; il avait besoin de l'air de la campagne, nous eûmes alors l'idée de l'envoyer à Bernay chez M. de Vauquelin, dont nous connaissions l'humanité et les bons sentiments ; il est parti le 15.

D. Vauquelin vous écrit le 17 : « Je comprends l'importance et la gravité de la mission que vous m'avez confiée. » A quoi avait donc rapport cette mission ? — R. C'était pour des souscriptions pour les condamnés politiques.

D. Mais il n'y avait rien là de bien extraordinaire pour de Vauquelin, dont les opinions étaient connues. — R. Je vous demande pardon, c'était un projet complet d'organisation pour les souscriptions ; auparavant nous nous servions des journaux, mais on a rendu des lois, dont je ne connais pas la date, pour nous en empêcher.

D. La loi n'a rapport qu'aux amendes. — R. Tout ce que je sais, c'est que, depuis ce moment, nous n'avons rien fait, à ce sujet, insérer dans les journaux. MM. les Journalistes qui sont ici peuvent le dire.

M. le Président. Voici la loi du 9 septembre ; elle ne parle que des amendes prononcées par les condamnations judiciaires.

Me J. Favre. Si une question de droit devait s'élever ici...

M. le Président. La discussion s'élèvera sur ce point plus tard.

M. Franck-Carré, au défenseur. Nous discuterons cela ensemble.

D. Ainsi, le 17 mai, Valentin était à Verneuil chez M. Vauquelin, et il y est resté jusqu'au mois d'août. Le 29 juillet, Giraud est parti pour Verneuil. Quel était l'objet de ce voyage ? — R. C'était un voyage d'affaires pour son commerce.

M. le Président. Il a été déclaré dans l'instruction qu'il n'avait pas été, de la part de Giraud, question d'affaires de commerce dans le cours de ce voyage.

Mademoiselle Grouvelle, avec indignation. Il y a des gens qui n'ont pas le courage d'avouer les relations qu'ils ont eues avec des personnes qui se trouvent dans le malheur.

D. Vincent Giraud a reçu de M. de Vauquelin 400 f. ; il vous les a apportés ? — R. Oui, Monsieur.

D. Le 30, il était à Paris ? — Oui, Monsieur ; j'avais fait un appel à l'humanité de M. Vauquelin, il y avait répondu ; jamais M. Vauquelin n'a manqué de courage, et s'il faut monter sur l'échafaud...

M. le Président, interrompant l'accusée : Vous savez bien qu'il n'est pas question ici d'échafaud.

Mademoiselle Grouvelle. Quand il en serait question.....

D. Le lendemain Huber et Steuble partent pour Londres ; il y a là une coïncidence qu'il nous appartient de signaler. — R. Ce n'est pas l'argent de M. de Vauquelin qui a servi à faire partir Huber et Steuble. Je dis à MM. les Jurés toute la vérité, il n'y a pas de complot dans notre affaire, et ils ne tarderont pas à en être convaincus.

M. le Président. Vous savez que c'est un des faits qui ont donné lieu à la mise en accusation de de Vauquelin et Giraud.

D. Avez-vous donné à Giraud la mission de demander la somme d'argent en question ? — R. Eh ! mon Dieu, Monsieur, je profite de toutes les occasions, je demande de l'argent toute l'année, j'en demande à tout le monde ; quand mon frère voyage, je le charge d'en demander : on aurait pu le compromettre aussi.

M. le Président, à Huber. Vous avez quitté Paris le 31 juillet, vous vous êtes arrêté à Vervins, une nuit. — R. C'est vrai.

D. L'accusation prétend que vous avez rendu une visite à l'accusé Leproux. — R. Je suis arrivé à Vervins à cinq heures. Mademoiselle Grouvelle m'avait donné une lettre pour un nommé M. Leproux ; j'ai été le trouver ; je n'ai pu le voir qu'un moment ; il était en train de s'habiller pour aller au bal. Il m'a remis 20 fr.

D. Ainsi, vous reconnaissez que dans ce voyage vous avez fait une visite à l'accusé Leproux et que vous avez reçu de lui 20 fr. — R. Oui, Monsieur.

M. le Président, à MM. les Jurés. Steuble, appelé devant le juge d'instruction, a persisté, en présence d'Huber et de la demoiselle Grouvelle, dans les déclarations qu'il avait spontanément écrites.

Me Arago. Je crois que c'est aussi le moment de dire que spontanément aussi il est revenu sur ses révélations.

M. le Président. Rien n'échappera aux débats ; nous vous ferons connaître une chose que vous ignorez sans doute, c'est qu'il nous a été adressé à nous-mêmes, par Steuble, une rétractation.

D. Steuble, avez-vous connu à Londres un nommé Souillard? — R. Non, Monsieur.

D. Ne vous a-t-il pas donné asile; n'est-ce pas chez lui que vous avez demeuré, et que vous avez pris vos repas? — R. J'y ai bien pris quelques repas; mais je n'y ai pas demeuré.

D. Après son arrivée à Londres, a-t-il été envoyé à Huber de l'argent pour vous? — R. Je n'en sais rien.

D. Huber, au bout de quelque temps, n'a-t-il pas quitté Londres? — R. Oui, Monsieur.

D. Huber ne vous a-t-il pas demandé la remise des plans de la machine, contre le paiement d'une somme qu'il lui remettrait? — R. Non.

D. Rappelez-vous que, dans votre déclaration, vous avez avancé ce fait. R. Cela n'est point, et ma déclaration n'a été faite que sous l'influence d'une maladie qui ne me laissait pas le libre exercice de mes facultés.

D. Huber n'a-t-il pas prononcé des paroles outrageantes contre mademoiselle Grouvelle? — R. Je ne ferai plus aucune réponse sur tout ce qui concerne la déclaration dont il s'agit.

D. N'a-t-il pas brûlé un dessin qui contenait le secret de l'exécution de la machine? — R. Je refuse de répondre.

D. Huber ne lui a-t-il pas dit un jour, en rentrant dans un état d'ivresse, qu'il foudroierait Paris avec la machine, et qu'ils établiraient à eux deux la république? — R. Je refuse de répondre sur cette question et sur toutes celles qui seront relatives à la déclaration que je répudie.

D. Huber ne s'est-il pas introduit dans votre domicile, et n'y a-t-il pas soustrait les plans de la machine et les instruments de mathématiques qui avaient servi à leur confection. — Plus de réponse.

D. Souillard, à dater de ce jour, ne cessa-t-il pas de lui donner les secours qu'il lui remettait auparavant? — Pas de réponse.

M. le Président continue d'adresser à Steuble des questions qui demeurent de même sans réponse, et qui roulent sur les faits qui, en ce qui concerne cet accusé, ont servi de base à l'acte d'accusation.

M. le Président donne ensuite lecture de la partie de la déclaration de Steuble relative à son séjour à Londres avec Huber, et qui roule sur les faits qui viennent de donner matière à ses questions. Cette lecture peu intéressante en ce que l'acte d'accusation en présente l'analyse, donne lieu à une observation de la part du défenseur de Steuble, au moment où le traducteur donne lecture de la phrase suivante :

« Le même jour il m'a dit : Quelqu'un est ici qui veut donner 25,000 fr. pour construire une machine pour tuer le roi L...-P..., et qu'il fallait me décider à construire la machine pour cette personne. »

Me Hemerdinger. Je prie M. le Président de demander à l'interprète si les mots allemands qu'il traduit ainsi « pour tuer le roi L...-P... » ne sont pas écrits entre deux lignes et par renvoi.

M. Winger. Les mots sont, en effet, écrits entre deux lignes, et le renvoi est indiqué par deux croix.

Me Hemerdinger. L'encre qui a servi à tracer ces mots n'est-elle pas plus noire que celle du corps même de la pièce?

M. Winger. L'encre des deux croix qui indiquent le renvoi est plus noire et plus brillante que celle du reste de la pièce.

Me Arago. Je demande que ce fait soit constaté, et que la pièce passe sous les yeux de MM. les Jurés.

M. le Président. Le fait est matériel, constaté.

M⁰ Teste. Je suis entièrement de l'avis de M. le Président, le fait est constaté ; les conséquences résulteront des circonstances qui se produiront aux
débats.

M⁰ Hemerdinger. L'écriture de ces mots est tremblée, l'encre différente ; je demande que ces faits soient constatés par témoignage d'experts.

M. le Président, après avoir consulté ses assesseurs : En vertu de notre
pouvoir discrétionnaire, nous commettons Ungher et Winger, comme experts, à l'effet de reconnaître si le renvoi en interligne a été tracé avec la
même encre, de la même main et à la même époque que le corps d'écriture de la déclaration émanée de Steuble.

Les deux experts traducteurs prêtent serment et se retirent pour procéder à l'expertise.

Il est deux heures, l'audience est suspendue.

Après une demi-heure de suspension, l'audience est reprise, et les deux
experts rendent compte de l'examen qui leur a été confié. Il résulte de leur
déclaration :

1°. Que l'interligne composé des mots allemands correspondant à ceux-ci :
Pour tuer le roi L....-P........, a été évidemment écrit avec une autre encre,
plus noire et plus reluisante que le corps d'écriture ;

2°. Qu'il a été écrit avec une plume plus fine, mais par la même personne ;

3°. Enfin, sur la troisième question, qu'il leur est impossible de reconnaître et de constater si elle a été tracée à la même époque ou à une époque
postérieure.

M. Winger traduit à Steuble cette déclaration.

M. le Président. Steuble, pouvez-vous expliquer à quel moment vous
avez écrit l'interligne dont il s'agit ?—R. Cette déclaration a été écrite dans
le moment de maladie ou d'aliénation dont j'ai parlé. Quatre jours après,
M. Simonnin s'est présenté dans ma prison et m'a dit : « Steuble, il manque
évidemment quelque chose à votre déclaration, il faut absolument que vous
ajoutiez pour quel objet devait être construite par vous la machine. » Moi
j'étais égaré, malade ; je n'ai pas su résister. M. Simonnin a trempé la
plume dans l'encrier et me l'a mise dans la main ; alors j'ai tracé les mots :
« Pour tuer le roi L....-P........, » ces mots écrits entre les deux lignes. M. Simonnin a pris la plume et a fait la première croix du renvoi, j'ai fait
l'autre. M. Simonnin m'avait dit en me pressant : « Steuble, si vous écrivez
ces mots, vous serez rendu à la liberté ! »

D. Est-ce avant votre comparution devant le juge d'instruction que M. Simonnin a fait cette démarche près de vous ?

R. Oui, c'est quatre jours après que j'eus remis la déclaration au juge
d'instruction, alors que M. Simonnin s'occupait de la traduction. M. Simonnin m'a donné une plume d'acier et m'a dit : « Dépêchez-vous d'écrire
cela, et vous serez libre. » Il y avait un individu, un salarié, qui a pris la
parole, et a dit : « Oui, dépêchez-vous. »

D. Vous rappelez-vous le nom de cet homme ? — R. Il se nomme Favre ou
Ferrot.

D. Était-il détenu ? — R. Il était, à ce que j'ai cru reconnaître, placé
près de moi pour m'épier.

M. le Président ordonne que, en vertu de son pouvoir discrétionnaire,
M. Lebel, directeur de la prison de la Conciergerie, sera immédiatement
appelé, et que M. Simonnin s'expliquera sur les faits qui viennent d'être
énoncés.

M. Simonnin. Lorsque j'ai été chargé de faire la traduction de la déclaration de Steuble, je me suis immédiatement mis à l'ouvrage. En avançant dans mon travail, je m'aperçus, en effet, qu'il existait une lacune dans un des passages les plus importants. Steublé avait plusieurs fois répété, dans sa déclaration, que la machine avait dû être faite pour attenter à la vie du Roi. J'étais dans l'intention d'aller trouver Steuble, lorsque, lui-même, il écrivit à M. Jourdain, juge d'instruction, une lettre dans laquelle il disait à ce magistrat qu'il avait quelque chose à ajouter à sa déclaration.

Ici, l'interprète présente à M. le Président une lettre qu'il tire de sa poche, et qui est de la main de Steuble. M. le Président la fait présenter à l'accusé Steuble qui, après l'avoir examinée, s'écrie, avec un geste d'emportement : « Il manque un morceau à cette lettre. J'avais écrit que je demandais, non pas à ajouter, mais à *changer* quelque chose. On a arraché le morceau du papier où se trouvait le mot allemand qui exprimait mon idée.

Me Arago. Cette lettre, que l'on produit, n'a pas fait partie des pièces.

M. le Président. Permettez d'abord, avant toute observation, que l'interprète en donne à MM les Jurés la traduction.

M. Winger reprend la lettre des mains de Steuble et en donne, en ces termes, la traduction :

« M. Jourdain, je vous prie de me faire remettre ma déclaration, seulement pour quelques heures ; j'ai oublié encore quelque chose...... écrire.

M. le Président. Il y a donc là une lacune ?

M. Winger. Oui, M. le Président, il manque un morceau ; il y a un trou.

M. le Président remet la lettre dans ses plis et fait remarquer que le morceau déchiré paraît avoir été enlevé en brisant le cachet ; mais le défenseur de Steuble fait observer qu'il n'est pas d'usage dans les prisons de permettre aux détenus de cacheter leurs lettres.

M. Simonnin. M. le Juge d'instruction m'a remis lui-même la lettre ; je l'ai traduite et je l'ai gardée. Je suis alors allé trouver Steuble, je lui ai fait l'observation que, dans sa déclaration, un passage demeurait incomplet, et que, puisqu'il disait qu'on l'avait chargé de faire la machine, il devait ajouter à quoi elle était destinée. C'est vrai, me répondit Steuble, puis il écrivit l'interligne dont il est question. Il s'est empressé même ; peut-être lui ai-je remis une plume, je ne me le rappelle pas. Je lui ai dit d'écrire dans l'interligne : il l'a fait. Je ne lui ai pas dit de se dépêcher, et qu'il serait libre. Cela eût été une absurdité. J'ai ensuite emporté la pièce et j'ai continué la traduction.

M. le Président. Le fait est maintenant acquis aux débats ; il confirme, au reste, la déclaration des experts sur tous les points.

Me Hemerdinger. Le témoin n'a-t-il pas fait lui-même la croix indicative du renvoi ?

R. Peut-être l'ai-je faite ; je n'ai pas la mémoire assez présente pour me rappeler précisément ce fait, que j'ai cru indifférent.

Me Hemerdinger. Comment M. Simonnin a-t-il trouvé que le sens de la phrase n'était pas complet ?

R. J'ai trouvé que le sens n'était pas complet comparativement aux déclarations beaucoup plus précises que Steuble faisait devant M. le Juge d'instruction.

Me Jules Favre demande si, lorsque M. Simonnin a rendu compte au juge d'instruction de ce qui s'était passé entre lui et Steuble, procès-verbal en a été dressé.

M. Simonnin. J'ai rendu compte de ce qui s'était passé, mais procès-verbal n'a pas été dressé.

Steuble (avec chaleur). M. Simonnin m'a promis 8,000 fr. si j'ajoutais à ma déclaration l'interligne qui fait l'objet des débats.

M. Simonnin, plaçant la main sur son cœur. Je jure sur l'honneur que rien de pareil n'a jamais eu lieu.

Mᵉ Hemerdinger demande qu'acte soit donné des déclarations de M. Simonnin.

M. le Président. Le fait est acquis aux débats.

Mᵉ Hemerdinger. Nous insistons pour que le fait soit constaté au plumitif de l'audience.

M. le Président. Prenez des conclusions.

Mᵉ Hemerdinger prend des conclusions ainsi formulées :

« Plaise à la Cour donner acte à la défense de ce que le sieur Simonnin reconnaît et déclare qu'il n'a été dressé aucun procès-verbal devant le juge d'instruction, ni de la remise à lui faite de la lettre de Steuble, commençant par ces mots : « J'ai ; » et finissant par ceux-ci : « Écrire ; » ni de l'addition faite par interligne de la déclaration de Steuble, que la machine était destinée a tuer le Roi L.–P. »

La Cour se retire pour en délibérer, et, bientôt, rentrant en séance, donne acte par son arrêt de la déclaration de M. Simonnin et ordonne que la lettre dont il n'a pas été dressé procès-verbal sera immédiatement remise au greffier pour être jointe aux pièces.

L'huissier-audiencier représente à Steuble la lettre pour qu'il la vise et paraphe, contradictoirement avec M. Simonnin. L'accusé, avant de revêtir les pièces de sa signature, proteste encore avec vivacité que le sens qui se trouve tronqué était celui-ci : Je vous prie de me faire remettre ma déclaration pour y changer quelque chose, et que le mot arraché à dessein change tout le sens.

M. le Président. Que vouliez-vous changer dans votre déclaration? — R. Je voulais la changer tout entière.

M. Franck–Carré, procureur-général. Il y a dans la lettre : « J'ai oublié encore quelque chose. » Cela est fort différent de « changer. »

Steuble. J'écrivais ainsi à M. Jourdain pour lui inspirer plus de confiance, et persuadé qu'il s'empresserait de mettre ma déclaration à ma disposition pour y ajouter; mais mon intention formelle était, aussitôt que je l'aurais, de la changer tout entière et de rétablir la vérité.

M. le Président. M. Lebel est-il arrivé?

L'audiencier. Il attend en dehors de l'audience.

M. Lebel est introduit: il déclare être âgé de soixante-deux ans, directeur de la prison de la Conciergerie.

M. le Président. Au mois de décembre, lorsque Steuble fut placé dans la prison, occupait-il une chambre en communauté d'un ou de plusieurs autres prisonniers? — R. Steuble, à son arrivée, avait été mis au secret; j'ignorais qu'il se trouvât dans un état de maladie : on ne pouvait le placer à l'infirmerie; je crus devoir lui faire donner des soins, et placer un détenu avec lui.

D. Ce détenu ne se nommait-il pas Ferrot ou Farrot? — R. Non, Monsieur; Ferrot fut quelques moments avec lui; mais on l'éloigna de Steuble, précisément parce qu'il était le seul prisonnier qui parlât aallemand.

D. Où est maintenant ce Ferrot? — R. Il est encore dans la prison.

D. Est-il à l'infirmerie ? — R. Non, Monsieur ; il est séparé de ses camarades de prison.

D. Pourquoi ? Est-ce à cause d'un état de maladie ? — R. C'est parce que ses compagnons de captivité ont contre lui des inimitiés.

M. le Président. On peut le faire appeler et l'entendre.

Mᵉ Hemerdinger. Steuble renonce à l'audition de ce prisonnier, qui se trouve désormais sans objet. (A M. Lebel.) M. Simonnin ne venait-il pas voir Steuble dans sa prison ? — R. Oui, Monsieur, il y venait.

D. De lui-même, ou étant demandé ? — R. Je ne pense pas qu'il soit venu à la prison sans être demandé.

D. L'usage est-il de cacheter les lettres que l'on envoie ? — R. Les lettres sont envoyées décachetées ; cependant, lorsque les lettres sont adressées à des magistrats, elles sont remises cachetées, et je ne me permettrais jamais de les ouvrir.

D. Steuble n'était-il pas malade ? — R. Oui, Monsieur ; son état a même été assez grave ; il était affecté d'une hémorragie.

D. Quels sont les médecins qui l'ont soigné ? — R. Je ne me rappelle pas précisément ; mais je vais dans un instant faire rechercher sur les livres des docteurs ce renseignement.

M. Maccavoi, chef du jury. L'accusé Steuble a dit qu'il avait été porté à faire cette déclaration, qu'il rejette aujourd'hui comme inspirée par la maladie, par les mauvais traitements qu'il aurait éprouvés dans la prison.

M. Lebel. Si M. le Président veut interroger à ce sujet l'accusé, je ne crois pas que, devant moi, il persiste à avancer pareille chose.

Steuble explique qu'arrivé de Londres dans un état maladif, il avait été placé d'abord dans une pièce obscure et humide. Il écrivit, à plusieurs reprises, au juge d'instruction, sans obtenir aucun adoucissement à son sort ; mais, aussitôt qu'il eut écrit sa déclaration, tout changea pour lui, et on lui donna tout ce qu'il voulut.

D. Steuble a dit qu'il avait été l'objet de menaces ; quelles étaient-elles, et qui les faisait ? — R. C'est M. Simonnin qui m'a menacé : il me disait que si je n'avouais pas, ma peine serait beaucoup plus forte. C'est tout cela qui, joint à mon état de maladie, m'a fait perdre la tête.

M. Lebel. Steuble était en effet malade ; il ne mangeait pas, et c'est ce qui, d'abord, excita ma sollicitude. Je le fis visiter aussitôt par des médecins que la Cour peut interroger à cet égard.

M. le Président ordonne, en vertu de son pouvoir discrétionnaire, que les docteurs-médecins dont M. Lebel va donner les noms, seront appelés à l'audience. Il ordonne en même temps que le nommé Farrot, détenu à la Conciergerie, sera amené devant la Cour.

Ces incidents terminés, M. le Président reprend la lecture de la déclaration de Steuble. Cette lecture est continuée sans que M. Winger signale aucune erreur grave dans la traduction de M. Simonnin. M. le Président s'arrête quand il arrive aux événements sur lesquels l'interrogatoire n'a pas encore porté. Il donne ensuite lecture de la déclaration faite par Steuble devant le juge d'instruction, avant les révélations qu'il a consignées par écrit, et transmises à M. le Juge d'instruction.

Sur l'invitation de M. le Président, M. Winger traduit la lettre qui accompagnait cet envoi, et qui est à peu près ainsi conçue : « Je vous envoie ma déclaration ; elle est correcte telle que M. Huber a agi. Je vous prie de me permettre d'être présent quand vous lui adresserez des questions. Je

vous prie aussi de m'envoyer la grammaire avec Shaskpeare, que je désire-
rais lire.

M⁰ Arago. Je désire faire constater ce fait, que cette lettre, que l'on
reconnaît avoir été envoyée par Steuble de la prison, à M. Jourdain, juge
d'instruction, n'a pas été cachetée ; cela est important par rapport à l'autre
lettre dont il a été question dans le débat.

M. le Procureur général. Il faut remarquer qu'elle accompagnait l'envoi
d'un manuscrit contenant les révélations de Steuble.

M⁰ Arago. Elle n'en était pas moins pliée en forme de lettre.

A ce moment, une certaine agitation se manifeste au banc de MM. les
Jurés.

M. le Président. L'audience est suspendue pendant cinq minutes. (Mar-
ques de surprises dans l'auditoire ; il n'est que quatre heures.) Après avoir
causé quelques instants avec M. l'Avocat général, qui s'est approché de son
siége, M. le Président se reprend et dit : « Un événement qui intéresse l'un
de MM. les Jurés nous force de remettre l'audience à demain dix heures. »

L'audience est levée.

<hr>

Audience du 9 mai.

L'audience est ouverte à dix heures et demie.

M. le Président : A-t-on fait amener Ferrot ? Les médecins sont-ils
cités ?

L'audiencier : Oui, M. le Président.

M⁰ Arago : Je fais passer à la Cour le numéro du *Courrier français* du
21 juillet.

M. Bois de Loury, docteur-médecin : J'ai été chargé d'examiner l'accusé
Steuble. Il était atteint d'une hémorragie nasale fort considérable. Elle avait
inquiété le médecin ordinaire de la Conciergerie. M. le Préfet de police me
chargea de me trouver avec ce médecin et M. le docteur Auvity. Nous fîmes
ensemble une consultation ; nous prescrivîmes des remèdes, et au bout de
quelque temps il retrouva la santé. J'ai été ensuite voir Steuble plusieurs
fois ; je l'ai vu environ huit ou dix fois, et il était parfaitement bien portant. J'ai cessé de lui donner des soins. C'est alors que M. Jourdain, juge
d'instruction, me fit demander s'il pouvait être interrogé. Je lui dis que
l'émotion de l'interrogatoire pourrait avoir quelque inconvénient. On passa
une quinzaine de jours sans l'interroger.

M. le Président. A quelle époque avez-vous soigné Steuble ? — R. En
décembre ou janvier ; je ne puis préciser la date.

Steuble répond qu'il n'a jamais été parfaitement rétabli.

M. le Président. Ce n'est pas de cela qu'il s'agit. Avez-vous été réellement visité par M. le docteur Bois de Loury ?

Steuble. Je le reconnais.

M. le Président. Du 18 décembre au 4 janvier, il n'y a pas eu d'interrogatoire. Le 4 janvier, il y a eu un interrogatoire très-court, sur ses
relations avec plusieurs ouvriers et maîtres chez lesquels il a travaillé. Cet
interrogatoire est sans aucune importance.

Steuble. Le docteur-médecin s'est-il aperçu si ma tête était affaiblie, si j'avais toute ma raison ?

M. Bois de Loury. Je ne me suis pas aperçu de rien de déraisonnable en lui.

M⁰ Hemerdinger. M. le Docteur ne sait pas l'allemand ?

M. le Président. Je vous en prie, Monsieur, n'interrompez pas. Vous ferez vos observations ensuite.

M. Bois de Loury. Dans mes visites à Steuble, j'étais accompagné de l'interprète, qui me transmettait les réponses du malade : elles étaient toutes pleines de sens et de raison.

M. le Président. Vous ne lui parliez que de faits et circonstances relatifs à sa maladie. — R. Oui, Monsieur.

M⁰ Hemerdinger. M. le Docteur pense-t-il que, par suite de la faiblesse du malade et de la nature de sa maladie, il ait eu l'exercice de toutes ses facultés intellectuelles ?

M. Bois de Loury. Il m'a paru toujours jouir de toute la plénitude de sa raison. Steuble est d'un tempérament très-nerveux. Son arrestation lui avait causé la plus vive émotion. Il avait eu, par suite de cette émotion, un saignement de nez considérable. Il a dû être affaibli par la perte de sang : cela s'est promptement calmé. Mais cette maladie même était plutôt propre à rendre la liberté du cerveau à un homme atteint d'une congestion cérébrale qu'à la lui ravir. Il pourrait y avoir cependant eu affaiblissement, mais purement physique.

M⁰ Arago. Je demanderai à M. le Docteur dans quelle pièce Steuble était placé dans la prison de la Conciergerie ?

M. Bois de Loury. Il était dans une pièce assez grande, bien aérée, dans laquelle il y avait quatre ou cinq lits. On avait placé Steuble près d'une fenêtre. C'était un homme important, un prisonnier pour lequel il fallait des soins tout particuliers. On avait été jusqu'à sacrifier la santé des autres prisonniers à la sienne, jusqu'à un certain point ; et comme il lui fallait une température assez basse afin que le saignement de nez ne se renouvelât pas, on ouvrait souvent la fenêtre, ce qui pouvait gêner d'autres malades.

M. le Président : Cela, du reste, a été fait de manière à ce que des accidents n'en soient pas résultés pour les autres malades ?

M. Bois de Loury : Certainement, Monsieur ; d'ailleurs le froid n'était pas assez vif pour qu'il en résultât des accidents ; il ne pouvait y avoir qu'une gêne momentanée.

M⁰ Arago : M. le Docteur sait-il si Steuble a toujours été dans une pièce bien aérée ?

R. Non, Monsieur.

M⁰ Arago : J'ai été visiter aujourd'hui même la chambre où a d'abord été renfermé Steuble ; j'en ai une connaissance bien exacte...

M. le Président : Vous ne pouvez porter témoignage.

M⁰ Arago : Il est certain que Steuble avait d'abord été renfermé dans une autre prison, si tant est qu'on puisse donner le nom de prison à cet endroit.

M. le Président. Nous avons entendu hier M. Lebel, qui a expliqué qu'ayant eu l'ordre de mettre Steuble au secret, il l'avait placé dans une pièce séparée. Son défaut de communication avec le dehors, résultat du secret, ne lui permit pas d'abord de savoir si Steuble était malade ; lorsqu'il l'apprit, parce Steuble refusait des aliments, il le fit transporter de suite à l'infirmerie. On en a fait même sortir les malades qui y étaient, afin que le secret fût gardé.

Steuble. M. le Docteur ne se rappelle-t-il pas qu'à une époque de ma maladie j'ai perdu l'exercice de mes facultés intellectuelles ?

M. Bois de Loury. Je ne me rappelle pas cela.

Steuble. Après que l'hémorragie eût cessé, je dis à M. le Docteur que je n'avais pas de liaison dans mes idées.

M. le docteur Bois de Loury. Après une hémorragie il arrive toujours qu'on éprouve de la faiblesse, faiblesse qui peut se maintenir pendant quelques jours.

M. le Procureur général. C'est le 8 janvier que le médecin a été appelé pour la dernière fois, et les invitations de Steuble ont été faites le 11 du même mois. Ce rapprochement de dates est important.

Mᵉ Arago. M. le Docteur a-t-il été consulté avant l'interrogatoire du 11 janvier, sur la question de savoir si Steuble était en état d'être interrogé ?

M. le Docteur. Non ; mais le 8, quand je l'ai quitté, il était en état de subir l'interrogatoire ; et je ne sache pas que depuis aucun accident nouveau se soit présenté, j'en aurais été prévenu.

M. Ambroise-Léon Auvity, médecin, fait une déposition en tout semblable à celle de son confrère sur la maladie de Steuble et le traitement qui a été prescrit. M. Auvity n'a assisté qu'à une seule consultation ; il lui a semblé que Steuble jouissait de la plénitude de ses facultés intellectuelles. Il répondait d'une manière très-sensée aux questions qui lui étaient transmises par l'interprète.

Mᵉ Hemerdinger. L'hémorragie de Steuble était donc bien grave, pour que M. le Docteur déclarât dans son rapport que la vie de Steuble avait été en danger ?

M. le Docteur. Elle aurait pu être en danger, mais non pas d'une manière immédiate. Il y avait des moyens chirurgicaux pour arrêter l'hémorragie.

Steuble. Je n'avais pas la tête libre pendant tout le temps que j'ai été détenu.

M. Vigardon, docteur en médecine, dépose des mêmes faits.

Mᵉ Arago. Je voudrais que le docteur nous fît connaître la position de la chambre où Steuble fut enfermé dans les premiers jours ; s'il sait si l'air extérieur n'y arrive pas immédiatement.

Le docteur. Je n'ai pas remarqué si la chambre donnait ou non sur un corridor.

M. le Président. On reconnaît bien que la chambre où il était d'abord n'était pas convenable, aussi l'a-t-on transféré dans une autre.

Le docteur. Oui, Monsieur, et c'est sur mes observations que cela a eu lieu.

Mᵉ Arago. J'ai vu la pièce, et ce que je sais bien, c'est que je n'y aurais pas pu rester deux jours sans être malade.

M. le Président. Permettez, Mᵉ Arago ; voulez-vous donc que nous vous entendions comme témoin ? Vous ne pouvez déposer sur des faits qui vous sont personnels.

M. Maccarvoy, président du jury. Steuble s'est-il plaint à MM. les médecins d'éprouver dans la prison des mauvais traitements ?

Le docteur. M. Lebel est extrêmement bon ; s'il m'a fait appeler, c'est dans l'intérêt du prisonnier et parce que je suis plus près ; car, encore une fois, je ne suis pas le médecin de la Conciergerie. Jamais Steuble n'a pu avoir à se plaindre de M. Lebel.

M. le Président. Il n'y a aucun doute sur ce point : on pourrait faire venir ici tous les prisonniers détenus à la Conciergerie, et tous s'empresseraient de rendre hommage au zèle que M. Lebel met à accomplir ses devoirs et à en tempérer la rigueur par l'humanité la plus éclairée.

M° Arago. Je demanderai qu'on fasse expliquer à Steuble ce qu'il entendait par mauvais traitements ; il ne s'agit pas de sévices ici.

Steuble. Quand j'ai parlé de mauvais traitements physiquement exercés sur moi, j'ai parlé de mauvais traitements moraux. J'étais encore souffrant, affaibli ; je n'avais pas l'exercice complet de mes facultés intellectuelles, lorsqu'on m'a fait subir un interrogatoire. On m'a tourmenté de questions ; on m'a parlé de tout à la fois, d'une recette pour les fusées à la Congrève, d'un portefeuille perdu ; on a entassé question sur question. Voilà ce que j'ai voulu entendre par mauvais traitements exercés sur moi.

M. le Président. Ainsi, c'est l'interrogatoire subi et la manière employée pour vous interroger, qui vous avait privé de l'exercice de votre raison ? C'est au juge d'instruction que le reproche, d'après Steuble, serait adressé.

Steuble. On me fatiguait de questions.

M. le Président. Ainsi ce sont ces fatigues, résultat de l'interrogatoire, qui vous ont conduit à faire la déclaration que vous avez faite.

M° Teste. Permettez-moi une question, quoique je ne sois pas l'avocat de Steuble.

M. le Président. Vous avez le droit de faire toute question, et d'ailleurs la justice ne peut attendre que lumières des questions que vous pourrez adresser.

M° Teste. L'accusé, si je ne me trompe, si j'ai bien saisi les paroles à travers la traduction fort correcte de M. l'interprète, a parlé du trouble moral dans lequel son esprit était jeté par suite de son arrestation, et il prétend que son trouble a été augmenté par les fatigues de son interrogatoire, par l'obsession dont il a été l'objet.

M. le Président. Les faits sur ce point sont établis. Ils seront, en cet état, livrés à la discussion. Il est certain que Steuble soutient que ce trouble moral, résultat de son arrestation, a été augmenté par le trouble résultat de son interrogatoire. Il attribue à ce trouble la déclaration dont nous nous occupons, et dont l'accusation s'est emparée.

Steuble. Je demande qu'on me traduise en allemand tout ce qui se dit. (L'interprète adresse de lui-même la parole à Steuble, et lui affirme qu'il ne laisse rien passer de ce qui l'intéresse, sans le lui transmettre.)

M. le Président, à l'interprète. Dites à Steuble qu'il y a ici une garantie suffisante, d'abord dans votre présence à ces débats, dans votre expérience des discussions de Cour d'assises, et surtout par la présence de son avocat qui, connaissant sa langue, est toujours à même de ne rien omettre qui soit utile à relever dans sa défense.

M. le Président, avant de continuer l'interrogatoire des accusés sur les autres points de l'accusation, présente au jury le résumé des longs débats de l'audience d'hier. Il appuie surtout sur ce fait, que les mots : « Pour tuer le Roi L.-P., » sur lesquels on a tant discuté hier, et qui avaient été placés en interligne dans la déclaration écrite de Steuble, se trouvaient antérieurement contenus dans un interrogatoire de Steuble, subi par lui chez un juge d'instruction.

Ce résumé, fort étendu, est traduit en entier en allemand par l'interprète.

Steuble. J'affirme que M. Simonnin m'a dit que si j'ajoutais les mots : « pour tuer Louis-Philippe, non-seulement je sortirais, mais encore que tous mes co-accusés seraient mis en liberté.

On introduit le nommé Fabre dit *Ferrot* (Louis-François), bottier, détenu à la Conciergerie, appelé en vertu du pouvoir discrétionnaire. « J'étais, dit-il, dans la même chambre que lui, j'y suis resté tout le temps depuis que son secret a été levé.

M. le Président. Avez-vous vu Steuble tracer un écrit qui avait plusieurs pages?

Ferrot. Oui, Monsieur.

M. le Président. Avez-vous vu l'interprète venir dans sa chambre?

Ferrot. Oui, Monsieur, je l'ai vu venir deux fois.

M. le Président. Savez-vous si l'interprète est venu pour faire ajouter quelque chose à l'écrit tracé par Steuble?

Ferrot. Je ne me rappelle pas cela.

M. le Président. Reconnaissez-vous cet interprète?

Ferrot montrant M. Simonnin. Le voici.

M. le Président. Avez-vous vu Steuble malade par suite de saignement de nez?

Ferrot. Oui; quand il est arrivé il était malade. Il a été mis à l'infirmerie de suite; on en a retiré tous les autres malades; on n'a laissé avec lui qu'un infirmier.

Steuble. N'ai-je pas eu une vive altercation avec Ferrot, parce qu'il s'était permis de fouiller dans mes papiers?

Ferrot. C'est vrai, nous avons eu une discussion; mais Steuble n'avait pas raison. J'avais du papier quand Steuble est venu; il n'en avait pas, lui; et je lui en donnai. Quand il en a eu, j'en ai eu besoin à mon tour, et un jour qu'il était sur la cour, j'ai cherché dans son papier et je lui en ai pris une feuille; j'en avais le droit, puisqu'il avait pris le mien.

M. le Président. Vous avez donc profité de son absence pour fouiller dans ses papiers?

Ferrot. Dans les papiers blancs; je n'avais que faire de ses papiers écrits, où je ne connais goutte. La table est commune, vous n'ignorez pas; alors, pour lui prendre un morceau de papier blanc, j'ai ouvert le tiroir; j'en avais bien le droit, il était à mon usage comme au sien.

Steuble. J'avais fait un écrit pour M. le Procureur du Roi; il a disparu; c'est Ferrot qui me l'a pris.

Ferrot. Jamais je ne lui ai rien pris.

Me Hemerdinger. Le détenu Ferrot sait l'allemand.

Ferrot. Je le parle un peu; mais je ne sais ni le lire ni l'écrire.

M. le Président au témoin. Steuble se plaignit-il de souffrir?—R. Oui, il se plaignait de maux de tête, il parlait souvent tout seul, surtout la nuit.

Huber. Il a été constaté que le témoin n'était pas malade; pourquoi se trouvait-il dans l'infirmerie avec Steuble?

M. le Président au témoin. Est-ce que vous étiez malade?

Le témoin. J'étais malade depuis mon arrivée à la Conciergerie, il y a un an; et joint à cela, je ne pouvais pas être sur la cour avec mes collègues.

D. Pourquoi?—R. C'était pour ne pas avoir de raisons.

Me Arago. N'est-ce pas parce qu'il avait dénoncé ses co-détenus?

M. le Président. Nous avons eu sur ce point des détails dans l'audience d'hier. Si vous insistez cependant, je pousserai plus loin l'interrogatoire.

Me Arago n'insiste pas.

Steuble. Cinq ou six jours avant la visite de M. Simonnin, le témoin m'a dit que je devais déclarer que la machine avait été construite pour tuer le roi Louis-Philippe.

Le témoin. Cela n'est pas vrai.

M. le Président. Lui avez-vous dit quelque chose ?

Le témoin. Voici ce que je lui disais. Il se plaignait souvent de ses co-accusés. Il me disait qu'on en faisait un mannequin, qu'on avait détourné l'argent qui lui était destiné. Je lui dis : « Mon garçon, ça ne me regarde pas, mais, à votre place, puisqu'ils vous ont trompé, je dirais tout : je dirais la vérité.

Steuble prétend qu'il ne s'est jamais plaint de ses co-accusés, et qu'il a dit au témoin qu'il ne savait pas la destination de la machine.

M. le Président à Steuble. Avez-vous parlé au témoin de l'accusation ?— R. Fort peu.

Ferrot. Il m'a dit positivement qu'on s'était moqué de lui ; qu'on lui avait commandé le plan d'une machine, et qu'on ne l'avait pas payé; qu'on avait même volé son plan.

M. le Président. Est-ce que Steuble parlait de ses co-accusés ?

Ferrot. Oui, Monsieur.

M. le Président. Nous donnons l'ordre que l'on fasse sortir de l'audience Huber et mademoiselle Grouvelle.

(S'adressant à Steuble). Vous avez dit au témoin qu'une machine avait été concertée entre vous et Huber, et qu'on vous avait trompé ?

Steuble. J'ai parlé avec Huber de diverses machines , de machines infernales , de machines de guerre , de machines à vapeur, de machines à imprimer, enfin de machines quelconques; alors Huber m'a dit : En Angleterre on désire avoir des machines de cette nature ; vous devriez y aller.

M. le Président. Huber voulait donc acheter en Angleterre une machine de guerre?

Steuble. Huber a dit qu'une machine de cette nature se vendrait en Angleterre.

M. le Président. Huber vous a donc parlé du besoin qu'il aurait d'une machine de guerre?

Steuble. Huber m'a dit qu'il ne pouvait pas gagner sa vie en France, que la surveillance à laquelle il était assujéti le condamnait à mourir de faim , qu'il voulait aller en Angleterre. Je lui ai répondu que j'avais des amis en Angleterre, que l'ambassadeur du Grand-Turc avait fait à mon père la promesse de 2,000 livres sterling pour une machine de guerre... Alors Huber est parti.

M. le Président. Je renouvelle ma question. Huber a-t-il parlé du besoin qu'il avait d'une machine de guerre?

Steuble. Jamais.

M. le Président. Avez-vous dit au témoin que l'affaire était entièrement manquée ?

Steuble. Jamais Huber ne m'a chargé de faire une machine.

M. le Président. Est-ce que quelqu'un vous avait chargé de faire une machine?

Steuble. C'est un mystère, et je ne m'expliquerai pas.

M. le Président. Vous aviez donc l'intention de faire une machine ?

Steuble. Non-seulement j'ai eu l'intention de faire cette machine , mais encore j'ai l'intention de la faire... c'est de mon propre mouvement ; j'ai l'intention de construire une machine.

M. le Président. Racontez-nous donc ce que vous avez dit à Ferrot.

Steuble. Je lui ai parlé de choses et d'autres; j'ai pu dire qu'on m'avait commandé une machine de guerre sans m'expliquer davantage.

M. le Président. Cette machine était-elle convenue avec vos co-acheusés ?

Steuble. Il n'y avait rien d'arrêté, de déterminé à cet égard.

M. le Président. Enfin il y avait donc quelque chose en projet ?

Steuble. J'avais l'intention de faire la machine en question pour le gouvernement turc.

M. le Président à Ferrot. Steuble vous a dit qu'il avait été le jouet de ses co-accusés. Vous a-t-il expliqué comment il avait été leur jouet ?

Ferrot. Il m'a dit qu'on devait le payer et qu'on l'avait joué.

M. le Président à Steuble. Qui avait commandé cette machine ?

Steuble. C'était... deux Anglais.

M. *le Président.* Mais parmi vos co-accusés il n'y a pas d'Anglais.

Steuble. C'est vrai.

M. le Président. Quelles sont donc ces personnes ?

Steuble. Ce sont... deux négociants.

M. le Président. Il n'y a ni négociants ni Anglais, et c'est de vos co-accusés que vous vous êtes plaint. Quel intérêt avaient donc vos co-accusés à la construction de la machine ?

Steuble. Il s'agissait d'une machine de guerre.

M. *le Président.* Asseyez-vous. (Au témoin Ferrot.) L'accusé Steuble a causé avec vous de la machine ? — R. Oui.

D. Qu'a-t-il dit ? Entrez dans tous les détails. — R. Quand il est arrivé, il était malade. On l'a mis à l'infirmerie où j'étais depuis longtemps. Il m'a demandé du papier, il m'a dit qu'il avait beaucoup à écrire. Après lui en avoir prêté, je lui ai dit d'en acheter. Il m'a dit qu'il n'avait pas d'argent. Je lui ai ai dit : « Quand on en a pas, on n'en demande. » Il m'a dit qu'il en demanderait. Je lui ai dit : « Que faites-vous donc de ce papier ? » Il m'a répondu : « C'est ma déclaration que je fais. J'ai été joué par les autres, et je dis tout. J'avais un plan ; ce plan m'a été volé par Huber. Pendant que j'étais absent, il a cassé ma commode, et, pour ne pas me payer le plan qu'il m'avait demandé, il me l'a pris : puis il a dit qu'il me tuerait. »

M. le Président. Vous a-t-il dit si on devait le payer pour ce plan ?

Ferrot. Il m'a dit qu'on devait le bien payer, qu'il avait d'abord touché 400 fr.

M. *le Président.* Et de qui ?

Ferrot. De mademoiselle Grouvelle, d'après ce qu'il m'a dit. Il m'a dit que c'est cette demoiselle qui avait fait les fonds pour le payer, mais que tout bonnement on lui avait volé ses plans, et qu'on l'avait menacé de le tuer.

M. le Président. C'est quand il écrivait sa déclaration qu'il vous a dit cela ?

Ferrot. Il m'a dit qu'il écrivait cela.

D. Que lui avez-vous répondu ? — R. Je lui ai dit : « Si on vous a ainsi trompé, dites la vérité. Si j'étais à votre place, je dirais tout, moi.

M. *le Président* à Steuble. Avez-vous dit à Ferrot qu'on avait cassé votre commode pour avoir le plan et le faire exécuter par un autre ?

Steuble. Jamais je n'ai dit un mot de cela à cet homme ; je me rappelle seulement lui avoir donné lecture de ma déclaration écrite ; il a pu en retenir quelques parties.

M. *le Président* au témoin. Vous avait-il parlé des faits contenus dans sa déclaration avant de vous la lire ? — R. Oui, Monsieur.

Steuble. Cela n'est pas vrai ; j'étais couché, et je me suis levé pour écrire ma déclaration.

M. le Président. En vertu de notre pouvoir discrétionnaire , nous ordonnons que M. Lebel sera invité à venir sur-le-champ à l'audience.

On fait rentrer les accusés Huber et la demoiselle Grouvelle. M. le Président leur fait connaître ce qui s'est passé au débat en leur absence, les déclarations du témoin Ferrot et les réponses de Steuble.

Mademoiselle Grouvelle. Le témoin Ferrot , c'est le voleur qui était là tout à l'heure , n'est-ce pas ?...

L'audience est suspendue à une heure et reprise une demi-heure après.

M. Lebel est introduit.

M. le Président. A quelle époque Ferrot est-il rentré auprès de Steuble ? — R. Lorsque le secret a été levé.

D. Le secret a-t-il été levé avant ou après la déclaration de Steuble ? — R. Je pense que c'est avant.

D. Pouvez-vous vérifier la date du lever du secret ? — R. Je ne me le rappelle pas ; mais je crois avoir déjà transmis ces renseignements.

D. Je crois ces renseignements inexacts, et je vous invite à faire une nouvelle vérification. — R. J'ai l'ordre même du juge d'instruction pour faire cesser le secret ; je vais le remettre à M. le Président.

M. Varillio , docteur-médecin , donne de nouveau des détails circonstanciés sur la maladie de Steuble. Il termine en disant que depuis quelques jours Steuble lui paraît, sinon malade , au moins troublé et inquiet.

D. L'accusé Steuble , à l'époque des hémorragies qu'il a éprouvées , vous a-t-il paru jouir complétement de sa raison ? — R. Oui , Monsieur.

Steuble avec force. Je veux parier ma tête que M. Simonnin a mal traduit; lors de la confrontation avec mademoiselle Grouvelle, moi qui avais appris un peu de français dans une grammaire , j'ai vu que M. Simonnin ne traduisait pas fidèlement ma parole.

M. le Président : La vérification de la traduction, faite par M. Winger, a prouvé l'exactitude de cette traduction.

Mᵉ Arago. Je vous demande pardon , on a constaté plusieurs erreurs.

Mademoiselle Grouvelle. Dans le mois de janvier ou de février, le témoin n'a-t-il pas dit qu'il était nécessaire de transférer Steuble dans une maison de santé ?

Le docteur. J'en ai peut-être témoigné le désir dans l'intérêt de Steuble et dans l'intérêt des autres détenus; je n'en suis pas certain.

M. le Président. MM. les Jurés, nous allons reprendre où nous en étions hier. Nous allons vous donner lecture de la déclaration faite par Steuble devant le juge d'instruction, le 15 janvier, deux jours après qu'il avait transmis sa déclaration par écrit.

Cette lecture achevée, M. le Président fait traduire la rétractation écrite par Steublé à M. le Juge d'instruction. Voici le texte de cette rétractation :

« J'ai réfléchi sur toute l'accusation et je veux m'expliquer sur les faits suivants.

» La dénonciation ayant été fausse, attendu que je n'ai jamais été chargé de construire une machine pour assassiner le Roi des Français, Louis-Philippe, je ne reconnaîtrai à l'avenir ni M. Huber ni mademoiselle Grouvelle.

» En conséquence , je somme celui qui a fait cette dénonciation, de produire un papier écrit de ma main , dans lequel il sera dit que je voulais construire cette machine pour en tuer le Roi.

» En conséquence, si un pareil écrit devait se rencontrer, j'invite la justice de faire rendre compte à celui-ci. »

M. le Président remet ensuite à l'expert une lettre adressée à M. Dupuy.

M. le Président : Steuble, à qui aviez-vous l'intention de faire parvenir cette lettre?

Steuble. J'ai voulu l'adresser à M. le Procureur-général; mais ce n'est pas moi qui ai mis l'adresse.

M. le Procureur général. C'est cette même lettre que nous avons transmise à M. le Président.

M. Winger traduit cette lettre; elle est ainsi conçue :

A M. Dupuy, président de la Cour d'assises.

«Je déclare, dans cette lettre, à M. le Procureur du Roi que je ne reconnaîtrai devant aucun tribunal M. Huber et mademoiselle Grouvelle. J'ai, en conséquence, à faire observer ce qui suit : je connais ces deux personnes, mais je ne reconnais pas dans l'accusation que cette machine aurait dû servir contre la vie du Roi, attendu que c'est moi, et non ces personnes, qui ai construit, dessiné et exécuté cette machine, et que c'est moi qui voulais lui donner une destination, mais non contre la vie du Roi, de sa famille ou de ses domestiques. En conséquence, je vous prie de vouloir bien me faire donner le plus tôt possible la traduction de l'acte d'accusation en allemand, pour que je puisse le parcourir. » Signé JACOB STEUBLE.

» Le 28 avril 1838. »

M. Winger. J'ai traduit ces deux lettres mot à mot.

M. le Président. L'interprète va traduire pour Steuble l'interrogatoire du 15, dont j'ai donné lecture à MM. les Jurés.

Me Hemerdinger. Il y a un interrogatoire qui a précédé celui du 15; il faudrait commencer par celui-là.

M. le Président. Je le veux bien.

M. le Président. La lecture de cet interrogatoire sera longue; elle n'offrira guère d'intérêt pour les personnes qui n'entendent pas l'allemand. Nous invitons les personnes dont l'intention est de se retirer, à le faire maintenant.

La traduction de l'interrogataire est souvent interrompue par des réclamations de Steuble; il prétend que certaines questions ne lui ont point été adressées. La lecture du premier interrogatoire commencée à trois heures moins un quart, n'est achevée qu'à quatre heures un quart.

L'audience est ensuite levée et remise à demain dix heures, pour la lecture du deuxième interrogatoire de Steuble.

Audience du 10 mai.

A dix heures et demie, les accusés sont introduits.

La Cour entre en séance.

M. le Président. L'audience est ouverte... Nous devons faire connaître un événement qui explique l'absence de l'accusé Giraud. Il nous a été transmis un rapport de médecins que voici :

« Les médecins soussignés, réunis à la Conciergerie pour donner leurs soins au nommé Vincent Giraud, ont reconnu qu'il était atteint de congestion cérébrale accompagnée de mouvements nerveux. En conséquence, ils proposent 1° de faire appliquer vingt sangsues: cette prescription n'a été faite que sur le refus absolu du malade de se laisser pratiquer une saignée ; 2ᵉ de continuer l'usage de limonade végétale.

» Fait à la Conciergerie, le 9 mai 1838, à dix heures du soir.

» Signé, Auvity, Variliaud et Vignardon. »

M. le Président. Nous avons appris que MM. les Docteurs avaient fait une nouvelle visite à l'accusé Giraud ; nous pensons qu'il est convenable de les entendre, en vertu de notre pouvoir discrétionnaire.

MM. les docteurs Auvity, Variliaud et Vignardon sont introduits.

M. le Président, à M. Variliaud : Voulez-vous nous donner des détails sur la maladie de Vincent Giraud ?

M. Variliaud. Nous avons fort peu de chose à ajouter à ce que nous avons consigné dans le rapport qui vous a été transmis.

M. le Président. Vous avez dressé ce matin un nouveau rapport, veuillez nous en donner lecture.

M. Variliaud donne lecture de la déclaration suivante :

« Les médecins soussignés, appelés hier mercredi, à neuf heures du soir, pour donner des soins au sieur Vincent Giraud, l'ont trouvé atteint de congestion cérébrale accompagnée de mouvements nerveux. Le malade s'est obstinément refusé à une saignée, ils ont ordonné une application de sangsues et une limonade végétale.

» Réunis de nouveau le matin à neuf heures, ils ont encore trouvé le malade sous l'influence de la congestion cérébrale caractérisée par la gêne et la lenteur de la parole, la prostration générale des forces, et par des douleurs contusives qu'accroissent les moindres mouvements. La déplétion sanguine ayant paru suffisante aux soussignés, ils ont conseillé de recourir immédiatement à l'emploi des dérivatifs.

» L'état dans lequel ils ont trouvé le sieur Giraud est tel qu'il le met dans l'impossibilité de paraître à la Cour d'assises.

» Fait à la Conciergerie, le 10 mai 1838, à neuf heures trois quart du matin.

» Signé : Auvity, Variliaud et Vignardon. »

M. le Président. Pouvez-vous présumer quelle sera la durée de la maladie de l'accusé Giraud ?

M. Variliaud : Nous ne pouvons rien dire de précis à cet égard ; elle pourra être longue.

M. le Président. Croyez-vous pouvoir être plus affirmatif, lorsque vous aurez eu le temps de voir l'effet du traitement que vous avez prescrit ?

M. Variliaud. Notre ordonnance bien exécutée et avec succès laissera encore le malade faible pendant quelques jours.

M. le Président. Croyez-vous que demain matin, par exemple, vous pourrez nous donner une opinion plus sûre ?

M. Variliaud. Nous ne pouvons encore parler que d'après des probabilités.

M. le Président, à M. Auvity : Vous, Monsieur, qu'en pensez-vous ?

M. Auvity. Je pense que demain nous pourrons nous expliquer d'une manière certaine. Les moyens employés pour arriver à la guérison auront produit un résultat, et d'après ce résultat nous pourrons nous expliquer sur la durée de la maladie.

M. le procureur-général. Nous pensons qu'il y a lieu de remettre l'affaire à demain.

Mᵉ Hemerdinger. S'il pouvait être question du renvoi à une autre session, je comprendrais la suspension jusqu'à demain. Le renvoi pourrait être provoqué et ordonné s'il s'agissait d'un accusé principal, mais il s'agit ici d'un accusé secondaire et dont le nom a à peine été prononcé dans l'affaire. Si cependant la Cour croyait devoir remettre à demain, nous ne nous y opposons pas, à la condition que, quel que soit l'état de Giraud, les débats seront continués.

M. le procureur-général. C'est ce que nous examinerons demain.

M. le Président. MM. les Docteurs peuvent se retirer.

Me Leblond, défenseur de Giraud. J'ai une question à adresser à MM. les Docteurs. Ne pensent-ils pas que l'air de la Conciergerie est mauvais pour Giraud et que son état demande impérieusement qu'il soit transporté dans une maison de santé?

M. Auvity. Il n'y a pas d'inconvénient à ce que l'accusé reste à la Conciergerie.

M. Variliaud. Je crois que le transport de Giraud dans une maison de anté serait nécessaire.

M. le Président. Mais jusqu'à demain croyez-vous qu'il y ait inconvénient à le laisser à la Conciergerie?

M. *Variliaud.* Oh! non.

Me J. Favre. Quelle que soit l'efficacité des traitements de MM. les Docteurs, il est constant pour tout le monde que Giraud ne pourra, d'ici à cinq ou six jours assister aux débats. L'affaire est parfaitement instruite, tous les accusés demandent qu'il soit passé outre aux débats.

M. le procureur-général. Il est plus prudent de remettre à demain.

La Cour, après délibération, rend l'arrêt suivant :

La Cour, considérant que, d'ici à demain, il doit, d'après l'avis des médecins, s'opérer un changement en bien ou en mal dans l'état de l'accusé Giraud; que, dans cet état, il y a lieu de suspendre l'affaire, conformément à l'art. 353 du Code d'instruction criminelle, remet l'affaire à demain dix heures.

Audience du 11 mai.

L'audience est ouverte à dix heures et demie.

M. le Président. Faites approcher MM. les médecins qui doivent nous faire ce matin un rapport sur l'état de Vincent Giraud.

MM. les docteurs Auvity, Variliaud et Vignardon sont introduits.

M. le Président. Veuillez nous faire connaître le résultat de la visite que vous avez faite ce matin à Giraud.

M. Variliaud donne lecture du rapport suivant :

« Les médecins soussignés, réunis à neuf heures pour donner leurs soins au sieur Vincent Giraud. sont heureux d'avoir à faire connaître à la Cour que l'état de cet accusé s'est notablement amélioré depuis hier, qu'il prendra quelques aliments aujourd'hui, et qu'il pourra vraisemblablement assister demain aux débats.

» De la Conciergerie, le 11 mai 1838.

Signé : AUVITY, VARILIAUD et VIGNARDON.

M. le Président. Croyez-vous positivement qu'il pourra assister à l'audience de demain?

M. Variliaud. Oui, Monsieur, nous le pensons; nous ne prévoyons aucun accident qui puisse l'en empêcher.

M. le Président. Ne se peut-il pas que la chaleur qu'il fait à l'audience ne compromette demain l'amélioration que vous avez signalée aujourd'hui?

M. Variliaud. Nous n'avons vu chez l'accusé aucun indice qui le prédispose à une rechute.

M. le Président, à M. Auvity. Vous qui avez particulièrement donné vos soins à Giraud, veuillez nous donner votre avis.

M. Auvity. L'état de l'accusé est très-satisfaisant; je pense qu'il eût été en état de paraître aujourd'hui; et, sans votre observation, nous n'eussions pas demandé la remise à demain.

M. le Président. Je faisais cette observation parce que, si un jour ne suffisait pas pour son rétablissement, nous en pourrions donner deux, cela vaudrait mieux que de recommencer trop tôt, pour se trouver quelque temps après tout à fait arrêté.

M. Variliaud. Nous répétons que l'état de l'accusé Giraud ne laisse aucune crainte, et M. le Président a coopéré à son rétablissement, en lui permettant de recevoir des soins de ses amis.

M. le Président. Nous invitons MM. les Docteurs à faire une nouvelle visite à l'accusé Giraud, demain matin avant l'audience, afin que nous ayions la certitude qu'il peut, sans danger pour sa santé, prendre part aux débats. (Se tournant vers le banc de la défense :) Les défenseurs ont-ils quelques observations à faire?

Me Teste. Dans l'intérêt de la défense, nous déclarons puisqu'il ne s'agit que d'un délai de vingt-quatre heures, ne pas nous y opposer, et nous en rapporter à la sagesse de la Cour.

M. le Président. L'audience est levée et renvoyée à demain dix heures.

Audience du 12 mai.

A dix heures et demie, les accusés sont introduits.

M. le Président. Nous allons donner lecture à M. les Jurés du rapport des médecins qui ont ce matin même fait une nouvelle visite à l'accusé Giraud.

M. le Président lit ce rapport daté de ce matin dix heures. Il constate que l'accusé a été pris hier, entre trois et quatre heures, d'un léger mouvement nerveux qui a facilement cédé. D'après les médecins, son état est actuellement satisfaisant, et il peut, sans inconvénient, assister à l'audience.

M. le Président. Vincent Giraud, est-ce que vous avez éprouvé à Sainte-Pélagie de mauvais traitements?

Giraud. Oui, Monsieur, on m'a tenu pendant cinq mois à Sainte-Pélagie sans me laisser sortir plus d'une heure par jour.

Mademoiselle Grouvelle. Je dois dire.....

M. le Président. Accusée Grouvelle, ce n'est pas à vous que nous adressons la parole. (A Giraud.) Vous sortiez une heure le matin, une heure le soir : il résulte, en outre des renseignements qui nous ont été transmis, que vous êtes sorti de la Conciergerie le 31 décembre, et que vous avez été placé à Sainte-Pélagie dans une chambre convenable.

Giraud. Si convenable que je n'y ai pas pu faire de feu de tout l'hiver.

M. le Président. Vous avez été quelque temps au secret absolu, puis on vous a permis de recevoir votre oncle, et, plus tard, les prisonniers qui étaient dans le même pavillon ; enfin, vous pouviez sortir une heure le matin, une heure le soir.

Giraud. Je répète que je ne pouvais sortir que de trois à quatre heures dans la cour, et que, pendant ces moments, j'étais isolé de tout le monde.

M. le Président. Ce qui est constant, c'est que, lorsque nous vous avons interrogé, vous nous avez demandé formellement à être reconduit à Sainte-Pélagie, et que vous n'avez été de nouveau transféré à la Conciergerie que sur votre demande.

Giraud. L'air était meilleur à Sainte-Pélagie qu'à la Conciergerie.

M. le Président. Ainsi, vous ne pouvez dire que vous ayez été mis à Sainte-Pélagie dans un cachot?

Giraud. Si ce n'est pas un cachot, on l'appelle à Sainte-Pélagie le sépulcre ou le tombeau : c'est à peu près la même chose.

M. le Président. Nous vous avons fait ces questions, parce qu'un journal a annoncé que vous aviez été enfermé dans un cachot pendant cinq mois, et que c'était à cela qu'il fallait attribuer votre maladie. Nous invitons la presse, à laquelle nous avons donné toute facilité pour recueillir les débats, à ne pas faire de rapports inexacts.

A cet égard, nous dirons que c'est avec un profond chagrin que nous avons vu traiter ainsi qu'il l'a été un homme chargé de remplir les fonctions d'interprète. M. Simonnin est un ancien militaire, la décoration qu'il porte, il l'a gagnée à la bataille d'Eylau ; il a reçu à cette bataille des blessures qui l'ont mis hors de service. Sa décoration, son grade, lui ont été conférés par un homme qui savait juger les hommes. Depuis, il a été attaché comme interprète au Ministère de la guerre, auquel il appartient encore, et il est affligeant qu'un homme aussi honorable que M. Simonnin, que la justice a appelé à son aide, ait été traité d'une manière aussi déplorable dans un journal.

Nous ajoutons, pour expliquer la position de M. Simonnin aux débats, que si, jusqu'à ce moment, ce n'est pas lui qui a été chargé de transmettre nos paroles à l'accusé, ce n'est pas que notre confiance lui soit retirée : mais, prévoyant que l'on pourrait attaquer plus tard les traductions qu'il a faites dans l'instruction, nous avons voulu que ce fût un interprète étranger aux accusés, et même à la Cour de Paris, qui fût appelé à rendre compte des débats ; mais, nous le répétons, la Cour n'a pas retiré sa confiance à M. Simonnin.

M. le Président fait, en peu de mots, le résumé des débats de mercredi ; arrivant à la déposition de Ferrot, il donne lecture de son écrou à la Conciergerie, qui est ainsi conçu :

« Fabre, dit Ferrot, âgé de quarante-cinq ans, mécanicien, né à Lyon, condamné pour vol qualifié, par arrêt de la Cour d'assises de la Seine du 20 novembre 1837, à vingt ans de travaux forcés avec exposition, qu'il a subie le 30 décembre suivant ; écroué de nouveau le 4 janvier dernier, sous la prévention d'un nouveau vol. »

M. Wenger reprend la lecture des interrogatoires de Steuble, commencés à la fin de l'audience de mercredi dernier.

Steuble arrête souvent l'interprète, et prétend que ses paroles ont été inexactement recueillies.

Me Hemerdinger. Je crois que c'est le moment de demander si Steuble n'a pas écrit à M. Simonnin quelques lettres dans lesquelles il entrait dans des explications sur ce qui se trouvait dans sa déclaration écrite,

M. le Président, à M. Simonnin. Avez-vous reçu des lettres de Steuble.

M. Simonnin. Oui, M. le Président.

M. le Président. Y a-t-il dans ces lettres des explications relatives à la déclaration écrite de Steuble?

M° *Hemerdinger*. Oui, M. le Président. Il importe beaucoup que ces lettres soient connues de MM. les Jurés. Une de ces lettres, d'après ce que j'ai appris, contient des détails sur les obsessions dont Steuble a été l'objet. Il faut que la vérité soit connue tout entière.

M. le Président. Je ne sais où cela nous conduirait..... peut-être très-loin.

M° *Hemerdinger*. Je demande à la Cour qui me soit donné connaissance de ces lettres, et, après les avoir examinées, je désignerai celles qui intéressent la défense de Steuble.

M. le Procureur général. Mais il faudrait, avant que des pièces fussent communiquées à la défense, qu'elles fussent devenues pièces du procès.

M° *Hemerdinger*. Dans ce cas, j'insiste pour qu'elles soient déposées.

M. le Président. Vous pouvez prendre des conclusions.

M° Hemerdinger prend les conclusions que voici :

« Attendu que Steuble a écrit plusieurs lettres à M. Simonnin, qui, en sa qualité d'interprète, était associé aux fonctions de juge d'instruction; que rien de ce qui s'est fait entre Steuble et M. Simonnin ne doit être étranger aux débats ; il plaîra à la Cour donner acte de l'envoi de ces lettres, en ordonner le dépôt pour être communiquées à la défense. »

M. le procureur général. Nous déclarons ne pas nous opposer à ces conclusions. Nous nous en rapportons à la sagesse de la Cour; mais si elle croit que le dépôt doive être ordonné, il faudra, avant leur communication à la défense, que ces lettres soient examinées par la Cour.

M. le Président. M. Simonnin, veuillez me faire passer les lettres en question.

M. Simonnin, en passant les lettres à M. le Président : Ce sont des lettres particulières.

M. le procureur général. Vous l'entendez, ce sont des lettres particulières.

La Cour se retire pour délibérer; quelques minutes après elle rentre et rend, par l'organe de M. le Président, l'arrêt suivant :

« Considérant que M. Simonnin a déclaré qu'il avait reçu des lettres de Steuble, et qu'il est prêt à en faire le dépôt ;

» Considérant que Steuble requiert ce dépôt dans l'intérêt de sa défense, la Cour ordonne que ces lettres seront déposées entre les mains du greffier, et qu'elles seront, après avoir été paraphées, traduites par M. Ungher, interprète, que la Cour commet à cet effet, serment par lui préalablement prêté. »

M. le Président donne lecture à MM. les Jurés d'autres interrogatoires subis par Steuble. Ces interrogatoires sont ensuite traduits par M. Wenger.

Steuble interrompt cette lecture pour dire que jamais la proposition de construire une machine n'a été faite chez mademoiselle Grouvelle, mais bien chez Moutier. Il y a, dit-il, beaucoup de finesse dans cette réponse.

M. le Président. Que veut-il dire par là? quelle est la question à laquelle il fait allusion.

M. Wenger, interprète. Voilà la question qui lui était faite : Persistez-vous à dire qu'alors que vous avez eu Huber pour interprète, vous êtes tombé d'accord sur la construction d'une machine et sur la nécessité d'aller à Londres? — Il répond : On a parlé de machine chez mademoiselle Grouvelle et chez Moutier, on a dit que la machine serait faite et qu'on irait à Londres à cet effet.

Steuble. Il y a de la finesse dans cette réponse.

M. le Président. Expliquez votre pensée.

Steuble. Dans toute l'instruction, et c'est fait exprès, on ne parle que d'une seule machine, tandis que Huber et moi nous parlions de plusieurs machines, de différentes machines.

L'audience est suspendue pendant une demi-heure.

M. le Président. En vertu de notre pouvoir discréditionnaire, nous ordonnons que les accusés Huber et Laure Grouvelle sortiront de l'audience. (L'ordre est exécuté.) Steuble, jusqu'à présent nous vous avons présenté à MM. les Jurés avec la position que vous vous êtes faite dans vos déclarations écrites et dans vos interrogatoires. Pour rentrer dans votre liberté de pensée et de parole, oubliez tout ce qui a été dit et écrit ; oubliez vos aveux et vos dénégations pour un moment : il en résultera qu'il n'y aura d'explications pour MM. les Jurés que celles qui vont sortir de votre bouche. Je vous engage donc à parler avec vérité. Pensez que le moyen le plus sûr d'intéresser en votre faveur, c'est de dire la vérité. La vérité, sur le banc des accusés, est le moyen le plus certain de mériter l'indulgence quand on en a besoin, et d'obtenir un acquittement certain quand on y a des droits.

D. Avez-vous eu des relations avec Huber en juin 1836? — R. Je lui ai parlé chez Moutier.

D. Huber vous a-t-il conduit chez mademoiselle Grouvelle? — R. Oui, plusieurs fois.

D. Pourquoi faire? — R. Parce que je n'avais ni travail ni argent?

D. Vous a-t-elle donné quelque argent ; vous a-t-elle nourri? — R. Elle m'a donné des secours, comme elle en donnait à tous les malheureux.

M. le Président. Avez-vous été en Angleterre avec Huber à la fin de 1837? — R. Oui, Monsieur.

D. Où vous êtes-vous embarqué? — R. A Ostende.

D. Vous êtes-vous arrêté quelque temps à Vervins? — R. Nous nous sommes arrêtés une nuit, en allant à Bruxelles, dans une ville fortifiée.

D. Huber ne vous a-t-il pas quitté dans cette ville fortifiée? — R. J'ignore le nom des villes où j'ai passé. Huber m'a quitté à plusieurs reprises.

D. Huber avait-il dit qu'il recevrait de l'argent en route? — R. Il disait qu'il n'en recevrait qu'à Londres.

D. Huber n'a-t-il pas dit qu'il devait recevoir de l'argent en route d'un fonctionnaire public? — R. Je ne puis me le rappeler.

D. Pourquoi alliez vous à Londres avec Huber? — R. J'ai été en Angleterre pour avoir les fonds que le Gouvernement anglais devait à mon père. Si j'avais eu cet argent, je l'aurais employé à faire une machine que j'aurais vendue dans le Levant.

M. le Président. Mais vous n'aviez pas mandat de votre père pour aller faire ce recouvrement. Il avait même donné sa confiance à une autre personne que vous? — R. Je n'en sais rien.

D. C'était à M. Brown que votre père avait donné sa confiance. Il était même intéressé à le faire. — R. Ah ! c'est vrai.

D. Vous n'aviez donc pas besoin de faire ce voyage pour votre père? — R. C'est pour cette affaire pourtant que j'ai été en Angleterre ; j'avais des connaissances là. J'espérais par ces connaissances pouvoir trouver à placer des machines.

M. le Président. Il a été beaucoup question de ces machines dans les débats ; le défenseur de Steuble a même dit que ce fait résultait d'une pièce contenue dans l'instruction. Voici à peu près le texte de cette pièce :

« J'ai présenté à la Chambre basse la pétition de Steuble, qui a vendu à l'ambassadeur anglais à Saint-Pétersbourg , en 1834, une machine inventée par lui, à l'aide de laquelle vingt-six balles pouvaient être tirées dans une minute , pour le prix de 10,000 livres sterling, dont 3,300 livres ont été payées. Cependant, un jour , avant que la machine fût essayée, il la laissa crever, de crainte que cette machine ne tombât entre les mains du gouvernement russe : c'est pour cette raison qu'il fut retenu à Saint-Pétersbourg. Depuis il a fait des réclamations, on l'a toujours berné d'espérances. En conséquence, il demande ou que le traité avec l'Angleterre soit ratifié , ou qu'on lui rende ce qu'il a confié. La machine n'a pas été achetée, on a seulement avancé l'argent pour le transport en Angleterre. Le gouvernement russe a cherché à s'emparer de la machine; mais il n'y a pas réussi. Le pétitionnaire demande qu'on restitue les avances qu'il a faites, ou qu'on lui rende son gage. »

D. Connaissiez-vous la proposition faite par votre père au Gouvernement français?—R. Non.

D. Cependant c'est le désir de faire échouer cette proposition qui aurait décidé Huber à vous emmener à Londres?—R. J'avais lu dans un journal la proposition de mon père, mais je ne l'avais jamais connue d'une manière certaine.

D. Vous croyez donc que votre père n'aurait jamais pu faire cette machine sans vous?—R. Mon père l'aurait pu, mais la chose eût été difficile.

D. Votre père avait fait sans vous la machine de Saint-Pétersbourg?—R. Non, j'y avais travaillé avec lui.

D. Vous avez déclaré avoir été à Saint-Pétersbourg avec votre mère et non avec votre père. — J'ai dit que j'avais voyagé avec ma mère.

M⁰ Hemerdinger.—L'accusé veut dire qu'il a voyagé avec sa mère pour rejoindre son père.

M. le Président. Nous ne voulons pas que le défenseur intervienne dans l'interrogatoire

M⁰ Teste. Je crois cependant que, dans la position particulière où nous nous trouvons, il est nécessaire pour la défense, comme pour la Cour et MM. les Jurés, que le défenseur, qui entend les deux langues, signale les erreurs qui pourraient se glisser dans la traduction des paroles de l'accusé.

M. le Président, Ce que nous ne voulons pas, c'est que ces observations soient faites autrement que par notre entremise.

M⁰ Teste. Je ne vais pas plus loin, et suis de l'avis de M. le Président.

M. le Président, à Steuble. La proposition a été faite au Gouvernement français, en 1834. A cette époque, vous n'aviez que dix-neuf ans, et il est difficile de croire qu'à cet âge vous fussiez plus habile ouvrier mécanicien que votre père ? — R. Le principal secret à la machine n'était enseigné à personne par mon père. Je le connaissais seul.

D. Il est probable que votre père le connaissait aussi? — R. Oui.

M. le Président. Voici une lettre qui montre que Steuble père était un ouvrier très-distingué, et qu'il n'avait pas besoin de son fils pour la construction de la machine.

(Cette lettre est extraite des dossiers communiqués dans l'instruction par M. le Ministre de la guerre. Elle est émanée de Brown, l'homme de confiance de Steuble père, et recommande ce dernier à l'attention du Gouvernement français. En voici les principaux passages) :

« 5 janvier 1836.

» Le mécanicien Steuble mérite la plus grande confiance, et j'avais la pensée de me rendre en France pour soumettre à votre Excellence le plan de diverses machines de guerre. Steuble a laissé dans les arsenaux d'Allemagne et de Russie des traces de son talent. Je ne crains pas de dire que la France retirera des avantages précieux de son génie et de son intelligence. Les machines de guerre ne sont pas les seules, etc... »

M. le Président. Steuble, il résulte positivement de cette lettre que votre père est un homme très-distingué, et qui n'avait pas besoin de vos secours pour construire une machine? — Mon père connaissait bien le secret; mais moi seul je connaissais l'application de ce secret à la machine.

D. Pourquoi vouliez-vous empêcher votre père de construire la machine? — R. Parce que je ne voulais pas que le Gouvernement français en devînt le possesseur.

D. Mais si votre père l'avait vendue, il en aurait retiré de l'argent, sa machine lui aurait été payée par le Gouvernement français. — R. C'est ce que je ne sais pas. Le Gouvernement anglais lui doit beaucoup d'argent et ne lui a rien payé.

D. Par votre absence vous nuisiez à votre père. — R. Le principal motif, c'est que je voulais être seul.

D. Vous vouliez donc la vendre vous-même? — R. Je voulais la vendre aux habitants du Levant.

D. Où avez-vous logé à Londres? — R. Chez un aubergiste.

D. N'avez-vous pas logé chez le nommé Souillard? — R. Jamais.

D. Il y a cependant des pièces émanées de vous qui le prouvent. — R. Si vous me croyez sur parole, je vous déclare que je n'y ai pas logé.

D. Qu'avez-vous fait à Londres? — R. J'ai été voir mes amis et je me suis occupé à dessiner.

D. N'avez-vous pas dessiné le plan d'une machine pour Huber? — R. J'ai dessiné non-seulement une machine pour Huber, mais beaucoup d'autres machines.

D. Il a donc été question d'une machine entre vous et Huber? — R. Oui, de celle-là et d'autres.

D. A quoi devait servir la machine dont il avait été question entre vous et Huber? — R. C'était une machine devant servir de tir.

On représente à Steuble le plan de la machine saisi sur Huber; Steuble le reconnaît.

M. le Président. Huber n'a-t-il pas fait un voyage en France sans vous? — R. Oui, Monsieur.

D. A Londres voyiez-vous les réfugiés français? — R. Je les ai vu quelquefois.

D. Avez-vous vu un réfugié italien nommé Davaris? — R. Quelquefois.

D. N'avez-vous pas eu une discussion avec Huber à Londres? — R. Oui.

D. Pour quel motif? — R. Pour motif d'argent.

D. Huber a-t-il rapporté de l'argent en revenant de France? — R. Je ne le crois pas.

D. Quand il est revenu de France, le dessin de la machine était-il fini? — R. Le dessin saisi sur Huber était fini; mais d'autres dessins d'autres machines n'étaient pas finis.

D. C'est Huber, selon vous, qui vous a pris ce dessin? —R. Oui.

D. Vous êtes-vous aperçu qu'on eût fait cette soustraction à l'aide d'effraction? — R. Il n'y a pas eu de traces d'effraction; la porte était toujours ouverte, ainsi que cela se pratique en Angleterre. Quand un ami veut voir l'autre, il trouve toujours la porte ouverte.

Traduction est donnée d'une pièce saisie chez Huber, et relative à une machine.

M. le Président. Savez-vous comment cette pièce est venue entre les mains d'Huber?—R. Je n'en sais rien.

D. Dans l'instruction, vous avez dit qu'Huber vous avait pris cette pièce avec le dessin de la machine. —R. C'est possible, mais je ne le crois pas.

D. Vous vous êtes cependant brouillé avec Huber?—R. Oui, mais c'est à cause d'argent.

L'interpète donne lecture, en français et en allemand, d'une lettre écrite par Steuble à Huber. Voici les parties les plus importantes de cette lettre, dont la date et le dernier feuillet sont déchirés :

« Monsieur Huber ,

» Comme vous m'avez traité comme un coquin, je vous engage à me faire savoir pourquoi vous avez fait cela. Je crois à peine que la lettre adressée à la duchesse de Berry ait pu être la cause de cela. Si cependant il en était ainsi, il faut que vous n'ayez pas joui de vos sens. Si vous aviez parlé à Souillard, vous auriez pu en trouver la véritable cause. Vous m'aviez promis de m'envoyer de l'argent; M. Cornin devait en apporter. Vous deviez bien savoir que vous me disiez que Souillard a payé l'argent pour le loyer, etc....

(Le reste de la lettre est sans importance.)

M. le Président à l'interprète. Le reste de la lettre a été déchiré, on ne voit que les premiers mots; pouvez-vous y retrouver quelque chose?

M. Wenger. Ce sont des mots sans suite. Je lis : ou *bien*, que,... si vous... *pousser dans le ventre.*

M. le Président à Steuble. Que veulent dire ces mots?—R. Je ne puis me le rappeler.

D. Ne s'agit-il pas de cette menace que Huber vous avait faite, et dont il a été question dans votre déclaration écrite?—R. Il est possible, je ne puis me bien souvenir.

D. Dans votre déclaration en allemand, envoyée à M. le Juge d'instruction, vous l'avez dit positivement; vous le rappelez-vous?—R. J'ai eu un jour avec Huber une vive altercation au sujet de l'argent; je ne puis me rappeler aucune autre circonstance.

D. Donnez-nous des explications sur les mots qui se trouvent dans la lettre, et qui ont rapport à une lettre écrite à la duchesse de Berry?—R. Jamais je n'ai eu l'intention d'écrire une lettre à la duchesse de Berry, mais comme Huber m'a caché la destination de la machine, j'ai pris ce prétexte pour savoir à quel but il la destinait.

D. Je vous répète la question que je vous ai déjà adressée : y avait-il une convention pour la construction de la machine?—R. Il était bien convenu que la machine serait construite, mais il ne m'avait pas dit à qui elle serait vendue.

D. Pourquoi cela vous importait-il tant? L'essentiel, c'était qu'elle fût payée et que l'argent vous fût remis.—R. Je voulais savoir à qui on la vendait.

D. Expliquez-nous ces mots qui se trouvent aussi dans votre lettre : « Attendu que vous m'avez traité comme un coquin. » — R. Parce que mes plans m'ont été pris je ne sais comment, pourquoi, et par qui.

D. Tout à l'heure vous avez dit qu'il s'agissait d'une querelle d'argent. — R. Tout cela doit se réunir.

M. le Procureur général. Mais vous eussiez pu dire tout au plus qu'il *s'était conduit* comme un coquin. A quelles circonstances vous reportiez-vous, en disant qu'il vous avait *traité* comme un coquin? — R. Parce qu'à l'heure qu'il est je ne sais pas encore pourquoi il m'a quitté.

D. Mais, encore une fois, vous prendre vos plans, ce n'était pas vous traiter comme un coquin? — R. Il m'a encore injurié.

D. Quelles sont donc ces injures? — Il m'a traité d'une manière basse et vile.

D. N'avez-vous pas trouvé dans le tiroir d'un des meubles de votre chambre, à la place de votre plan, un mot ainsi conçu : « Vous avez voulu me tromper ; ne vous présentez plus devant mes yeux, vous êtes un mauvais drôle » ? — R. Oui, j'ai trouvé quelque chose qui ressemblait à cela.

D. Ne vous avait-on pas donné à cette époque un rendez-vous à Hyde-Park? — C'est plus tard.

D. N'est-ce pas à cette occasion que vous avez écrit une lettre dans laquelle vous dites : « Puisque vous ne me donnez pas de réponse, j'attendrai la personne à Hyde-Parck. » Dans quel but et à qui cette lettre était-elle adressée? — R. Elle était adressée à M. Souillard; une personne devait me venir parler : elle n'est pas venue :

D. Pourquoi la lettre était-elle adressée à Souillard? — R. Parce que je pensais que la personne aurait été chez lui.

D. Pourquoi donc avoir signé d'un nom qui n'est pas le vôtre, du nom de Wasser ? — R. Parce que je ne voulais pas qu'il sût que cette lettre venait de moi.

Dans vos papiers, il a été saisi une pièce dont voici le contenu :

Traité entre Steuble et la république de France.

Comme j'ai fait de mon côté tout pour faire réussir l'entreprise, et que, par contre, M. Huber a agi contrairement à ma manière déterminée, je me vois obligé d'arrêter les conventions suivantes : 1° que la maison doit être louée en mon nom ; 2° qu'il est réservé à moi seul d'introduire des ouvriers dans l'atelier ; que ni M. Huber, ni personne autre, n'aura le droit d'y entrer; que le paiement des ouvriers lui sera abandonné.

De quelle entreprise parlez-vous dans cette pièce? — R. D'une entreprise pour faire des machines.

D. Comment expliquez-vous ces mots : *J'ai tout fait pour faire réussir l'entreprise ?* Il y avait donc une entreprise déterminée, arrêtée? — R. Je ne réfléchissais pas bien à ce que j'écrivais.

D. Ce que contient cette pièce viendrait confirmer le dire de l'accusation, qui prétend qu'il y avait entre vous et Huber un plan arrêté pour la construction d'une machine. — R. Il était question de plusieurs machines.

D. Dans votre déclaration écrite se trouvent des passages qui se rapportent au contenu de cette pièce, intitulée : *Traité entre,* etc. — R. Je voudrais bien connaître la partie de ma déclaration qui s'y rapporte.

D. C'est à vous à expliquer ce passage ; c'est bien vous qui l'avez écrit, que vouliez-vous dire par là? — R. Je ne savais pas.

D. Vous parlez d'une entreprise, quelle était elle?—R. Il s'agissait d'une machine.

D. De quelle machine?—R. De celle dont le dessin est là.

D. Pourquoi reprochez-vous à Huber d'avoir mis obstacle à votre entreprise?—R. C'était là le motif de la discussion qui a eu lieu entre nous. Il voulait toujours s'occuper de la machine, et moi je ne le voulais pas. C'est là le motif du traité : je voulais moi seul construire la machine.

D. Vous parliez d'ateliers ; où devaient-ils être?—R. A Londres.

D. Dans votre déclaration se trouvent quelques mots qui expliqueraient votre position vis-à-vis de Huber à cette époque; vous y parlez d'un coup de couteau qu'il vous aurait donné, et vous terminez en disant : « Dénoncez-moi, et vous aurez couronné votre œuvre. »—R. J'ai dit cela lorsque j'étais hors de moi.

D. Dans votre lettre adressée à Souillard, il semble que vous fassiez allusion aux faits dont nous venons de nous occuper. Voici cette lettre :

« La manière dont vous m'avez traité me force à quitter Londres et à renoncer à une affaire qu'il vaudrait beaucoup mieux pour moi n'avoir jamais connue; mais ce qui est fait ne peut être changé. Pas un mot sur cette odieuse histoire. Le but de ces mots est d'avoir mon compte de ce que je vous dois. Je ne puis maintenant vous faire connaître mon adresse en Suisse. Ecrivez-moi donc à l'adresse suivante. »   (*Le reste est déchiré.*)

D. Cette lettre a-t-elle été envoyée à Souillard?—R. Non, Monsieur.

D. De quelle affaire entendez-vous parler?—R. D'une dispute avec Souillard.

D. Il n'en est pas question dans la lettre.—R. Ça s'y trouve dans des termes différents.

D. Vous dites que vous vouliez abandonner une affaire qu'il aurait mieux valu pour vous n'avoir jamais connue.—R. Cela n'avait trait qu'à l'affaire que j'avais avec Souillard.

D. Au moment de l'arrestation d'Huber à Boulogne, on a saisi sur lui un portefeuille sur lequel sont écrites quelques lignes au crayon. On est parvenu, bien qu'à grande peine, à lire et à découvrir le sens de ces lignes, aujourd'hui beaucoup plus effacées qu'elles ne l'étaient alors. A côté, on a trouvé des chiffres qui ont paru être adoptés de convention pour écrire ce qui d'abord avait été écrit au crayon.—R. Je n'ai aucune connaissance de ce qui a été trouvé.

D. On vous a représenté ces pièces.—Oui; mais je ne sais pas ce que cela veut dire.

M. le Président à MM. les Jurés : Après de longues recherches, on est parvenu à découvrir quelle pouvait être la signification de ces chiffres. Ils sont toujours rangés deux à deux. On a découvert que le premier indiquait la page, et le second la ligne du dictionnaire dont on voulait faire usage. La grande difficulté était de savoir quel était le dictionnaire convenu, s'il était français ou anglais; enfin, l'on a acquis la preuve que ce langage se traduisait à l'aide d'un dictionnaire de poche de Tibbins. La traduction à laquelle on est arrivé est claire, et en rapport avec les faits de l'accusation. Au surplus, l'expérience sera, dans le cours des débats, recommencée sous vos yeux, et en présence des défenseurs.

M. le Président donne d'abord lecture des lignes trouvées écrites au crayon sur le carnet, et qui sont, à peu de chose près, la reproduction des phrases données par la traduction des chiffres. Voici cette dernière traduction :

« Je regrette amèrement les sacrifices qui ont été faits, j'en prends toute la responsabilité : ma conscience est pure... Nous avons employé tous nos efforts pour le ramener. Je l'ai prié de vous rejoindre, il ne veut plus s'en... J'apprends qu'il a été chez un de ses amis pour faire traduire sa dénonciation, celui-ci a refusé. Il nous en veut de ce qu'il n'a pas reçu de lettre de son père ; il est sûr que nous avons voulu le tromper et l'exploiter. Nous avons reconnu que Christophe n'a voulu venir à Londres que pour faire ses conditions, nous livrer la machine pour la somme qu'il veut demander ; heureusement il n'a pas prononcé votre nom. Voyant qu'il ne peut nous exploiter de cette façon, il veut s'enrichir par dénonciation. Mais, moi, j'ai tout à craindre si l'ambassade me découvre. Maintenant que je suis convalescent, je cherche l'occasion de lui faire subir le même sort qu'à l'autre ; aussi je vous réponds qu'il ne tombera pas dans d'autres mains ! Lafaure a bien joué son rôle. J'ai trouvé poudre fulminante à discrétion, de quoi faire sauter la moitié de la capitale ; cela ne coûte rien ; le fabricant est chimiste, bon républicain ; il faut que j'aille avec lui à soixante-dix lieues derrière Londres pour faire des expériences. Voilà la seule dépense à faire ; si vous jugez convenable de continuer de cette manière, envoyez de suite l'ami pour que nous travaillons à cambrer pendant la fabrication de la poudre. Si cela ne vous convient pas, envoyez-moi de suite de l'argent pour me sauver aussitôt Christophe tué. Ma position est affreuse. Plus de... pour retourner... tuer le tyran capitan-pacha ignoble ; il faut cependant qu'il périsse avant moi, malgré tout. »

(A l'accusé). Pouvez-vous expliquer ce que cela veut dire ? —R. Je n'en sais rien.

D. C'est à ce moment même que vous quittez Londres, et avec une précipitation telle que votre passeport n'était même pas en règle. —R. Mon passeport était en règle.

D. Il y manquait un visa. —R. On m'avait dit à Londres que ce visa était inutile.

D. Pourquoi êtes-vous venu à Paris ? —R. Parce que j'ai appris qu'Hubert m'avait invectivé.

D. Ne serait-ce pas plutôt la connaissance que vous auriez eu de la lettre dont jai donné lecture, qui vous aurait poussé à abandonner Londres ? — R. Non, Monsieur.

D. Quelles étaient donc les invectives dont vous parlez ? —R. Je ne me les rappelle pas.

D. Vous vous êtes mis en route à un moment où vous n'aviez pas d'argent ? — R. Une personne m'en avait donné.

D. Quelle est cette personne ? — R. Lord Eliot.

D. Où avez-vous logé à Paris ? — R. Chez Moutier.

D. Ensuite n'est-ce pas chez Vincent Giraud que vous avez été demeurer ? — R. Je crois que oui.

D. Qui vous y a conduit ? —R. Je ne sais.

D. N'est-ce pas Mademoiselle Grouvelle ou Annat ? —R. Non.

D. Vous êtes arrivé à Paris le 7 novembre ; n'est-ce pas chez Vincent Giraud que vous êtes resté jusqu'au moment de votre arrestation. — R. Oui.

D. Qui payait votre dépense ? — R. C'est moi qui devais la payer, mais je la dois encore.

D. Avez-vous été chez mademoiselle Grouvelle ? — R. Oui.

D. Souvent ? — R. Comme ça se trouvait.

D. Pourquoi y alliez-vous ? — R. Pour apprendre le français.

D. Comment, dans les termes où vous étiez avec Huber, avez-vous été

5

chez mademoiselle Grouvelle, que vous saviez être son amie?—R. C'est parce que je voulais savoir ce qu'Huber avait dit sur mon compte.

D. Que vous a dit à ce sujet mademoiselle Grouvelle?—R. Je ne me le rappelle pas.

D. Est-ce que vous avez laissé vos papiers à Huber?—R. Oui, Monsieur, à Londres.

D. Un des premiers actes de l'instruction a été de se livrer à des perquisitions chez les personnes que l'on pouvait penser avoir pris part au complot. On a trouvé chez la demoiselle Hergaland, fille de confiance de mademoiselle Grouvelle, et dans sa poche, une lettre de Steuble à Huber, une lettre en français, l'adresse d'un nommé Viggaud. Quelle est cette personne? —R. C'est un mécanicien.

D. Celui dont je vous parle est garçon tailleur.—R. Je ne le connais pas.

D. Chez Viggaud on a trouvé le brouillon de la lettre écrite par Steuble à Souillard. Chez le nommé Jousseux, ami de mademoiselle Grouvelle, on a trouvé, dans une enveloppe sur laquelle se trouvaient ces mots : *Testament de madame Grouvelle mère*, une lettre de Steuble à Huber, et le projet de traité avec la république. De telle sorte que l'on voit qu'à une certaine époque les papiers de Steuble et d'Huber ont été confondus. Steuble, comment pouvez-vous expliquer cela?—R. Je ne sais pas comment cela s'est fait.

D. On a trouvé dans vos papiers le portrait d'Alibaud ?—R. C'est un de mes bons amis qui me l'avait donné.

D. Mais vous convenez qu'il y avait convention arrêtée entre vous et Huber pour la construction d'une machine, et il n'y a de débat possible que sur la destination de cette machine. Huber vous a-t-il dit quelle devait être cette destination? Ne vous a-t-il pas dit qu'elle devait servir à tuer le Roi?—R. Il ne m'a jamais dit que le Roi des Français devait être tué au moyen de cette machine.

M. le Procureur général à Steuble. Quel était le représentant de la république avec qui vous vouliez faire le traité dont il a été question?—R. Ça n'a aucun but certain, ce traité; je l'ai écrit sans savoir ce que je faisais, sans songer aux conséquences.

M. le Procureur général. Il a été constaté que Steuble avait laissé ses papiers à Huber; comment lui avait-il laissé un traité qui avait pour but de l'exclure de l'entreprise?

Steuble. Je ne sais pas comment cela s'est fait.

M⁰ Arago. Je ne crois pas que Steuble ait dit aussi affirmativement que M. le Procureur général paraît l'avoir compris, que ses papiers étaient restés à Londres entre les mains d'Huber.

M. le Président. Il a cependant répondu très-catégoriquement. Au surplus, nous allons le questionner de nouveau. (A Steuble.) N'avez-vous pas laissé vos papiers à Huber à Londres?—R. Je ne puis expliquer comment ils sont arrivés entre les mains d'Huber.

M. le Procureur général. Cette réponse est en contradiction avec celle qu'il a déjà faite.

M⁰ Arago. A la réponse qu'il a faite d'abord, j'opposerai celle qu'il vient de faire tout à l'heure.

M. le Procureur-général. Steuble, pouvez-vous nous expliquer comment d'écrire à la duchesse de Berri pouvait vous faire connaître la destination de la machine?

Steuble. Huber ne voulait pas me dire la destination de la machine ; j'entendais autour de moi lui donner tantôt une destination , tantôt une autre ; j'ai même entendu prononcer le nom de la duchesse de Berri, j'ai pensé qu'en écrivant je pourrais apprendre ce que je voulais savoir.

M. le Président. Faites rentrer les accusés Huber et Laure Grouvelle.

Giraud. S'il m'était permis , M. le Président , de dire an mot, je demanderais que la séance fût levée.

M. le Président. Dans un instant... Si cependant vous êtes fatigué, nous remettrons sur-le champ. Mais nous n'avons plus qu'à résumer en peu de mots , pour Huber et Laure Grouvelle , ce qui s'est passé en leur absence.

Giraud. S'il n'y en a que pour un moment , je puis attendre.

M. le Président résume brièvement l'interrogatoire de Steuble, puis se tournant vers Giraud , il lui dit : Croyez-vous être en état de supporter demain l'audience.

Giraud. Oui, M. le Président : s'il le faut, je viendrai.

M. le Président. En ce cas, l'audience est remise à demain dix heures, à moins que MM. les Jurés ne demandent qu'il n'y ait pas d'audience demain dimanche.

M. Mac-Avoy , chef du Jury. Nous désirons , si la chose est possible, que l'affaire ne continue pas demain.

Un autre juré. Il serait peut-être nécessaire , dans l'intérêt de la santé de Giraud , de remettre à lundi.

Mᵉ *Leblond*, défenseur de Giraud. L'audience d'aujourd'hui a été longue , surtout pour Giraud ; il souffre beaucoup, et ne serait peut-être pas en état de supporter demain les débats.

M. le Président, après avoir consulté MM. les conseillers assesseurs, dit que l'audience est renvoyée à lundi , dix heures précises.

———

Audience du 14 mai.

A dix heures et demie l'audience est ouverte.

M. le Président donne l'ordre de faire passer mademoiselle Grouvelle à la place de Steuble, au bout du banc. L'ordre est exécuté.

M. le Président. Accusé Huber , dans l'interrogatoire que vous avez subi, vous avez reconnu que vous aviez eu des relations avec la demoiselle Grouvelle et Steuble ; que vous aviez conduit l'accusé Steuble chez mademoiselle Grouvelle ; que le 31 juillet, vous étiez parti de Paris avec l'accusé Steuble ; que vous aviez fait visite à Leproux, dont vous aviez reçu 20 fr. Persistez-vous à reconnaître ces faits ?

L'accusé. Je persiste dans ces déclarations.

M. le Président Vous avez reconnu que , à Londres, vous aviez fait la rencontre de Souillard ; à quelle époque ?

Huber. Quinze jours après mon arrivée.

M. le Président. C'est le 30 du mois d'août que vous êtes arrivé à Boulogne ; où avez-vous logé en arrivant à Paris ? — R. Chez Annat.

D. Annat a déclaré que vous étiez son cousin, et que vous portiez le même nom que lui. — R. Il a dit cela parce qu'il savait que tous les amnistiés étaient inquiétés et qu'il voulait me mettre à couvert.

D. Quel était le motif de ce voyage? — R. Nos efforts ayant été inutiles, nos ressources étant épuisées, j'écrivis à mademoiselle Grouvelle que je préférais être exposé, à Paris, à des tracasseries, que de rester à Londres. Un ami me remit une somme de 100 fr., j'en donnai la moitié à Steuble. La veille de mon départ, je reçus une lettre de mademoiselle Grouvelle; elle me défendait de retourner à Paris : « Les amnistiés, me disait-elle, sont l'objet de persécutions. Vous ne pourrez trouver de l'ouvrage. »

D. Probablement si quelques amnistiés étaient inquiétés par la police, c'est que leur position n'était pas régulière. — R. Tous ceux qui étaient dans d'autres villes que celles qui leur avaient été indiquées, étaient l'objet de persécutions. Ce sont les mêmes motifs que ceux qui m'avaient empêché de partir pour Lyon; je partis à la fin d'août, j'étais porteur de beaucoup de lettres de Steuble; elles étaient toutes cachetées. Le garçon de l'hôtel me dit que je ne pouvais pas partir avec ces lettres cachetées; je les décachetai. Il y en avait une en français, j'en fus très-étonné, puisque Steuble ne parlait pas la langue. Je l'ouvris et je vis qu'elle commençait par ces mots : *La manière de s'en servir.* C'est la lettre trouvée chez Annat; j'en copiai une partie. Cela m'inquiéta beaucoup : je savais que Steuble avait reçu un homme que je ne connaissais pas; et de plus à mon arrivée je fus suivi par un homme de mauvaise mine. Je ne voulus pas prendre la diligence et je m'en allai par la traverse. Arrivé à Paris, je me suis mis à travailler, je ne voulus même pas prévenir mademoiselle Grouvelle de mon retour. Elle connut cependant ma présence à Paris, elle vint me prévenir que l'on me cherchait pour m'arrêter. Lorsque je fus installé chez Annat, il vint un jour un agent de police qui dit à Annat que l'on me cherchait, qu'il y avait à la préfecture les ordres les plus sévères contre moi. J'étais dans une chambre à côté et j'entendis tout cela. C'est alors que je me suis décidé de nouveau à partir pour Londres. Je ne pouvais rester plus longtemps chez Annat, qui craignait d'être compromis. J'étais bien aise aussi de demander des explications à Steuble sur la lettre en français dont j'ai déjà parlé.

D. Vous êtes parti le 21 septembre avec un passeport sous le nom de Stiegler; comment ce passeport était-il venu entre vos mains? — R. Il m'a été remis par un de mes amis.

D. Quel est-il? — R. Je ne veux pas le nommer, de peur de le compromettre.

D. Mais votre silence pourrait bien compromettre Stiegler lui-même. — R. J'ai déjà dit que Stiegler était tout à fait étranger à tout cela.

D. Cela paraît difficile à comprendre. Stiegler a été lui-même retirer le passeport; le 19 septembre il l'a fait viser : il était donc d'accord avec vous? — R. C'est un tiers qui me l'a remis, et qui m'a dit que la personne à qui il appartenait ne savait pas comment il était tombé entre ses mains.

D. Vous avez vu mademoiselle Grouvelle pendant votre séjour à Paris ; elle a même été, au moment de votre départ, vous faire ses adieux au boulevart Saint-Denis, car vous avez eu le soin de ne pas prendre la diligence au bureau. — R. cela n'est pas exact; ce n'est pas à ce voyage qu'elle m'a accompagné.

D. À Londres, vous avez retrouvé Steuble, que s'est-il passé? R. Steuble fréquentait des personnes qui me paraissaient suspectes. Il ne put me donner les explications que je lui demandais sur la lettre; je crus que c'était un piége dans lequel on voulait me faire tomber. Il y eut aussi entre nous une discussion pour de l'argent. Je répondis pour lui à Souillard. Steuble travaillait de son état : c'était, je crois, pour l'ambassadeur d'Amérique; mais ça m'était égal pourvu qu'il ne travaillât pas pour la France.

D. Quelles personnes excitaient donc votre méfiance? — R. C'étaient des personnes de mauvaise mine. J'avais reçu sur plusieurs d'entre elles de mauvais renseignements.

M. le Président à MM. les Jurés : il a été souvent question dans le procès du nommé Soulliard, il est bon de dire qui il est : Souillard a figuré dans le procès d'avril; il y a été condamné par contumace, et s'est réfugié en Angleterre. (A Huber) Vous avez tout à fait rompu avec Steuble ? — R. Oui. Voici pourquoi : il avait reçu la veille un personnage mystérieux dans sa chambre, et j'ai appris qu'il voulait écrire à la duchesse de Berri; cela m'inquiétait, parce que je craignais qu'il ne lui vendît sa machine.

D. Vous lui avez pris ses plans? — R. Je ne le nie pas.

D. Pourquoi? — R. Parce que, comme je voyais qu'il était fréquenté par des gens de l'ambassade, je craignais que des papiers dans lesquels se trouvait de mon écriture ne vinssent à me compromettre, c'est alors que je lui laissai un mot d'écrit dans lequel je lui dis qu'il avait voulu me tromper.

D. Est-ce là tout ce qui s'est passé entre vous et Steuble ? R. Oui.

D. Ainsi, d'après vous, les seules causes de votre rupture avec Steuble sont la lettre en français commençant par ces mots : « La manière de s'en servir, » les personnes qu'il recevait et qui vous paraissaient suspectes, enfin la lettre qu'il avait eu le projet d'écrire à la duchesse de Berri? R. Oui.

D. Steuble a quitté Londres; savez-vous pourquoi?—R. J'ai su qu'il était venu réclamer des plans.

D. Comment avez-vous vécu à Londres avec Steuble, qui fournissait l'argent? — R. Je vous ai déjà dit qu'un de mes amis m'avait remis cent fr., et j'ai répondu à Souillard de la dépense de Steuble. J'ai été en outre obligé par d'autres amis que je ne veux pas nommer, car on pourrait les inquiéter, et leur seul crime est d'avoir eu de l'humanité.

D. Vous êtes parti de Boulogne le 23 novembre et vous êtes arrivé à Paris trois jours après? — R. Je vous demande pardon, c'est par Calais que je suis arrivé.

D. Où avez-vous logé à Paris? — R. Chez Annat.

D. Pendant ce voyage avez-vous vu Steuble? — R. Non.

D. Avez-vous vu madmoiselle Grouvelle? — R. Oui.

D. Que vous a-t-elle dit? — R. Elle m'a dit qu'il fallait rendre à Steuble ses plans, qu'il ne fallait pas passer pour des voleurs.

D. Enfin en dernier lieu vous êtes parti de Londres le 6 décembre, et le soir même vous étiez à Boulogne? R. — Oui, Monsieur.

D. Vous êtes descendu à l'hôtel de France sans bagages et sans argent? — R. C'est vrai.

D. Le 7 décembre vous avez écrit à Paris une lettre; sur son adresse se trouvait le nom de madmoiselle Grouvelle? — R. La lettre n'était pas adressée à mademoiselle Grouvelle, ou au moins elle ne portait pas son nom. Elle était adressée à une dame pour la remettre à mademoiselle... (En blanc.)

D. Des témoins ont cependant prétendu avoir vu sur la lettre le nom de Mademoiselle Grouvelle. Quel était l'objet de cette lettre?—R. je voulais lui demander de l'argent.

D. Vous avez reçu un bon de 400 fr., envoyé par mademoiselle Grouvelle? — R. Oui, Monsieur.

D. Étant à Boulogne, vous avez perdu votre portefeuille? — R. il m'a été volé où je l'ai perdu.

M. le Président : Accusée Grouvelle, vous venez d'entendre les déclarations d'Huber. Avez-vous quelques observations à faire?

Mademoiselle Grouvelle : Elles sont parfaitement exactes en ce qui me concerne. Seulement, ceux qui ont prétendu avoir vu mon nom sont d'infâmes menteurs. C'est moi qui ai déchiré l'adresse pour ne pas compromettre la personne qui était chargée de me la remettre. C'est au surplus ce que j'ai déclaré dans l'instruction. J'ai même demandé à la fin, si M. le Président veut le dire, combien les a-t-on payés pour dire cela?

M. le Président à Huber : Reconnaissez-vous les papiers qui ont été trouvés dans votre portefeuille? — R. Oui, à l'exception de la lettre en allemand.

D. Dans l'instruction vous avez encore déclaré ne pas reconnaître la lettre écrite à M. Leproux à Vervins. — R. Je n'ai pas nié la lettre, j'ai seulement nié l'adresse, qui n'est pas de ma main et que je ne connais pas.

D. Reconnaissez-vous qu'elle était dans votre portefeuille? — R. Oui, Monsieur.

On fait passer à Steuble les papiers qui ont été saisis sur lui au moment de son arrestation, il déclare les reconnaître.

D. Vous savez que tout ce que vous venez de dire n'est pas d'accord avec la déclaration de Steuble (Déclaration écrite). — R. Je ne puis répondre de ce que Steuble a écrit, c'est à lui à l'expliquer.

D. Vous savez que dans votre portefeuille, il y a un carnet sur lequel on a trouvé des phrases écrites au crayon et des chiffres de convention pour remplacer l'écriture; reconnaissez-vous que ces caractères au crayon et ces chiffres sont de votre main? — R. (Après les avoir examinés.) Je les reconnais.

D. Pouvez-vous expliquer leur signification? — R. J'aurais bien du mal à l'expliquer... Les chiffres dont je me servais étaient si compliqués que je ne saurais pas moi-même le moyen de m'en servir, et il me faudrait bien du temps pour retrouver un sens, et je ne sais pas si je le pourrais.

D. A qui adressiez-vous cette lettre? — R. Ce n'était pas une lettre.

D. Ne vous seriez-vous pas servi d'un dictionnaire semblable à celui-ci (M. le Président lui fait passer le dictionnaire de Tibbins) pour la traduction des chiffres? — R. Je ne connais pas ce dictionnaire.

D. L'accusation dit que ces phrases sont la copie d'une lettre; elles contiennent des faits graves qui ont rapport à l'accusation, et dont sans doute vous faisiez confidence à quelqu'un? — R. Il est impossible de former un sens avec les chiffres dont je me servais.

D. Mais il y a des phrases au crayon sur le carnet, et les experts ont trouvé que les chiffres étaient destinés à les traduire. — R. Je ne sais pas comment les experts ont fait; bien certainement cinquante experts trouveraient tous un sens différent.

D. Si vous pouvez indiquer d'autres experts, on fera l'expérience devant vous. — R. Je ne sais pas le moyen dont on s'est servi, quand on me l'aura appris, nous verrons...

D. On a trouvé dans les papiers de Steuble une lettre écrite à Olmutz, à l'adresse d'un nommé Pudowits, en date du 29 septembre 1837 ; de cette pièce, d'après la déclaration écrite de Steublee, confirmée par les pièces saisies, il résulte qu'il y avait entre vous, la demoiselle Grouvelle et Steuble un plan arrêté pour la construction d'une machine. Accusée Grouvelle qu'avez-vous à dire? — R. Je n'en ai pas connaissance.

D. On a trouvé dans les papiers de Steuble une lettre écrite à Olmutz, à Ignace Pudowits, en date, à Londres, du 29 septembre 1837. Voici ce que contient cette pièce :

« Mon cher ami,

» Comme onze mois sont passés sans que j'aie reçu aucune ligne de vous, je crois devoir vous écrire encore une fois. Je crois que mes procédés à votre égard n'ont pas été tels que vous ayez pu en être indisposé contre moi. Je vous prie de m'écrire par le retour du courrier. Vous, mon ami intime, vous savez que ce dont le cœur est plein la bouche en parle. A qui donc s'adresser, sinon à un ami fidèle? Le sort m'a séparé de mes parents, mais depuis que je suis seul, le sort me favorise ; je désire que vous soyez toujours pour moi un ami fidèle, car si Dieu m'accorde la santé et continue à me protéger dans mon entreprise, vous pouvez être assuré que nous nous reverrons heureux, sinon à Vienne, du moins à Paris ou à Londres. Je viens de traiter d'une des plus grandes affaires que je puisse jamais entreprendre. Si tout va bien, mon existence est assurée ; mais je vous prie de ne dire à personne que je suis à Londres, car je ne voudrais pas que mes parents, et qui que ce fût, vinssent à connaître le lieu de ma résidence avant que je me sois mis en ordre et que je n'aie terminé ce que j'ai présentement commencé; alors je vous ferai connaître ce que c'est que cette affaire. A cela je verrai si vous êtes discret ou si j'ai été trompé dans mon amitié. Ecrivez-moi si vous avez reçu une lettre de mon oncle, il me serait agréable d'apprendre que tout va bien. Quelques lignes de mes parents me seraient agréables. Déjà je vous ai écrit deux fois, mais je n'ai pas reçu de réponse. Je vous salue cordialement et de tout mon cœur.

» Votre ami à la mort,

» Signé J. Steuble.

» 27 septembre 1 837

» *P.-S.* Je vous prie de mettre l'adresse suivante : M. Steuble, Carlisle, Street-Soho-Square, 5, chez M. Adolphe Souillard. Si vous voulez m'écrire quelque chose que je puisse lire et comprendre moi seul, écrivez-moi avec les hiéroglyphes suivants. »

Ainsi le 29 septembre il songeait à une grande entreprise; quelle était-elle ? — R. Que Steuble s'explique à cet égard ; pour moi je n'en sais rien.

M. Wenger donne lecture à Steuble de la lettre en question, et lui demande quelle était la grande affaire dont il était chargé. — R. C'était une affaire qui me concernait seul; elle avait rapport à l'Amérique, c'était la direction d'un arsenal. L'affaire devait se conclure à Londres.

D. Pourquoi donc tant de mystère? — R. Je voulais surprendre mon père et mes amis.

D. A l'époque de l'envoi de la lettre, étiez-vous brouillé avec Huber? — R. Oui.

D. Cependant ce n'est que depuis le retour d'Huber de Paris que la brouille a eu lieu? — R. Lors du premier voyage d'Huber à Paris, j'étais déjà brouillé avec lui.

D. Il n'y a pas de traces de cette brouille. Est-ce depuis que vous avez écrit à Souillard une lettre dans laquelle vous dites que l'affaire est abandonnée? — R. Je ne me le rappelle pas.

M. *le Président.* — Huber, vous voyez que, d'après les explications de Steuble, il s'agissait d'une entreprise qui l'aurait occupé fortement.

Huber : il s'occupait en effet activement des machines, tantôt pour la France, tantôt pour l'Angleterre, tantôt pour l'ambassadeur d'Espagne.

D. Dans sa correspondance, il est question de mésintelligences graves qui avaient éclaté entre Steuble et vous. Ces traces de mésintelligences se retrouvent aussi dans votre carnet, dans les chiffres qui ont été traduits. On lit ces mots : « Il a été chez l'un de ses amis pour faire traduire sa dénonciation. »

Huber, interrompant : Lisez-vous dans le portefeuille ?

M. le Président. Je lis dans la traduction faite par l'expert.

Huber. Je ne reconnais pas cette traduction.

M. le Président : Vous aurez tous les moyens de l'attaquer dans votre défense, l'expert viendra expliquer les moyens qu'il a employés pour arriver à l'explication des chiffres : MM. les jurés les apprécieront. Quant à présent, si je rappelais les chiffres, ils seraient complétement insignifiants pour les débats. Je ne parle que de la traduction que vous aurez le moyen d'attaquer.

Huber : Je ne connais pas la traduction, je ne répondrai pas.

M. le Président : Si vous ne reconnaissez pas la traduction, si vous la prétendez erronée, donnez vous-même une traduction, expliquez-les. Personne ne connaît mieux que vous le sens de ces chiffres. Dites ce qu'il y a sur votre carnet, expliquez ces chiffres dont vous seul avez la clef. Si vous ne la donnez pas, il faudra qu'on admette celle des experts. Si vous ne voulez pas la donner, c'est-à-dire que vous ne répondrez pas, que vous persistez dans vos réticences. Vous avez dit dans l'instruction que vous ne répondriez que devant vos juges : vous y êtes maintenant : pourquoi gardez-vous le silence?

Huber : Vous me donnez comme vraie une traduction de l'expert, je ne l'admets pas. Si vous voulez me donner au moins six semaines, je vous trouverai un autre sens. Ce que je dis, et c'est ainsi que je réponds, c'est que je n'ai écrit à personne. Quant à ces chiffres, c'est une étude que j'ai faite pour m'apprendre à écrire en chiffres.

M. le Président : Ils ont une signification, et le hasard n'a pu produire l'explication trouvée par l'expert. Cette explication sera attaquée. C'est un texte pour la discussion. Quant à présent, je rappelle ce qu'on y lit. On y trouve encore les traces d'un autre fait ; je veux parler de la soustraction des plans. Elle est aujourd'hui avouée aux débats.

M. le Président fait remarquer ici que la traduction des chiffres trouvés par l'expert offre cela de remarquable, que les faits qu'elle constate résultent en même temps des lettres de Steuble et de ses interrogatoires.

Mᵉ Arago. Le fait à constater, c'est de savoir si l'expert n'a pas vu la lettre avant de trouver l'explication des chiffres.

M. le Président. Reste à savoir si l'explication trouvée peut être autre que celle qui a été trouvée et qui sera expliquée et discutée.

Le débat s'engage sur la lettre de Steuble qui confirmerait les chiffres du carnet.

M. le Président fait remarquer que, dans la partie de la lettre qui est déchirée, on retrouve les mots allemands qui signifient *pousser..... enfoncer dans le ventre.*

Mᵉ. Favre. Je ferai remarquer que l'accusation reconnaît elle-même qu'on ne peut s'emparer du fragment déchiré de la lettre ; et voilà qu'on va plus loin que l'accusation, et qu'on incrimine jusqu'à un mot déchiré en deux qui n'a pas d'explication dans les mots qui précèdent et qui suivent.

M. le Président. Je ne vais pas plus loin que l'accusation, je relève un mot qui a un sens et sur lequel Steuble s'est positivement expliqué dans un de ses interrogatoires.

M Arago.* L'interrogatoire de Steuble n'existe plus, Steuble ne le reconnaît pas.

M. Boucly, avocat-général. Il serait par trop commode pour les accusés
de détruire la foi due à un interrogatoire, en disant qu'ils ne le reconnais-
sent plus.

M Arago.* Il serait par trop commode aussi à l'accusation de s'emparer
de fragments sans suite et de moitiés de mots.

M. le Président. Comment expliquez-vous ces mots du carnet : « L'in-
» fâme a bien joué son rôle ! Il ne tombera pas en d'autres mains. Envoyez-
» moi de l'argent pour me sauver...... »

Huber. C'est par trop ridicule vraiment pour arrêter votre attention.

M. le Président. Il n'y a rien de ridicule dans un procès comme celui-ci ;
et d'ailleurs ces expressions ont un sens.

Huber. Je ne les reconnais pas, je ne reconnais pas surtout la traduction
de vos experts.

M. le Président. Vous prétendez que la machine en question n'avait aucune destination ?

Huber. J'ignore quelle était précisément la destination des machines
dont s'occupait Steuble. Je lui avais dit moi-même de s'occuper à dessiner
des machines dont il pouvait trouver l'emploi près du Gouvernement français ou anglais.

M. le Président donne lecture à Huber de la déclaration dans laquelle
Steuble a fait des aveux.

Huber. Que Steuble s'explique, je n'ai aucune connaissance de cela.

M. le Président. Pourquoi ces menaces contre Steuble, constatées dans
le carnet et dans l'interrogatoire ?

Huber. Je ne lui ai pas fait de menaces ; mon voyage à Londres n'était pas
indifférent, j'avais intérêt à ce que Steuble ne fît pas sa machine pour le
Gouvernement français.

M. le Président donne lecture de la lettre adressée par Huber à mademoiselle Grouvelle, et dans laquelle il annonce la perte de son portefeuille
qui contenait une lettre pour un ami auquel on communiquait le projet
conçu en commun.

D. A qui la lettre était-elle-adressée ? — R. A mademoiselle Grouvelle.

D. Que signifiait l'effroi que vous causait la perte du portefeuille ? Quel
était cet ami auquel vous adressiez la lettre ? — R. La lettre n'était qu'un
brouillon ; elle n'était pas adressée à Leproux.

D. A qui donc s'adressait cette lettre ? quelle était la nature de l'entreprise ? d'où venait cet effroi dont vous parliez ? — R. J'étais placé sous la
surveillance de la haute police ; j'avais peur, n'ayant pas de passeport,
d'être arrêté à chaque instant. De là mon effroi. Quant à l'ami dont il était
question, c'était un ami réfugié à Londres, et dont je voulais ménager l'en-
trée en France.

D. Quel était son nom ? — R. L'honneur me défend de le nommer.

D. N'était-ce pas Souillard ? — R. J'avais rompu avec Souillard, ce n'est
pas lui.

M. le Président. La lettre trouvée dans votre portefeuille, et que l'accusation prétend avoir été adressée à l'accusé Leproux, commence ainsi :

« Brave ami ,

» Vous êtes sans doute déjà prévenu de mon arrivée, mais comme vous en
ignorez l'époque, je vous prie de vous diriger sur le champ vers le lieu du rendez-

vous ; je m'y trouverai en vous attendant. Surtout prenez bien vos mesures, car à mon dernier passage à Calais, j'ai remarqué une surveillance très-active. Des hommes comme vous sont trop utiles par votre fortune, vos capacités, et surtout par l'influence que vous exercez, tandis que moi, pauvre prolétaire, je ne pourrai offrir à la patrie que mon sang et la pureté de mes intentions.

» N'ayant eu l'argent nécessaire pour passer en Belgique, je me suis vu forcé de passer par Boulogne. Heureusement que le plus fort est fait. Tout le matériel est concentré dans Paris : le plan que l'on exige, je l'apporte. »

M. le Président. Qu'entendez-vous par ces mots : « tout le matériel est concentré dans Paris ? »

Huber. J'entendais que tout le mal, toute la cause du mal était à Paris ; que le remède s'y trouvait en même temps à côté du mal. Je voulais dire qu'il y a des masses qui souffrent et qui n'ont d'espoir que dans les améliorations. J'entendais encore que le pouvoir a également ses forces concentrées dans Paris. Il y a ses armes, le pouvoir, et le peuple a aussi les siennes ; le peuple s'en sert quand le peuple souffre.

M. le Président. Demandez aux ouvriers qui travaillent s'ils souffrent.

Huber. Ah ! si vous voulez engager avec moi une discussion sur ce point, je le veux bien.

M. le Président. Il ne s'agit pas d'engager une discussion ; mais toutes les fois que je vous entendrai proférer des paroles aussi incendiaires, je vous répondrai par un mot.

Huber. Vous m'interrompez, et vous ne voulez pas que je réponde.

M. le Président. Répondez à cette lettre et donnez des explications. Toute latitude vous est donnée à cet égard. Écoutez et répondez.

Huber. Oh ! j'écoute et j'entends bien.

M. le Président. On lit encore dans cette lettre :

« Le plan qu'on exige, je l'apporte. Songeons maintenant aux moyens d'exécution ; nous pouvons, si la circonstance l'exige, frapper le grand coup ; mais surtout réfléchissons bien, ne compromettons pas la sûreté du peuple par une témérité ; examinons la marche de la nouvelle Chambre, et si le peuple pouvait arriver à son bonheur moralement, épargnons l'effusion du sang, mais je le crois impossible ; l'aristocratie est trop corrompue. Je le dis à regret, il faut une révolution matérielle pour perfectionner la révolution morale. Le peuple a besoin de se débarrasser de tous ces vautours à figures humaines qui voudraient dévorer tout ce qui ne leur ressemble pas. Si par malheur nous succombons dans la lutte, nous subirons le sort du martyr, nous avalerons la ciguë jusqu'à la lie et nous mourrons tranquilles avec nos consciences, quelle que soit l'opinion que l'on aura de nous. Quant à nos co-religionnaires, il y a bien peu d'hommes purs ; ils prêchent la vertu et ne sont, pour la plupart, qu'égoïstes, ambitieux, intrigants et jongleurs politiques. »

M. le Président. Nous vous demandons quels rapports ont ces expressions avec cet ami, réfugié en Angleterre, dont il fallait faciliter la rentrée en France ?

Huber. Ce sont des phrases.

M. le Président. Ce sont des faits.

Huber. Où sont les faits ?

M. le Président. Les voici : « Songeons au moyen d'exécution. Nous pouvons frapper le grand coup. »

Huber. Le peuple est assez fort pour frapper le grand coup quand il voudra ; il suffit d'une parole du peuple pour faire trembler le pouvoir, s'il le voulait et si le pouvoir abusait de sa force.

M. le Président. Vous dites dans votre lettre : « il y a bien peu d'hommes

purs, ils ne sont la plupart qu'égoïstes, ambitieux et jongleurs politiques. »
Ici vous avez peut-être raison.

Huber. Quand j'ai parlé des jongleurs politiques, j'ai entendu parler de ces hommes que la police jette parmi nous pour nous espionner, je parlais de ce misérable mis parmi nous pour nous avilir. Je suis content que vous soyez de mon avis.

M. le Président. Quand je disais que j'étais de votre avis, je qualifiais de jongleurs politiques ceux qui mettent en avant des jeunes gens comme vous.

Huber. Comment cela?

M. le Président. Ce n'est pas à 23 ans, sans études préliminaires, que vous pouvez avoir raisonnablement la prétention d'apprendre à la France comment elle peut être gouvernée.

Huber. Jeunes encore, nous sentons le mal et nous cherchons les moyens d'y porter remède. Nous sommes livrés sans secours et sans garanties à la voracité des gens puissants....

M. le Président. Il s'agit pour vous d'expliquer, en ce moment, comment cette lettre pouvait s'appliquer au dessein formé de délivrer un ancien ami. La lettre se termine ainsi :

« Je le dis à regret, mais cependant cela existe, je les ai vu de trop près, et si, jusqu'à ce jour, nous avons conservé nos têtes, ce n'est pas par leur discrétion. Combien cette honorable demoiselle n'a-t-elle pas été en butte à leurs vociférations calomnieuses, et cependant elle est remplie de dévoûment; j'adore la république et j'abhorre les faux républicains. Je n'ai de l'espoir que dans le peuple, qui lui seul est pur, et j'espère qu'il profitera du triste exemple qu'il a reçu en juillet.

» Quant au peuple anglais, nous ne pouvons pas encore espérer sa délivrance, il est trop encroûté dans la fange de l'ignorance. J'en fus témoin, le jour que la petite reinette entra dans la cité, j'ai vu des vieillards et tout le peuple se prosterner devant cette poupée, disant : « Voilà notre messire. » O pauvre peuple!...

« Adieu, je vous en dirai davantage à un tête-à-tête; je vous attends, surtout prenez bien vos mesures. Puisse, pour le bonheur du peuple, la Providence nous protéger.

» Votre ami, STIEGLER. »

M. le Président. Avez-vous quelques explications à donner?

Huber. Non monsieur.

M. le Président. On lit sur votre carnet, et cela est écrit en chiffres, qu'il s'agit de tuer le tyran, capitan-pacha ignoble ; que signifient ces expressions?

Huber. C'est un mot qui m'est inconnu; j'espère que vous me l'expliquerez.

M. le Président donne lecture de la traduction des chiffres trouvés sur le carnet d'Huber.

D. Vous connaissez l'écrit trouvé chez Annat, chez lequel vous avez logé à votre voyage du mois de novembre?

La lettre est représentée à Huber qui la reconnaît.

M. le Président. Voici cette lettre :

« Le moyen de nous en servir, le voici : On louera un appartement dans les alentours de la Chambre des Députés, avec une écurie ou un endroit pour mettre du bois au rez-de-chaussée. C'est là que l'on placera le matériel des deux machines qui seront montées la veille de l'ouverture des Chambres, et quand le Roi sera arrivé à une certaine distance, l'on sort vivement les deux machines de la porte cochère pour foudroyer tout l'état-major et ce qui l'entoure. Je réponds du succès dans trois minutes. Pendant cette opération, deux hommes, placés sur un toit à une certaine distance de la Chambre, enverront des congrèves fabriquées par le même inventeur sur le toit de la Chambre des Députés, qui, dans cinq minutes, sera en feu. Ne me forcez pas à vous en dire davantage, car vous devez en connaître l'inconvénient. D'autres explications, je ne puis vous les donner ou vous les faire donner que de vive voix, et si vous désirez concourir à une pareille entreprise, daignez nous donner une réponse définitive, car la position dans laquelle je me trouve, ne me permet pas d'attendre plus longtemps; quoique vous paraissiez vous défier de moi, je ne compte pas moins sur votre prudence et votre discrétion. »

» Brûlez ce papier aussitôt *lu*. »

M. le Président. Expliquez le sens de cette lettre.

Huber. J'ai déjà expliqué par quelle circonstance cette lettre était venue entre mes mains et était écrite par moi, quoiqu'elle n'émanât pas de moi. J'ai expliqué qu'il était impossible de m'attribuer les opinions extrêmes qui y sont manifestées. J'ai écrit autre part une lettre qui prouve toute la confiance que j'avais dans les Députés pour détourner le pouvoir des mauvaises intentions que je supposais au pouvoir. Il me semble que cela ne peut guère se concilier avec les expressions de la lettre.

M. le Président. Ce n'est donc pas vous qui avez rédigé cela?

Huber. J'ai trouvé cette lettre au milieu des lettres qui m'avaient été confiées par Steuble. Je l'ai copiée et j'ai jeté l'original à la mer. Un témoin cité par M. le Procureur général vous dira que je l'ai jetée à la mer. On me dit dans la traversée que les lettres cachetées n'entraient pas en France. J'ai alors décacheté cette lettre et je l'ai copiée : j'ai jeté ensuite l'original à la mer.

M. le Procureur général. Ce témoin a-t-il vu la lettre avant que vous ne la jettiez à la mer?

Huber. Je ne sais pas.

Ce passage de l'interrogatoire est traduit à Steuble.

M. le Président, à Steuble. Est-ce vous qui avez rédigé cette lettre?

Steuble. Je déclare à M. le Président, à M. le Procureur général et à MM. les Jurés, que je ne connais pas un mot; une syllabe de cette lettre.

Huber. Demandez à Steuble s'il ne m'a pas remis un grand nombre de lettres, et si la veille du départ un étranger n'est pas venu dans sa chambre?

Steuble. Quand Huber est parti de Londres, je lui ai effectivement remis plusieurs lettres.

D. Y en avait-il une écrite en français? — R. Je crois qu'un de mes amis m'a effectivement remis une lettre cachetée; j'ignore ce qu'elle contenait.

M. le Président. Comment avez-vous pu, effrayé comme vous étiez en entrant en France, craignant d'y être arrêté, songer à copier cette lettre et à en garder la copie dans votre poche?

Huber. En entrant en France, comme dans une prison qui m'attendait, je ne voulais pas être porteur d'une lettre volumineuse. J'en ai fait une copie qui tenait peu de place, et comme cette lettre me paraissait suspecte, je voulais plus tard demander des explications à Steuble. C'était même là une de mes causes de brouille avec Steuble. Il ne m'avait pas donné des explications satisfaisantes sur plusieurs points.

M. le Président. MM. les Jurés apprécieront. Dans le brouillon de lettre adressée à Mademoiselle Grouvelle et rédigé par vous, on lit ce qui suit :

« Boulogne, 9 décembre 1837.

» Amie ,

» Il faut avouer que le sort se joue bien de moi ! Par une fatalité extraordinaire, hier au soir, en rentrant, j'étais privé de mon portefeuille. Je venais du port pour voir si A. ne débarquait pas d'un bateau à vapeur qui venait d'arriver de Londres. Me trouvant dans la foule, je ne sais s'il m'a été volé, ou s'il est tombé de ma poche. Cela me met dans la plus grande inquiétude , car il contenait mon arrêt de la Cour d'assises et les détails de ma tentative d'évasion de Clairvaux; de plus, une lettre à notre ami dans laquelle je lui parlais assez ouvertement de notre entreprise. Je ne sais s'il est tombé entre les mains d'un honnête homme; je le désire, car en voyant le contenu , il ne l'aura pas porté à la police. Il est très-dangereux pour moi de rester dans cet hôtel , mais je ne peux pas le quitter avant que l'argent ne soit arrivé pour payer ce que je dois. Dans tous les cas, méfiez-vous et cachez C. H. A. Si, par malheur, j'étais arrêté , cela ne doit pas vous empêcher de continuer. »

M. le Président. Qu'entendez-vous par ces mots : « Cela ne doit pas vous empêcher de continuer. »

Huber. Je craignais que mademoiselle Grouvelle, qui avait secouru tant de malheureux, ne vînt à se décourager. Le commissaire de police m'a empêché de continuer la phrase. Je ne voulais pas dire autre chose, j'étais l'intermédiaire entre les malheureux qu'elle secourait et elle.

Mᵉ Teste demande communication de l'original de ce brouillon. « Les copies que nous en avons sont diverses , dit-il, et j'ai besoin de me fixer. »

L'audience est suspendue pendant une demi-heure; elle est reprise à deux heures.

M. Wenger traduit pour Steuble l'interrogatoire d'Huber.

M. le Président. Nous avons déjà dit à MM. les Jurés qu'à côté des chiffres il y avait sur le carnet perdu par Huber des phrases au crayon. On est parvenu à lire ces phrases; nous ne ferons pas d'expertise pour savoir si on a bien lu; MM. les Jurés auront cette pièce, ils l'examineront ainsi que les défenseurs.

M. le Président, à Huber. Les passages que nous avons lus ne sont pas des chiffres, ils sont écrits au crayon; pouvez-vous les expliquer? — R. Je répondrai quand MM. les Jurés les auront vus.

D. Leur opinion ne sera connue que par leur décision, vous avez intérêt à vous expliquer maintenant. — R. Quand on aura examiné les chiffres.

D. Je vais vous faire passer le carnet; du reste, dans l'instruction, vous avez dit que vous croyiez remarquer les phrases que le juge d'instruction vous montrait. — R. J'ai dit que je croyais voir des mots, mais pas les phrases en question.

M. le Président, à la demoiselle Grouvelle. Vous avez écrit depuis une lettre à Huber, qui a été mise à la poste par Annat : que contenait-elle? — R. Elle contenait de l'argent que j'envoyais à Londres à Huber.

D. Combien? — R. Quarante francs.

D. Vous savez que l'accusation prétend que les chiffres qui se trouvent sur le carnet d'Huber, sont la traduction d'une lettre que vous auriez reçue au sujet du complot. L'avez-vous reçue cette lettre? — R. Je n'ai jamais reçu de lettre d'Huber en chiffres. Mes correspondances sont bien simples : ou ce sont tout simplement des correspondances indifférentes avec mes amis dont je désire conserver l'amitié, ou il s'agit de lettres pour des secours. Oh ! je vous le déclare, il n'y a rien de secret dans ma correspondance.

D. Dans le système de l'accusation, vous auriez eu le plus grand intérêt à vous servir de chiffres pour correspondre, parce que vous aviez à faire confidence des faits relatifs au complot. — R. Je ne suis pas ici pour justifier l'accusation, mais pour dire à MM. les Jurés toute la vérité.

D. N'est-ce pas vous qui avez conduit Steuble chez Giraud? — R. Oui, Monsieur; je vais m'expliquer : Steuble vint me voir avec Clopel; il me dit qu'il n'avait pas d'argent. J'eus alors la pensée de demander à Giraud de les recevoir, parce que, dans une maison particulière, je pensais qu'on leur demanderait moins d'argent que dans une auberge. J'écrivis à Giraud de venir me voir; je lui demandai s'il pouvait recevoir deux patriotes pour quelques jours seulement; il fit donner des soins empressés à Steuble, qui était malade. Steuble reçut, en outre, des visites d'un médecin qui a même été arrêté pour cela, ce qui m'a fait beaucoup de peine. Je l'allai voir souvent moi-même et lui portai souvent ce dont il avait besoin. Quand il fut remis, il vint me revoir avec Clopel, il me parla des machines dont il espérait beaucoup pour son avenir. Il me dit qu'il voulait quitter la France, et moi qui ne suis pas un grand inquisiteur, ce que l'on me dit je le crois. Il me demanda ce que l'on m'avait dit de lui, qu'il était certain que l'on l'avait calomnié; que l'on lui avait volé ses plans : je me suis engagée à les lui faire rendre. Mon frère devait partir incessamment pour Londres, et je comptais sur lui. Huber revint à la fin de novembre; je lui dis que Steuble se plaignait de lui, je lui demandai s'il avait pris ses plans; il me répondit que oui, et, alors, j'insistai pour qu'il fût les rendre à Steuble, qui était parti. « Mais, dans ce voyage, je pourrai être arrêté. — Quand même vous pourriez être arrêté, lui répondis-je, il faut y aller. Il paraît que de ces plans dépendent son avenir, et il ne faut pas que l'on puisse vous reprocher de les lui avoir volés. »

Mademoiselle Grouvelle déclare qu'elle n'en sait pas plus long que ne lui en a dit Huber, et qu'elle a cru qu'il avait des affaires à Londres.

Interrogée sur le dépôt de ses papiers chez la demoiselle Hergaland, l'accusée déclare qu'elle ne garde jamais de papiers chez elle. Elle invoque, à cet égard, le témoignage de M. Vassal, commissaire de police, qui a fait chez elle de nombreuses perquisitions sans y jamais rien trouver. Elle défie, au reste, qu'on trouve dans tous les papiers saisis et qui lui appartiennent, un mot relatif au prétendu complot d'Huber. « Les patriotes, dit-elle, font bien de ne pas laisser de papiers chez eux. » Elle déclare avoir eu de courts entretiens avec Steuble. Elle conférait avec lui avec un peu de français, quelques mots d'allemand, d'anglais et même de russe. Elle déclare qu'elle a envoyé 40 fr. à Huber à Boulogne.

M. le Président. Vous avez su qu'il apportait des plans.

Mademoiselle Grouvelle. Je n'ai pu le savoir, puisque j'ai été arrêtée. Il me l'a dit depuis que j'ai pu le voir.

M. le Président. Steuble vous a-t-il dit qu'Huber apportait des plans ?

Mademoiselle Grouvelle. Steuble me dit que ces plans étaient un secret.

M. le Président. Vous avez constamment refusé de répondre dans l'instruction.

Mademoiselle Grouvelle. C'est après six semaines de secret que M. Jourdain a daigné me dire de quoi j'étais accusée. J'ai trouvé l'accusation tellement ridicule, que j'ai refusé de répondre.

M. le Président. Si vos réponses devaient faire disparaître l'accusation, il fallait répondre.

Mademoiselle Grouvelle. On ne m'a rien communiqué, rien représenté. Je n'ai rien vu de toutes ces pièces dont vous parlez depuis plusieurs jours. Je n'ai pas même vu ce plan dont vous parlez.

M. le Président donne lecture des interrogatoires de mademoiselle Grouvelle. Elle s'est toujours renfermée dans le silence le plus absolu. « Si vous aviez donné des réponses simples et naturelles, comme celles que vous avez données ici, peut-être n'auriez-vous pas même été mise en accusation. »

Mademoiselle Grouvelle. Eh ! mon Dieu, M. Leproux a répondu, ses réponses ont été simples, naturelles : il n'en a pas moins été retenu en prison et traduit en Cour d'assises.

M. le Président. Votre silence, votre refus de vous expliquer, n'a peut-être pas peu contribué à prolonger la captivité de M. Leproux.

M. le Procureur général. Dans la lettre qui vous est adressée de Boulogne par Huber, il est question d'entreprises commencées et qu'on vous engage à continuer.

Mademoiselle Grouvelle. Il ne s'agissait que de secours à donner à des malheureux, des réfugiés auxquels il fallait donner les moyens de passer la frontière. J'étais occupée à tout cela toute l'année.

M. le Président. Votre position dans l'affaire a besoin d'explication. Expliquez à MM. les Jurés comment vous avez été ainsi arrachée à toutes les habitudes auxquelles les femmes se vouent ordinairement.

Mademoiselle Grouvelle. Mon avocat, M⁰ Favre, répondra pour moi. Il vous dira que j'ai voué ma vie à des actes de bienfaisance, et, s'ils m'ont amenée ici, ce n'est pas ma faute ; ensuite, je ne vois pas que ce soit pour ma honte.

M. le Président. Il est certain toujours que cette position a quelque chose d'extraordinaire.

Mademoiselle Grouvelle. S'il y a dans ma position quelque chose d'extraordinaire, ce n'est pas pour moi.

M. le Président. Je vais procéder à l'interrogatoire d'Annat. Annat, vous avez été condamné, en 1832, à cinq ans de réclusion. Votre peine a été commuée en cinq ans de prison. Enfin, vous avez été gracié le 28 août 1836. — R. Cela est vrai.

D. Lorsque l'on s'est présenté à votre domicile, on a trouvé dans vos papiers l'écrit que vous connaissez, qui commence par ces mots : *Le moyen de nous en servir.* (Le texte en a été donné plus haut.) — R. Je ne connais pas ce papier.

D. Il a été trouvé chez vous. — R. Je ne savais pas qu'il y fût.

D. On vous a dit qu'il était de l'écriture d'Huber ? — R. Je ne pouvais rien répondre à cet égard, car je ne connaissais pas l'écriture d'Huber.

D. On vous a demandé si Huber avait logé chez vous, vous avez nié cette circonstance. — R. J'ai répondu que je ne répondrais pas.

D. C'est cette pièce, c'est votre refus de vous expliquer sur le domicile d'Huber, et cette autre circonstance que vous auriez mis à la poste une lettre chargée pour Londres à l'adresse d'Huber, qui ont motivé les poursuites dont vous avez été l'objet ; convenez-vous de ce dernier fait ?—R. Je le reconnais.

D. Vos relations avec Vincent Giraud vous étaient aussi reprochées par l'accusation ? — R. Je connaissais très-peu Giraud, je l'ai vu seulement quelquefois chez mademoiselle Grouvelle.

D. L'écrit qui avait rapport à l'usage à faire de la machine se trouvait dans un meuble de votre chambre. Comment se peut-il faire que vous ne le connaissiez pas? — R. Je n'y regardais pas dans cette commode, elle contenait de vieux draps et d'anciens livres de commerce dont je n'avais pas besoin.

D. Huber ne vous avait-il jamais dit pourquoi il faisait des voyages? — R. Non, Monsieur.

D. Pourquoi avez-vous nié toutes les circonstances dans l'accusation? — R. Je n'ai pas nié, j'ai cessé de répondre.

D. Pourquoi? — R. Si j'avais fait comme cela autrefois, je n'aurais pas été condamné à cinq ans de réclusion. A chaque instant, la police vient m'inquiéter. Meunier tire sur le Roi, perquisition le jour même. Depuis, on en a fait chez moi une foule. Chaque fois qu'il y avait du bruit, on m'a donné l'ordre de quitter Paris sous trois jours.

M. le Procureur général, à Annat. Vous êtes ouvrier corroyeur, n'est-ce pas?

Annat. Oui, Monsieur.

M. le Procureur général. N'avez-vous pas dû faire un voyage en Angleterre?

Annat. Non, Monsieur.

M. le Procureur général. Huber, quel était l'ami dont il est question dans la lettre sur le carnet et qui devait venir cambrer?

Huber. Je n'attendais pas d'ami; je ne sais pas ce que vous voulez dire.

M. le Président. Accusé Leproux, levez-vous. (Mouvement général d'attention.)

M⁰ Pouget. M⁰ Teste, défenseur de Leproux, vient de se trouver indisposé, il a quitté l'audience; je prie M. le Président de vouloir bien remettre à demain l'interrogatoire de l'accusé.

M. le Président. Il n'est que trois heures un quart, et cela nous fera perdre un temps précieux.

M⁰ Ferdinand Barrot. M. le Président ne pourrait-il pas interroger aujourd'hui les autres accusés dont les interrogatoires doivent rouler sur des faits indépendants de Leproux.

M. le Président. Je n'ai pas préparé les pièces relatives à ces accusés.

M⁰ Arago. Il me semble que j'ai entendu dire tout-à-l'heure que Giraud était malade.

M⁰ Leblond, défenseur de Giraud. Giraud est souffrant, et peut-être la prudence demanderait-elle que l'audience fût remise à demain.

M. le Président. L'audience est remise à demain dix heures.

Audience du 15 mai.

A dix heures et demie, l'audience est ouverte. Les accusés sont introduits. Leproux occupe la première place du banc, à côté de mademoiselle Grouvelle.

M. le Président. Les lettres déposées par M. Simonnin dans l'une des dernières audiences ont été traduites par M. Ungher. Ce sont des lettres écrites tant au juge d'instruction qu'à l'interprète, M. Simonnin : elles sont entre les mains du greffier qui les tient à la disposition de la défense.

M. le Président. Accusé Leproux, levez-vous. Après avoir été élevé à Saint-Acheul, vous êtes venu faire votre droit à Paris, en 1827. Vous étiez encore dans la capitale en 1830; au mois de juillet, vous avez été rappelé dans votre famille à Vervins. Une lettre de M. Sébastiani, produite dans l'instruction, prouve que vous avez demandé et obtenu une place dans la diplomatie. Vous avez été nommé secrétaire de la légation française en Belgique; avez-vous pris possession de ce poste? — R. Non, Monsieur.

D. Pourquoi? — Parce que cette carrière n'entrait pas dans mes vues.

D. Vous êtes revenu à Paris en 1832, vous y avez prêté votre serment d'avocat; ce serment, vous l'avez renouvelé en 1834, à Vervins, où vous avez été admis au stage. A cette époque, vous avez été attaché au parquet de M. le Procureur du Roi? — R. Tout cela est vrai.

D. A quelle époque ont commencé vos relations avec la famille Grouvelle? — R. En février ou mars 1834.

D. Qui vous a mis en relation avec cette famille, n'est-ce pas Guinard? — R. Oui, Monsieur.

D. Guinard était membre de la Société des droits de l'homme; il a été compromis dans le complot d'avril, et condamné à la déportation; il est au nombre des réfugiés. Où l'avez-vous connu? — R. Je l'ai connu à table d'hôte où je prenais mes repas.

D. Pourquoi vous a-t-il conduit chez mademoiselle Grouvelle? — R. Il y avait souvent, pendant le dîner, des discussions sur la fabrication du sucre, et c'est à cette occasion que Guinard voulut me mettre en relation avec mademoiselle Grouvelle.

D. Est-ce qu'en 1834 vous vous étiez déjà occupé de la fabrication du sucre? — R. Je n'avais encore fait que des projets.

D. Dans votre interrogatoire, vous avez dit qu'il y avait une association entre vous et une autre personne pour l'exploitation d'une fabrique de sucre, quelle est cette personne? — R. C'est M. Busson.

D. Il résulte des lettres jointes aux pièces de l'instruction que ce projet remonte seulement au mois de mai 1837? — R. Il y avait bien longtemps que j'avais fait le projet en question; mais il n'avait pas été mis à exécution.

D. C'était là le seul motif de votre liaison? — R. Oui, Monsieur.

D. Ce n'est pas là la première déclaration que vous avez faite. Vous avez déclaré que c'était à l'occasion d'un fait politique que vous avez fait la connaissance de mademoiselle Grouvelle. Vous avez reconnu qu'à cette époque vous aviez des idées très-avancées dans la politique; que vous étiez en rapport avec des républicains; vous avez dit que, depuis, vous aviez changé. — R. J'ai expliqué la modification que mes opinions avaient subie. J'ai dit qu'il y avait des différences entre mon exaltation d'autrefois et mes opinions d'aujourd'hui.

D. Vos relations ont continué, pourquoi? R. La raison en est bien simple, je désirais que mademoiselle Grouvelle fût chargée de faire exécuter les mécaniques de notre fabrique. Malheureusement je tombai malade, et c'est mon oncle qui dirigea tout et fit tout exécuter. Ma correspondance avec mademoiselle Grouvelle continua toujours, il n'y avait pas de raison pour qu'il en fût autrement, et je ne vois pas pourquoi je ne la continuerais pas par la suite.

D. Il résulte de l'instruction que ce n'est qu'en février 1836 que l'on a commencé à s'occuper de la fabrication du sucre, et que vous y êtes resté constamment étranger; ce qui le prouverait, c'est que, dans aucun des actes, il n'est question de vous. — R. Cela s'explique très-bien ; mon père désirait que j'entrasse dans la magistrature, et il ne voulait pas que mon nom figurât dans des actes de société. Mon oncle a pris la moitié de la propriété, mais je n'en étais pas moins propriétaire de la fabrique par partie.

D. C'est votre oncle, M. Fouquet d'Herouel, qui a dirigé tous les travaux, et vous ne vous êtes jamais rendu à la fabrique que comme but de promenade. — R. C'est là une erreur, les témoins qui ont été cités le prouveront ; il est possible que, dans les derniers temps, je m'en sois moins occupé, eu égard à mes nouvelles fonctions.

D. Remarquez qu'il ne s'agirait que d'une année, puisque c'est au mois de décembre 1836 que vous avez été nommé juge suppléant, et que c'est un an après que vous avez été arrêté. — R. Si l'on avait voulu lire la déposition de mon oncle, faite le lendemain même du jour où je suis entré à la Conciergerie, on aurait vu que je ne suis pas, ainsi qu'on l'a dit, un étranger à la fabrique.

D. Monsieur votre oncle n'a pas été appelé par l'accusation, comme vous ne l'avez pas fait appeler non plus ; il sera, si vous le désirez, donné lecture de sa déposition. M. votre oncle a un caractère honorable que personne ne veut attaquer. La fabrique organisée et dirigée par M. votre oncle, votre correspondance n'en a pas moins continué avec mademoiselle Grouvelle. — R. Non pas avec mademoiselle Grouvelle, mais avec M. Grouvelle.

D. Est-ce que vous n'avez pas écrit à mademoiselle Grouvelle ? — R. Quelquefois, par hasard, mais ce n'était pas là une correspondance.

D. A quoi avait rapport cette correspondance. — R. Il s'occupait d'une industrie qui avait rapport à la mienne ; je le consultais sur les améliorations qu'on pouvait apporter à la fabrication ; je lui confiais ce qui me semblait défectueux.

D. N'avez-vous pas reçu des lettres de mademoiselle Grouvelle, où elle vous demandait de l'argent ? — R. Non, Monsieur, jamais.

D. Vous l'avez dit cependant dans l'instruction. — R. Ce serait une erreur de ma part.

D. Je vais vous lire votre interrogatoire. (M. le Président donne lecture d'une partie de l'interrogatoire de Leproux, d'où il résulte qu'il serait convenu d'avoir reçu des lettres contenant des demandes d'argent.) R. Je le répète, jamais M. ni mademoiselle Grouvelle ne m'ont demandé d'argent pour leurs affaires. La seule lettre de ce genre que j'ai reçue est celle qui m'a été remise par une personne qui a passé à Vervins. Du reste, je ne nie pas en avoir reçu d'autres ; elles étaient relatives à des services que l'on réclamait de moi. Je me suis toujours associé de grand cœur aux bonnes œuvres que faisait mademoiselle Grouvelle.

D. Comment se fait-il que vous ayez été aussi affirmatif dans votre interrogatoire ? — R. Vous comprendrez, et MM. les Jurés comprendront très-bien que j'aie pu commettre des erreurs, obligé que j'étais de remonter dans ma mémoire à une époque très-éloignée, d'embrasser tous les faits et la correspondance d'une période de plus de quatre années.

D. Vous avez, au mois d'août 1837, reçu la visite d'une personne ? — R. Oui, Monsieur, et je sais maintenant que cette personne est Huber.

D. Il vous a remis une lettre ; de qui était-elle ? — R. De mademoiselle Grouvelle.

D. Que contenait cette lettre ? — R. Elle me recommandait d'être utile à celui qui en était porteur.

D. La personne a dû vous expliquer le motif de son voyage. — R. Non, Monsieur, je ne l'ai vue qu'un instant, au moment où j'étais en train de m'habiller pour aller au bal. Je lui ai remis 20 francs, et puis, je crois, l'adresse d'un fabricant.

D. Vous deviez savoir que cette personne allait en Angleterre; dès-lors elle n'avait pas besoin d'ouvrage et d'indication de maîtres. — R. Non, Monsieur.

D. Plus tard, au mois d'octobre, vous êtes venu à Paris? — R. Oui, Monsieur.

D. Vous y avez revu mademoiselle Grouvelle. — R. Oui, j'ai vu son frère; je lui ai demandé de venir à Vervins pour divers changements que je voulais faire dans ma fabrique.

D. Dans votre interrogatoire vous dites que c'est lui qui vous a demandé à venir à Vervins. — R. Je ne le crois pas; mais cela est possible : il avait, je crois, un projet de voyage en Belgique; je lui aurai peut-être dit de passer par Vervins plutôt que par toute autre ville.

M. le Président, à mademoiselle Grouvelle. La lettre saisie dans le portefeuille d'Huber portait-elle sur l'adresse : à M. Leproux, fabricant de sucre, ou bien... juge suppléant? — R. Il est possible qu'il y ait eu l'un ou l'autre, puisqu'il était les deux.

M. le Président, à Huber. Qu'y avait-il sur la lettre? — R. Il y avait juge suppléant, à Vervins.

M. le Président, à Leproux. A Paris, vous a-t-on demandé de l'argent? — R. Jamais.

D. Cela résulte cependant de votre déclaration.

Leproux, avec vivacité. C'est un mensonge si j'ai dit cela; jamais M. Grouvelle, jamais mademoiselle Grouvelle ne m'ont demandé d'argent; si j'ai parlé d'argent, c'est à propos des travaux que je voulais faire faire à la fabrique lorsque nous aurions réalisé des bénéfices.

D. Lorsque vous êtes retourné à Vervins, ne vous a-t-on pas écrit, toujours pour vous demander de l'argent? — R. Non, Monsieur, si j'ai dit cela, encore une fois, je me suis trompé; tout ce que l'on me reproche vient de moi; tout cela ne touche pas au complot.

Leproux entre dans des détails sur les saisies faites chez lui, et sur ce que les recherches faites présentèrent, selon lui, de minutieusement ridicule. On alla jusqu'à saisir et mettre religieusement sous les scellés, des lettres de Morey, et c'est en vain que l'on protesta qu'il s'agissait d'un fabricant de toile, fort connu à Vervins, membre du conseil municipal, et qui n'avait rien de commun avec l'accusation.

M. le Président. Cette saisie n'est pas aussi ridicule, en effet, qu'elle peut le paraître au premier coup d'œil; on connaît les sympathies de l'accusée Grouvelle pour Morey; on pouvait penser, et l'accusation pense que vous partagiez ces sympathies. Le nom de Morey avait donc pu exciter l'attention.

D. Votre correspondance avec mademoiselle Grouvelle avait été fort suivie; cependant on n'a rien trouvé chez vous. — R. Voulez-vous dire ma correspondance avec M. Grouvelle? On veut toujours....

M. le Président. Je ne veux rien.

Leproux. Ce n'est pas vous, c'est l'accusation. C'était toujours avec M. Grouvelle que je correspondais; et si quelquefois par hasard mademoiselle Grouvelle m'écrivait, elle avait soin de noter que c'était pour son frère absent.

M. le Président, à Huber. Qui a mis l'adresse de M. Leproux sur la lettre?

Huber. Elle était sans adresse, elle était même sans date; c'était un brouillon.

M. le Président. C'est le 8 décembre au soir, que le douanier a trouvé votre portefeuille.

Huber. On l'a trouvé, ou on me l'a volé.

M. le Président. Qui aurait pu mettre sur cette lettre l'adresse de M. Leproux, à Vervins.

Huber. Quelqu'un qui était intéressé à compromettre M. Leproux.

M. le Président. Qui connaissait Leproux, à Boulogne?

Huber. Des personnes, sans doute, qui le connaissaient mieux que moi.

M. le Président. La première chose que vous vous êtes empressé de nier, de ne pas reconnaître, c'était la lettre à Leproux.

Huber. Je l'ai méconnue parce qu'il y avait l'adresse de M. Leproux dessus. Cette adresse n'y était pas quand le portefeuille a été perdu par moi ou m'a été volé.

M. le Président. C'est le point de la discussion; j'admets pour le moment votre explication.

Huber. C'est la vérité; je n'ai pas reconnu la lettre parce qu'elle portait une adresse que je n'y avais pas mise.

M. le Président. C'est le douanier Pochet qui a trouvé la lettre; il l'a fait voir à des brigadiers de douanes qui ont vu qu'elle portait l'adresse de Leproux.

M. le Président donne une nouvelle lecture de la lettre d'Huber à Leproux. Huber soutient qu'elle n'était pas adressée à ce dernier, et que Leproux ignorait son voyage. Un nouveau débat est engagé sur le sens de cette lettre. Huber reproduit les explications qu'il a données hier. Il déclare que l'entreprise dont il est question dans la lettre avait pour but de faire rentrer un réfugié en France.

M. le Président. Je ne puis comprendre pourquoi tout ce matériel, ce grand coup à frapper, le martyre à supporter, la ciguë à boire, etc., pourquoi tout cela était nécessaire pour faire rentrer un réfugié en France.

Huber. Si M. le Président ne comprend pas le dévoûment, je ne peux pas le lui apprendre.

M. le Président. Le dévoûment qu'on déploie pour sauver un ami n'a pas besoin de tout ce matériel, de tout ce déploiement de moyens. Mais l'accusation explique cela autrement lorsqu'elle rappelle que vous avez été compromis dans le complot de Neuilly; qu'il s'agissait pour vous et vos complices de jeter un baril de poudre dans une voiture pour tuer une famille toute entière.

Huber. Je n'ai pas été condamné pour cela, et d'ailleurs le complot de Neuilly n'est pas encore jugé.

M. le Président. Vous avez été condamné.

Huber. Le fait principal de l'accusation a été effacé par le jury. Il est constant que nous n'avons été condamnés que pour nos opinions politiques.

M. le Président. Vous avez été condamné pour complot non exécuté et avec des circonstances atténuantes. Le jury a pris en considération votre jeunesse et la facilité avec laquelle, sans doute, vous avez cédé aux conseils perfides de gens qui vous mettent en avant pour vous abandonner ensuite.

Me Arago. Puisqu'on vient entretenir MM. les Jurés des souvenirs du complot de Neuilly, qu'il me soit permis de rappeler à M. le Président que toutes les règles de la justice et de la jurisprudence sont violées dès l'instant qu'on rappelle devant une Cour d'assises une affaire définitivement effacée par une amnistie. L'amnistie, disent toutes les lois, tous les arrêts, efface jusqu'au souvenir de l'accusation. Je ne reculerai cependant pas devant ce souvenir, mais je tâcherai de faire comprendre, si je le puis, à M. le Procureur général, qu'il n'est pas permis de rappeler une accusation qui a été couverte par l'amnistie.

M. Franck-Carré, procureur général : Je ferai d'abord remarquer à Me Arago que son observation est à peu près inconvenante ; qu'il ne lui appartient pas de nous donner des leçons, et qu'il a peut-être encore besoin d'en recevoir. L'amnistie fait disparaître la condamnation, mais la faute reste, la condamnation reste. Cela est si vrai que, si l'amnistié se rend coupable d'un nouveau crime, la peine de la récidive lui est appliquée.

Me Favre, vivement : C'est une erreur.

Me Arago. C'est une erreur très-grave, et puisque M. le Procureur général pense que j'ai besoin de leçons, et veut m'en donner, je le rappellerai à mon tour aux vrais principes qu'il a positivement méconnus.

M. le Président. Il ne s'agit ici que de constater des faits, que de chercher la vérité des faits ; tous nos efforts doivent y tendre : or, il n'y a pas d'amnistie qui puisse faire disparaître un fait. Un fait est matériel, il est despote, rien ne peut empêcher qu'il ait existé, sauf à l'apprécier.

Me Arago. Je demande....

M. le Président. Assez, Me Arago, je vous retire la parole.

Me Arago. MM. les Jurés apprécieront pourquoi je ne continue pas.

M. le Président. Oui, MM. les Jurés apprécieront.

Me Arago. Le mot de leçons à donner n'a pas été prononcé par moi le premier.

M. le Président. En voilà assez.

M. le Président reprend l'interrogatoire de Leproux, qui persiste à soutenir qu'il n'a jamais eu de correspondance avec Huber.

Mademoiselle Grouvelle, interrogée à son tour sur la lettre d'Huber à Leproux, déclare qu'elle pense que cette lettre était toute politique, n'avait d'autre but que des communications politiques en général, et en particulier, le désir de faire rentrer en France un réfugié politique. « Nous nous occupons toujours de politique, dit-elle ; nous ne nous occupons que de cela. »

M. le Président. Mais pour parler politique, pour s'occuper de politique et faire trouver à un réfugié, auquel on s'intéresse, les moyens de rentrer en France, il est inutile de parler du martyre, d'avoir l'air de se dévouer à la mort, de dire qu'on boira la ciguë jusqu'à la lie, etc.

Mademoiselle Grouvelle. Quand nous nous occupons de politique, que nous suivons la marche des événements, que nous nous entretenons des souffrances du peuple, du moyen de le soulager, nous nous disons : Si le peuple vient à se lever, nous serons là pour seconder ses efforts, et alors par conséquent, si nous sommes victimes, nous pourrons (comment appelez-vous cela ?) boire la ciguë jusqu'à la lie.

M. le Président, à Leproux : Ainsi, vous ne connaissez pas la lettre, et vous soutenez qu'elle ne vous était pas destinée ?

Leproux. Je le soutiens. Je ne la connais même pas ; on m'a lu la lettre, mais on ne me l'a jamais montrée ; je n'ai pas vu l'adresse.

M. le Président. Il est établi par l'instruction que l'usage de mademoiselle Grouvelle, pour les lettres politiques, est de ne pas mettre l'adresse elle-même. Donc, Huber a bien pu faire mettre l'adresse de la lettre par une main tierce.

M⁰ Teste. Je ne comprends pas le raisonnement. Mademoiselle Grouvelle, dit M. le Président, a pour habitude de ne pas mettre elle-même l'adresse de ses lettres; donc, Huber n'a pas mis l'adresse lui-même, je ne comprends pas la conséquence tirée des prémisses.

M. le Président. J'ai voulu dire : Donc, les prévenus politiques ont l'habitude, pour échapper à une surveillance qu'ils redoutent, de ne pas mettre eux-mêmes l'adresse de leurs lettres.

Depuis l'ouverture des débats on a saisi à l'hôtel de la Poste, à Mons, une lettre que voici. Cette lettre m'a été envoyée de Mons, sous enveloppe. En la recevant j'ai présenté le paquet cacheté aux deux accusés Leproux et Huber; ils ont refusé de parapher l'enveloppe.

Huber. C'est parce qu'on a refusé de nous en faire connaître le contenu.

M. le Président. Il existe à l'hôtel de la Poste, à Mons, un tableau fermé par des vitraux; le maître de l'hôtel a l'habitude de placer dans ce tableau vitré les lettres adressées à son hôtel. Dans le courant de l'hiver dernier, quelque temps avant les grands froids, une lettre a été remise à l'hôtel de la Poste par un inconnu. Cette lettre est restée dans le tableau jusqu'au 1ᵉʳ mai, jour où elle a été saisie, en vertu d'une ordonnance que nous avons rendue. Voici cette lettre; c'est principalement sur l'adresse que nous appelons l'attention de MM. les Jurés. Elle porte : « A M. Stiegler, venant de Londres (Stiegler, c'est Huber), ou à M. Leproux, de Vervins. » Cette lettre semble établir une espèce de relation entre Huber et vous, et Huber, sous son nom de Stiegler.

Leproux. Je n'ai à répondre qu'une chose, c'est que je ne connais pas Stiegler, et que je ne puis rien dire.

M. le Président. Voici un individu qui a adressé une lettre de Londres à Stiegler, c'est-à-dire à Huber, sous le nom de Stiegler. Cet individu savait qu'Huber venait de Londres, qu'il devait passer par Mons; il savait encore que Leproux était lié avec Stiegler, c'est-à-dire Huber; cela est assez difficile à expliquer autrement que dans le sens de l'accusation. (*A Huber.*) Vous deviez arriver par la Belgique, Souillard le savait.

Huber. Il est vrai que je devais venir par la Belgique, mais Souillard ne le savait pas; j'étais brouillé avec lui.

M. le Président. Voici ce que contient la lettre :

« Si tu arrives ici, viens de suite me trouver à l'auberge du Grand-Cerf, où je « suis logé depuis deux jours.

» Tu vas être bien étonné de la décision que j'ai prise de te rejoindre.

» J'ai reçu mon argent de M..., une demi heure après ton départ.

» Je me suis mis en route lundi matin pour Douvres.

» Demain, si tu n'es pas arrivé, je retourne à Lille, où je t'attendrai plusieurs » jours à cette adresse :

» M. Brun, facteur de pianos, rue de la Grande-Chaussée, maison de M. Blan- » quart, marchand de draps.

» Dépêche-toi.

» Signé ADOLPHE.
» 5, Carlisle-Stret.

» (Adresse de la lettre) A M. Stiegler, venant de Londres, ou à M. J. Leproux, » de Vervins; Hôtel des Pays-Bas (Mons). »

M. le Président. Cette lettre est signée Adolphe, et Adolphe est le prénom de Souillard. Nous avons soumis cette lettre à deux experts écrivains, et, pour terme de comparaison, nous leur avons soumis une lettre de Souillard ; l'avis des experts a été que cette écriture pouvait être attribuée à Souillard.

Huber. Tout cela est du grec ou du latin pour moi.

M. le Président. Elle a été remise par quelqu'un à Mons, à l'hôtel de la Poste (*A Leproux*). L'accusation se fondant sur vos relations avec Huber, avec des personnes compromises pour leurs opinions, avec la famille Grouvelle ; l'accusation se fondant ensuite sur cette circonstance que vous avez reçu de mademoiselle Grouvelle des lettres portant demandes d'argent nécessaire pour l'entreprise dont il s'agit ; l'accusation se fondant enfin sur la lettre qui est adressée à Mons, et dont l'adresse semble vous unir à Stiegler et Huber ; vous considère comme coupable du complot ; avez-vous des explications à donner ?

Leproux. J'ai tout dit ; j'espère que les débats établiront jusqu'à l'évidence que j'y suis entièrement étranger.

Me Teste. Puisque l'on a présenté à MM. les Jurés l'incident de la lettre trouvée à Mons, je demanderai la permission d'appeler l'attention sur cette procédure que j'appellerai exotique..... La lettre ne peut apparaître à MM. les Jurés que dans ce cadre où elle était depuis le commencement de décembre. Or, il est certain que cette lettre est restée dans ce cadre pendant les mois de décembre, janvier, février, etc., jusqu'à ce jour, et Leproux était en prison depuis le mois de décembre. Je demande la lecture du procès-verbal dressé par l'autorité du lieu qui a procédé à la saisie de cette lettre.

Lecture est donnée de ce procès-verbal, daté du 2 mai, qui constate que la lettre a été déposée à Mons par un inconnu qui a déclaré qu'elle serait réclamée par une personne qui traverserait Mons en poste. L'hôtelier François déclare dans ce procès-verbal que la lettre lui a été remise avec les grands froids qui ont eu lieu en janvier ; elle n'a pas bougé un seul instant du cadre sous verre où elle a été placée.

L'audience est suspendue pendant une demi-heure.

M. le Président interroge Vincent Giraud : Vous vous dites commis marchand ? — R. Oui, Monsieur.

D. Cependant vous n'avez pas d'occupation. — R. Je relevais d'une longue maladie au moment de mon arrestation.

D. Vous avez dit que vous travailliez de côté et d'autre ; vous paraissiez n'avoir pas d'occupation fixe. — R. Je n'en avais pas au moment de mon arrestation.

D. Vous avez été à l'enterrement de la sœur de Robespierre ? Vous aviez reçu un billet ? — R. Cela est vrai ; c'est un fait. Je ne vois pas de mal à cela.

D. Vous avez reçu au mois de novembre 1837, Steuble et Kluppel. — R. Oui.

D. Vous ne les connaissiez pas ; c'est mademoiselle Grouvelle qui vous les avait présentés ? — R. C'est vrai.

D. Vous aviez refusé de répondre là-dessus dans vos interrogatoires. — R. Il était de mon honneur de ne pas répondre.

D. Cependant il ne s'agissait que d'une affaire toute simple selon vous. Vous pouviez bien nommer mademoiselle Grouvelle. — R. On exerçait des persécutions contre elle, comme contre tous les patriotes. Il était de mon honneur de ne pas la compromettre.

(88)

M. le Président. Accusé Vauquelin, vous avez servi d'abord dans les gardes-du-corps, et ensuite dans l'armée ? — R. Oui, Monsieur.

D. Dans les lettres qui ont été saisies chez vous, quelques-unes avaient une formule particulière. On y lit les mots : *Citoyen, citoyenne ; salut et fraternité.* Vous datiez, par exemple, une lettre de fructidor an XLV ? — R. Je ne crois pas qu'il y ait de loi qui empêche de se servir de pareilles formules.

D. Ce ne sont plus des formules usitées ; nous ne datons plus de l'ère républicaine. — R. Je concevrais le reproche si j'avais employé ces formules dans un acte public ; mais il s'agissait d'un style familier, épistolaire, et cela est parfaitement indifférent.

D. Vous avez eu des relations avec mademoiselle Grouvelle, expliquez comment elles se sont formées. — R. Au mois de janvier ou de février 1837, M. Piquenaut, négociant à Bernay, conduisit chez moi mademoiselle Grouvelle et sa mère ; elles y passèrent un jour et une nuit.

D. N'était-elle pas accompagnée d'Édouard Hervé ? — R. Édouard Hervé était chez moi quelques jours auparavant. On m'avait prié de recevoir ce jeune homme qui devait entrer dans la marine marchande, et s'embarquer pour l'Amérique. Édouard Hervé a été la rejoindre au Hâvre où il s'est embarqué pour l'Amérique.

D. Vous avez adressé une lettre à Guérin ? — R. Oui, Monsieur.

D. Vous avez reçu chez vous l'accusé Valentin ? — Oui, Monsieur.

D. Pourquoi l'avez-vous reçu ? vous n'aviez avec lui aucunes relations. — R. Mademoiselle Grouvelle m'avait prié de recevoir Valentin, qui venait de subir une cruelle opération, l'extraction de l'œil qui avait été faite par le docteur Lisfranc. Valentin avait besoin de prendre l'air de la campagne. Elle me l'adressa vers la fin de mai, et il resta chez moi jusqu'au 8 ou 10 du mois suivant,

D. Vous lui avez remis 20 ou 30 fr. au moment de son départ ? — R. Valentin m'a présenté un bon sur M. Piquenaut, afin de toucher cette somme. J'avançai 38 fr. à Valentin. Piquenaut me les remboursa.

M. le Président. Vous appeliez Valentin, *notre frère Valentin*, pourquoi cette expression ?

Vauquelin. J'appelle frère, tout homme probe et libre.... Je le croyais tel alors.

D. Vous connaissez ses opinions politiques ? R. Je ne les connaissais pas.

D. Est-ce que vous ne les aviez pas connues lorsqu'il a été chez vous ? — R. Nous parlions politique comme on peut en parler en société.

M. le Président. Comment expliquez-vous donc ce passage d'une lettre adressée par vous à mademoiselle Grouvelle ?

« Notre ami se porte bien ; ne le rappelez pas de sitôt ; sa présence ici a pro-
» duit son effet. L'unité de principes nous unit à jamais. »

De quel effet vouliez-vous parler ? — R. On a vraiment attaché plus d'importance à ma lettre qu'elle n'en méritait. Ceci me mène à exprimer hautement mon identité d'opinions avec mes co-accusés (c'est mon droit, si je ne me trompe), avec les opinions de mademoiselle Grouvelle, avec celles que paraissait professer Valentin.

D. Comment Valentin s'est-il conduit pendant qu'il était chez vous ? — R. Pendant un mois, six semaines, il s'est très-bien conduit. Sa santé l'obligeait à un régime assez suivi. Je le présentai à plusieurs des amis.

Plus tard, ne pouvant sortir à raison de la maladie de ma mère, j'engageai Valentin à sortir, à voir les personnes auxquelles je l'avais présenté. J'ai appris, par des personnes dignes de foi, qu'il s'était livré à quelques écarts; je n'ai pas été plus loin.

M. le Président. Il a été arrêté deux fois.

Vauquelin. Je l'ai entendu dire; une fois j'en ai été témoin.

M. le Président. Il a été arrêté une première fois, parce qu'il n'avait pas de papiers, et une seconde fois, parce qu'il avait dit à un homme qu'il était un mouchard. Il a été condamné à la police correctionnelle à une amende.

M. le Président. Je dois expliquer à MM. les Jurés comment Valentin se trouve au procès.

Valentin a été arrêté à Paris le 19 novembre, en vertu d'un mandat délivré à Poitiers. Il a été traduit devant la Cour d'assises pour des faits politiques, des propos injurieux à la personne du Roi. Il était, en outre, poursuivi pour un faux qui consistait en ceci : il s'était présenté chez un marchand, avait acheté pour 400 fr. de marchandises, avait donné un billet signé de lui. Le marchand ayant demandé une seconde signature, Valentin apposa sur le billet la signature d'un négociant de la ville. On s'aperçut du faux; on refusa le billet et il rendit les marchandises; mais ce fait vint à la connaissance de la justice; Valentin fut poursuivi et condamné à cinq ans de réclusion....

Un des défenseurs. Et à l'exposition.

M. le Président. Je ne sais....

Le défenseur. La condamnation pour faux entraîne toujours l'exposition.

M. le Président. C'est vrai. Valentin, après sa condamnation, a fait, à M. le Procureur général près la Cour de Poitiers, des déclarations qui avaient rapport à l'affaire, alors que l'instruction relative à cette affaire était terminée.

Valentin. Ce n'est pas moi qui ai demandé à faire des révélations à M. le Procureur général; c'est lui qui est venu vers moi. Le lendemain de ma condamnation, quelques personnes qui s'intéressaient encore à moi, m'engagèrent à faire des révélations pour améliorer mon sort. Je ne voulais pas. M. Legentil, substitut de M. le Procureur du Roi, vint me trouver et me dit : « On a saisi des papiers desquels il résulte que vous avez été en relation avec des personnes qui ont été et qui sont encore détenues pour une accusation politique. Je viens voir si vous voudriez faire des révélations qui pourraient améliorer votre sort en rendant un vrai service à la société. » Je répondis que je voulais consulter mon avocat. Celui-ci me dit que, dans une circonstance comme celle-là, je ne devais prendre conseil que de ma conscience. Quelques personnes qui me portaient un vif intérêt me pressèrent. J'écrivis à M. Legentil, et je fis, le 18 mars, mes révélations.

M. le Président. Nous savions tout cela.

Me Arago. Le contraire me paraît résulter du dossier. Il en résulte que c'est Valentin qui a demandé à faire des révélations.

M. le Président, à Valentin. N'avez-vous pas été compromis dans les affaires d'avril?

Valentin. Oui, Monsieur, et renvoyé par ordonnance de non-lieu.

L'accusé avoue qu'il a été poursuivi comme conscrit réfractaire devant le conseil de guerre de Nantes, et qu'il s'est réfugié en Belgique.

D. Vous avez eu des relations avec Mademoiselle Grouvelle. — R. Oui, Monsieur, je la vis lorsque j'étais à l'hôpital de la Pitié; elle me donna des soins. Après une opération chirurgicale que je subis, on me recommanda l'air de la campagne, et c'est alors que mademoiselle Grouvelle eut l'idée réalisée, de m'envoyer chez M. Vauquelin, à Verneusse. J'y suis resté du 14 mai jusqu'au 8 avril.

D. Vous avez dit que vous y aviez vu tous les amnistiés. — R. Oui, Monsieur. J'ai rectifié cependant un grand nombre d'erreurs : on m'avait fait dire que j'avais vu M. de Lamennais; cela n'était pas.

D. Vous avez correspondu de Verneusse avec mademoiselle Grouvelle; sur quoi portait cette correspondance. — R. Elle portait sur des choses indifférentes. Dans une de ces lettres, elle me racontait les événements du Champ-de-Mars; dans une autre lettre, elle me disait de remettre 20 fr. à un individu.

D. Dans une de ces lettres, du mois de juin, elle vous parlait d'Huber, vous faisait son éloge. — R. Oui, Monsieur, c'est cette lettre qui a fait que j'ai brûlé toutes les lettres de mademoiselle Grouvelle. Elle faisait l'éloge d'Huber, le représentait comme le patriote le plus remarquable, et disait qu'il y avait en lui de l'Alibaud et du Morey.

D. Mademoiselle Grouvelle, qu'avez-vous à répondre sur ce que vient de dire Valentin? — R. Lisez ses interrogatoires, et vous verrez quelle différence il y a entre ses dépositions actuelles et ce qu'il a dit dans l'instruction. Je ne conteste pas que j'aie fait du bien à M. Valentin, mais il a déclaré que M. de Lamennais avait été le voir, M. de Lamennais viendra dire si c'est vrai; premier mensonge de M. Valentin. Il a déclaré que j'avais été le voir tous les jours; c'est ce qui n'est pas vrai, car j'étais malade; deuxième mensonge. Ses interrogatoires sont faux.

M. le Président. Mais il n'y aurait, jusqu'à présent, qu'une exagération du bien que vous lui avez fait?

Mademoiselle Grouvelle. Mais il y a une exagération méchamment faite : du reste, si vous voulez vous faire le défenseur...

M. le Président. Je ne suis ici le défenseur de personne, et je vous prie de ne pas m'adresser de pareilles observations....

Mᵉ Favre. Je voudrais....

M. le Président. Vous n'avez pas à défendre l'accusée sur ce qu'elle vient de dire; je sais tout ce qui est dû à sa position, mais il y a des observations qu'il ne faut pas se permettre.

Mademoiselle Grouvelle. Ce qu'il a dit, il l'a dit avec de mauvaises intentions; sans cela je ne m'en serais pas formalisée. Quant à ce qu'il a dit que je lui avais écrit une lettre où se trouvait le portrait d'Huber, cela est faux; ce n'est pas à lui que cette lettre était adressée, il aura vu cette lettre chez moi. Valentin est un malhonnête homme, et nous prouverons comment nous l'avons fait mettre à la porte à raison des vols qu'il avait commis.

M. le Président, à Valentin. Est-ce au domicile de mademoiselle Grouvelle que vous avez lu ce portrait d'Huber dont vous parliez tout à l'heure, ou bien dans une lettre à vous adressée par mademoiselle Grouvelle chez Vauquelin? — R. Ça est si vrai que, sur le vu de cette lettre, M. Piquenaut et M. Vauquelin m'engagèrent à brûler toutes les lettres que j'avais reçues de mademoiselle Grouvelle.

M. le Président, à Vauquelin. Qu'avez vous à dire sur la déclaration de Valentin?

Vauquelin, avec force. L'allégation de Valentin est fausse.

M. le Président, à Valentin. Pendant le temps que vous êtes resté chez Vauquelin, vous y avez été arrêté deux fois. — R. Oui, Monsieur.

M. le Président. En vertu de notre pouvoir discrétionnaire, nous ordonnons que Vauquelin et Giraud sortent de l'audience.

L'ordre est exécuté.

M. le Président. Accusée Grouvelle, le 17 avril 1837, vous avez adressé à Vauquelin une lettre; de quoi s'agissait-il dans cette lettre? — R. D'une commission de secours pour les détenus.

D. Quelle nature de secours? — R. En 1832, une caisse de secours avait été formée, mais l'association était toute désorganisée. La difficulté était beaucoup plus grande pour avoir de l'argent; nous ne pouvions nous servir des journaux. Nous voulions remplacer le mode de souscription par des collectes faites par des personnes qui parcoureraient les provinces. Le comité fut reformé, et il existe encore : M. de Lamennais, M. de Cormenin, M. Garnier-Pagès en font partie. Nous avons obtenu difficilement de l'argent; heureusement l'amnistie est venue nous soulager un peu. C'est sur cela que devait porter la mission de M. Vauquelin; il fallait que nos envoyés fussent appuyés par les gens du pays.

Valentin. Ce projet en question était bien de venir au secours des détenus.

M. le Président interroge de nouveau mademoiselle Grouvelle sur sa correspondance avec Vauquelin et Godard, de Rouen ; on revient sur des circonstances que les précédentes audiences ont déjà fait connaître.

M. le Président, à Valentin. Vous étiez à Verneusse lorsque Vincent Giraud y est venu?

Valentin. Oui, Monsieur ; en le voyant arriver, je lui ai demandé des nouvelles de mademoiselle Grouvelle. Je me suis informé de ce qui l'amenait. «Nous vous conterons cela, me dit-il.» Il me dit, dans la journée, qu'il venait demander 1,000 fr. à M. Vauquelin. Je lui répondis que ce dernier serait probablement embarrassé de les donner. « Il le faut cependant, reprit-il : il s'agit de la plus belle affaire qu'on puisse faire; c'est *du pain sur la planche.* — De quoi s'agit-il donc? — Je ne puis pas vous le dire, on m'a recommandé d'être discret, de n'être pas communicatif... Mais, voyez-vous, jamais on n'aura vu chose pareille. Il s'agit d'un seul coup à faire, de les envelopper tous d'un seul coup. »

M. le Président. De qui entendait-il donc parler?

Valentin. Du Roi et de sa famille.

Le lendemain, nous nous promenâmes avec Giraud et M. Vauquelin. On avait envoyé chercher M. Piquenaut. « Au déjeuner, dit Giraud, on expliquera tout cela devant M. Piquenaut. » Lorsque nous fûmes dans la salle à manger, ce fut moi qui expliquai à M. Piquenaut ce dont il s'agissait. Vincent Giraud dit que si on ne donnait pas d'argent, cela ferait manquer l'affaire. On remit alors 400 francs à Giraud.

M. le Président, à mademoiselle Grouvelle. Avez-vous quelques observations à faire?

Mademoiselle Grouvelle. J'ai honte vraiment de voir paraître un homme pareil dans des débats aussi graves.

M. le Président Cette déposition m'a paru faite d'un ton très-naturel.

Mademoiselle Grouvelle. Il n'est pas difficile de prendre un ton naturel.

M. le Président. Qu'avez-vous à dire contre ces faits? Il n'était pas ici lorsqu'il a fait cette déposition; il était à Poitiers, en prison, comment aurait-il connu tous ces faits? comment les aurait-il inventés; comment les aurait-il trouvés ces faits qui ont une relation parfaite avec ceux qui résultent des pièces?

M· *Ferdinand Barrot.* Pour détruire de suite l'impression que cette observation a pu faire sur l'esprit de MM. les Jurés, je dirai que Valentin, qu'on représente comme ayant fait à Poitiers une déposition dégagée de toute influence, a fait des mensonges grossiers qu'il a été obligé de rétracter depuis, et que l'instruction écrite a constatée fausse.

M. le Président. Vous aurez le droit de contester cette déclaration et de la combattre avec les armes que vous fournira l'instruction.

Mademoiselle Grouvelle. On ne répond à ces dépositions-là que par le mépris.

M. le Président. J'invite mademoiselle Grouvelle, dans son intérêt, à ne pas se contenter de dire qu'elle méprise cette déposition.

Mademoiselle Grouvelle. Nous avons été arrêtés en décembre. Le bruit s'est répandu que c'était pour un complot contre la vie du Roi à l'aide d'une machine. Plus tard, l'acte de renvoi a paru dans les journaux. Au 18 février, on a pu avoir connaissance des faits. Il n'était pas difficile à Valentin d'arranger ses mensonges. Que dit-il, au reste? Apporte-t-il une preuve? A-t-il des lettres? Il dit qu'il les a brûlées. Heureusement pour moi ses réponses ne l'ont pas été; elles ont été saisies.

M. le Président. Tout cela fera la matière de la discussion. Vous vous fatiguez prématurément en ce moment.

Mademoiselle Grouvelle. Je suis sous le poids d'une grave accusation. Je sais maintenant qu'il ne s'agit que de la déportation. Je vois cependant qu'il est de mon intérêt de dire comment cet homme a pu être amené à dire tout ce qu'il a dit. J'ai été assez malheureuse d'envoyer un tel homme à M. Vauquelin, puisque c'est à raison d'un seul acte de bienfaisance qu'il est en prison depuis trois mois.

Valentin. Veut-on me permettre d'expliquer quelle était ma position à Poitiers?

M. le Président. Parlez.

Valentin. En arrivant à Poitiers, je n'ai pas été déposé dans la maison d'arrêt. Un huissier m'a signalé de suite mon arrêt de renvoi, et j'ai été placé dans la maison de justice. Ce fut le 16 décembre qu'un jeune homme, condamné à trois ans pour insubordination, et que j'avais connu sous-officier de hussards à Poitiers, me fit passer un article coupé dans la *Charte de 1830*, qui annonçait l'arrestation d'Huber à Boulogne. Je n'ai su que cela du procès, et M. le Procureur général pourrait dire que ce n'est que le 18 février que j'ai appris l'arrestation de M. de Vauquelin par un numéro du *Journal des Débats* du 12 février.

Mademoiselle Grouvelle. Tout le monde sait que le secret n'est jamais tellement absolu qu'on ne puisse communiquer avec le dehors.

Valentin. Je puis vous assurer, Mademoiselle...

Mademoiselle Grouvelle, vivement. M. le Président, faites que les observations de Léon Valentin m'arrivent par votre entremise. Je parle avec respect à M. le Président, je parle avec respect à MM. les Jurés; mais je ne veux pas communiquer avec cet homme.

M. le Président. En résumé, vous dites que si Valentin sait quelque chose, c'est par les journaux.

Mademoiselle Grouvelle. Je n'en ai pas la preuve, mais il faut bien que cela soit comme ça, puisque je ne l'en ai pas instruit. Du reste, ma parole et ma moralité valent bien celles de Valentin.

M. le Président, à Valentin. Vous persistez à déclarer que telle était la destination de l'argent remis par Vauquelin à Giraud.

Valentin. C'était pour un complot qui devait envelopper le Roi et sa famille, et pour une machine.

D. Avant le départ de Giraud, Vauquelin savait-il pourquoi l'argent était donné? — R. Non, Monsieur.

Mademoiselle Grouvelle. Dans son premier interrogatoire, il a dit le contraire.

M. le Président. Trouvez-vous mauvaise la déclaration qu'il a faite?

Mademoiselle Grouvelle. Non, Monsieur, mais elle prouve qu'il n'a pas dit la vérité. Il nous attaque, cela se comprend; nous lui avons rendu des services, et c'est un ingrat; et puis il n'a pas oublié que nous l'avons fait chasser d'une maison comme voleur : c'est Giraud qui l'a fait expulser avec un de mes commis.

M. le Président. Faites rentrer Giraud. Expliquez-nous les causes du voyage que vous avez fait chez Vauquelin, et ce qui s'est passé dans ce voyage?

Giraud. J'avais un voyage à faire pour affaire de mon commerce, j'allai voir M. Piquenaut, à Bernay; je lui parlai de la misère où étaient les patriotes, à Paris. M. Piquenaut me dit qu'il ne s'occupait plus de politique, qu'il en avait fait la promesse à sa femme et à son associé. Je lui proposai de faire des affaires de commerce; il ne voulut pas, probablement parce que je lui avais parlé de politique; je me retirai de chez lui; je lui demandai l'itinéraire pour aller à Verneusse, chez M. Vauquelin; j'y arrivai à quatre heures et demie du soir, on allait se mettre à table. Après le dîner, nous sortîmes avec M. Vauquelin dans la cour du château; nous parlâmes des patriotes malheureux. Je lui dis qu'il serait urgent d'établir des Caisses départementales. Il envoya chercher M. Piquenaut par son garde, sur les neuf heures et demie du soir, et M. Piquenaut arriva le lendemain matin. Je réitérai devant M. Piquenaut les propositions que j'avais faites, nous en parlâmes longuement. M. Vauquelin me remit 400 fr., j'en donnai reçu; je revins à Paris et je remis cet argent à la demoiselle Grouvelle.

D. Vous avez fait ce voyage bien rapidement; parti le 26 juillet, vous êtes revenu le 30 au soir à Paris. — R. Je n'allai chez mademoiselle Grouvelle que le 31 au soir, à huit heures.

D. Vous savez que Piquenaut a déclaré que jamais vous ne lui aviez parlé d'affaires de commerce, c'est cependant là le but que vous assignez à votre voyage. — R. Il s'est trompé.

Valentin, sur la demande de M. le Président, répète pour Giraud les révélations qu'il a faites en son absence.

M. le Président. Qu'avez-vous à dire sur cette déclaration? — R. (Avec force.) Elle est plus que fausse, elle est odieuse.

D. Nous vous rappelons seulement que le voyage est assez difficile à expliquer, et qu'il ne semble pas motivé par les circonstances dont vous avez parlé. — R. C'est pourtant la vérité.

D. Qui vous avait adressé à Piquenaut? — R. Mademoiselle Grouvelle, elle m'avait donné un mot pour lui et pour M. Vauquelin.

Mᵉ Favre. Je désire placer ici une observation qui peut faire quelqu'impression sur l'esprit de MM. les Jurés. Tout le monde a pu remarquer que Valentin, dans le récit qu'il vient de faire pour la seconde fois, s'est servi des mêmes expressions et qu'il a débité tout ce qu'il a dit avec la volubilité d'un homme qui a appris une leçon.

Giraud. C'est si vrai qu'il a offert de se rétracter.

Leproux, se levant. Lorsque j'étais en prison à Sainte-Pélagie, Valentin m'a fait passer une lettre. Elle commençait ainsi : « Si vous pouvez voir Giraud, dites-lui que je suis prêt à rétracter tout ce que j'ai dit contre lui et M. Vauquelin. » Le mépris et le dégoût ne me permirent pas d'aller plus loin. Je ne voulus pas avoir de communication avec ce misérable. Je n'ai pas gardé la lettre, je vois actuellement que j'ai eu tort ; mais j'en ai parlé un moment après à un des gardiens ; qui pourrait certifier la vérité de mes paroles.

Valentin. J'avais su par un des gardiens auxiliaires que Giraud voulait me parler ; j'ai fait remettre une lettre à M. Leproux, qui pouvait communiquer avec Giraud, dans laquelle je proposais de donner à ce dernier communication de mes interrogatoires et de mon plan de défense.

Leproux, avec feu : Je jure que ce que j'ai dit est la vérité.

M. le Président. Dans la phrase même que vous citez, il y a bien des offres de rétractation, mais pas d'aveu de mensonge. Disait-il qu'il avait menti ?

Leproux. Il disait qu'il était prêt à se rétracter... Je cite les mots dont je suis certain. J'en ai compris le sens, et MM. les Jurés le comprendront aussi.

Valentin. Je n'ai jamais fait offre de rétractation...

Me J. Favre. Il y avait une suite à cette lettre ; elle se terminait probablement par une demande de salaire pour prix de rétractations offertes.

M. le Président. En voilà assez sur ce point : vous vous livrez à des suppositions. Il s'agit de faits sur lesquels la défense, pas plus que la Cour, ne peut avoir de certitude.

Me J. Favre. Certainement, mais la Cour et l'accusation peuvent ne point comprendre les mêmes faits de la même manière.

M. le Président. Accusé Vauquelin, vous avez reçu à Verneusse, le 27 juillet dernier, Vincent Giraud ? — R. Oui.

D. Quel était le but de la visite qui vous était faite ? — R. Il s'agissait de secours à donner aux détenus politiques et aux amnistiés.

D. Combien vous a-t-il demandé ? — R. Il m'a demandé tout ce que je pouvais lui donner, 1,000 fr. et même plus ; je lui ai donné 400 fr.

D. Vous ne l'attendiez pas ? — R. Non.

D. Son arrivée a dû vous surprendre ? — R. Il était porteur d'une lettre de mademoiselle Grouvelle, cela suffisait pour qu'il fût bien accueilli.

D. Il avait donc d'autres communications à vous faire que des communications relatives à des secours, car vous aviez déjà correspondu par lettres avec mademoiselle Grouvelle sur ce sujet. — R. Vincent Giraud m'a parlé d'une organisation centrale à former dans les départements, pour la distribution des secours.

D. S'il s'agissait de conférer sur un plan d'organisation, il n'y avait pas d'argent à demander. — R. C'est une avance que j'ai faite.

D. Pourquoi cette forme particulière, l'envoi d'un exprès ? — R. Je vous l'ai dit tout à l'heure ; il fallait se concerter sur l'organisation en question.

D. Vous avez réclamé une partie de la somme de 400 fr. ? — R. Oui, je n'avais pas entendu la donner toute entière.

D. Dans une lettre à Godard, vous dites que sur la lettre de mademoiselle Grouvelle vous avez remis à un inconnu 400 fr. sous un prétexte spécieux ; vous ajoutez ces mots : « On m'a demandé une somme plus forte pour une cause très-grave à laquelle j'ai accordé peu de confiance et que je ne dois pas tracer pour ne pas compromettre les amis. » Cette cause très-grave, à laquelle vous avez accordé peu de confiance, ne pouvait pas être ce projet d'organisation de secours? — R. Je vous demande pardon, je n'avais donné jusqu'à ce moment que des sommes minimes. Il s'agissait alors de l'organisation générale d'une caisse centrale départementale qui pouvait porter ombrage au Gouvernement et compromettre le repos du fondateur de l'entreprise. C'est là ce que je voulais dire à Godard. Voilà la gravité que j'attachais à la démarche.

D. Si vous n'aviez pas en vue d'autres projets, à quoi bon ces réticences ? Il existait déjà des caisses semblables à Paris. — R. Je n'en avais pas d'autre ; je savais qu'il existait une Caisse à Paris, mais il n'en existait pas dans nos départements, et c'était cet établissement qui pouvait faire ombrage au Gouvernement.

M. le Président. Valentin, faites de nouveau, en présence de Vauquelin, les déclarations que vous avez faites tout à l'heure en son absence.

Valentin recommence sa déclaration.

Vauquelin. Cet homme en impose à la justice ; ce qu'il vient d'articuler est faux.

M. le Président. Valentin, continuez votre déclaration sur les faits postérieurs à votre retour à Paris.

Valentin. A mon retour à Paris, je fus chez mademoiselle Grouvelle. Je lui dis que Giraud m'avait parlé en l'air du but de l'entreprise, mais que je ne le connaissais pas d'une manière précise. C'est alors qu'elle me dit qu'Huber venait de partir pour Londres avec un jeune allemand pour construire une machine destinée à tuer le Roi. Il paraît que Steuble n'avait pas voulu la construire en France, et que c'est pour cela que le voyage a été entrepris. Un autre jour, j'allai chez mademoiselle Grouvelle ; je la trouvai dans sa chambre, assise sur son canapé ; à côté d'elle était Giraud. Je vis entre leurs mains une lettre en chiffres, ou, au moins, dont je ne pus pas lire les caractères. On me dit que c'était une lettre qui venait d'Huber, qu'il réclamait de l'argent. Tâchez, me disait-on, de réunir des fonds. Je le promis et n'en fis rien. Quelque temps après, je vis le nommé Moulin ; il me demanda si je savais où était Huber : je répondis que non. « Ah ! dit-il alors, il n'y a que vous qui ne le savez pas, tout Paris le sait : il est à Londres pour la construction d'une machine infernale ; c'est moi qui ai même retenu les places ; ils sont partis par Soissons. » Je revins plusieurs fois chez mademoiselle Grouvelle ; il fut toujours question devant moi de la machine. On devait se servir pour la faire entrer en France, ainsi que la poudre nécessaire, de vieux *pilotes côtiers.*

D. N'avez-vous pas connu aussi le moyen qu'on devait employer pour faire entrer la machine dans Paris? — R. C'était un loueur de cabriolets, nommé Milon, qui devait la faire entrer dans son cabriolet.

M. le Président. Mademoiselle Grouvelle, qu'avez-vous à dire?

Mademoiselle Grouvelle, avec vivacité. Que tout ce qu'il a dit est faux... Entre la parole de Valentin et la mienne, MM les Jurés n'ont qu'à choisir... C'est une misérable parodie de Fieschi que Valentin veut faire, mais vous ne nous ferez pas monter sur l'échafaud, allez !...

M. le Président. Et vous, Huber, expliquez-vous.

Huber. Je ne veux pas répondre à ce qu'il a dit, je le méprise trop.

M. le Président. Je vous ai déjà dit que le mépris ne suffisait pas ; c'est par des explications qu'il faut répondre à des faits positifs.

Mademoiselle Grouvelle. Mais il n'y a pas de faits positifs dans ce que vient de dire Valentin, tout repose sur sa déclaration.

Mᵉ. F. Barrot. Pour que MM. les Jurés sachent à quoi s'en tenir sur la moralité du témoin Valentin, car il est plus témoin qu'accusé, il faut qu'ils ne perdent pas de vue qu'il a voulu couvrir ses crimes particuliers par des crimes politiques ; qu'il s'est fait non-seulement le révélateur dans le procès actuel, mais qu'il a prétendu qu'il avait des révélations à faire sur un projet de complot contre le duc de Nemours et...

M. le Président. Tout cela sera connu ; il sera donné à l'instant même lecture de tous les interrogatoires de Valentin.

L'un de MM. les Conseillers assesseurs fait cette lecture. On remarque surtout le passage où Valentin déclare qu'il a pris part à l'insurrection de Savoie, sous les ordres du général Ramorino. On l'a, dit-il, fait entrer à Paris les yeux bandés ; dans une salle somptueusement meublée, on lui a délivré un passeport sous le nom de Thévenin, et on lui a remis 40,000 fr. en or.

Mᵉ J. Favre. Il serait intéressant, pour savoir quelle foi il faut ajouter à la déclaration de Valentin, qu'il donnât quelques explications sur cette mystérieuse délivrance de passeport, sur les 40,000 fr., etc. ; car s'il a menti, s'il en a imposé à la justice, ce sera fait de sa déclaration, elle sera jugée et nous n'aurons plus à nous en occuper.

M. le Président. Cela est bien étranger au procès, cependant... (à Valentin), est-ce que réellement on vous a remis 40,000 fr. ? — R. Oui, Monsieur, c'est la vérité.

D. Qu'en avez-vous fait ? — R. Je les ai déposés à Genève.

Mᵉ J. Favre. Mais chez qui ? — R. Je ne veux pas le dire.

Mᵉ J. Favre. C'est cela, impossible de vérifier...

M. le Président. L'audience est remise à demain pour commencer l'audition des témoins.

―――――

Audience du 16 mai.

A dix heures et demie, l'audience est ouverte.

M. le Président. On nous a annoncé que l'un de MM. les Jurés avait une communication à nous faire.

Le troisième Juré. C'est moi, M. le Président ; j'ai eu le malheur de perdre mon beau-frère ; je suis le seul parent en état de conduire le deuil, et je demande à être libre demain matin.

M. le Président. Vous appartenez maintenant à l'affaire, et il y aurait inconvénient à ce que vous cessassiez d'en connaître. On pourrait retarder l'ouverture de l'audience.

Le Juré. Je vous remercie, M. le Président.

M. le Président. Nous ne commencerons l'audience qu'à midi, et nous la prolongerons un peu plus tard.

Mᵉ Hemerdinger. On nous a communiqué les lettres que M. Simonnin a déposées, nous les avons examinées; parmi elles il ne s'en trouve aucune qui ait rapport à l'affaire. Je prie M. le Président de vouloir bien demander à M. Simouin s'il n'en a pas reçu d'autres.

M. Simonnin. Je n'en ai reçu aucune autre.

M⁰ Hemerdinger. M. Simonnin n'a-t-il pas reçu une lettre sous la date du 31 mars dernier?

M. Simonnin. Je n'en ai pas reçu.

M⁰ Hemerdinger. J'en ai la copie, car Steuble garde copie de ce qu'il écrit. Elle contient des choses étonnantes relativement à sa déclaration écrite.

M. le Procureur général. S'il en eût été ainsi, cette lettre aurait été remise à M. le Juge d'instruction.

M⁰ Hemerdinger. Vous voyez bien que non, puisque la lettre que M. Simonin a présentée au commencement des débats pour expliquer l'interligne ne lui a pas été remise.

M. le Procureur général. Vous vous trompez, car c'est le juge d'instruction qui l'a remise à M. Simonnin.

M⁰ Hemerdinger. Puisque nous parlons de cette lettre, j'ai une observation à faire : cette lettre a été adressée par Steuble à M. Jourdain postérieurement à l'intercalé de l'interligne : il s'ensuit que c'est de son propre mouvement que M. Simonnin a été trouver Steuble dans sa prison. Voulez-vous demander à Steuble quand il a écrit cette lettre?

M. le Président. Je n'ai pas là cette lettre : quand nous l'aurons, nous continuerons cet incident.

M⁰ Arago. Lorsque Steuble et Huber ont quitté la France, Huber a quitté la voiture la veille du jour où l'on a passé la frontière; lorsque Steuble a passé seul, un employé ne lui a-t-il pas demandé : « Est-ce que votre camarade n'a pas passé hier? »

Steuble. C'est vrai; un employé m'a dit : « Votre camarade a passé hier. »

M. Wenger rend compte, avec précision, à Steuble de l'incident relatif aux lettres de M. Simonnin.

Steuble. M. Simonnin venait me voir souvent et me parlait du procès, de la machine, et disait toujours que c'était pour tuer le Roi. Il me parlait aussi très-mal de mademoiselle Grouvelle, et c'est pour me débarrasser de ces traductions que j'ai écrit à M. Simonnin la lettre du 31 mars.

M. Simonnin. Je n'ai pas reçu cette lettre, toutes les lettres que j'ai reçues sont entre les mains de M. le Président.

M. le Président. Que l'on fasse entrer le premier témoin.

M. Moutier (Jean-Jacques), marchand de vins, rue Marie-Stuart. J'ai logé chez moi Steuble et Huber. Steuble y est venu le 18 mai; il est revenu en juillet jusqu'en août. Jamais je n'ai entendu Steuble parler français.

D. Vous avez aussi logé Valentin? — R. Je l'ai logé; c'est-à-dire que je ne l'ai pas logé.

D. Qu'entendez-vous par là? — R. Que je l'ai logé par surprise.

D. Qui vous l'a envoyé? — R. C'est mademoiselle Grouvelle.

D. Vous a-t-il parlé d'une machine qu'on avait le projet de construire? — R. Jamais.

D. Huber ne vous en a jamais parlé? — R. Non.

D. N'avez-vous pas été chez mademoiselle Grouvelle? — R. Oui, Monsieur, pour différentes causes.

D. Huber ne vous devait-il pas de l'argent? — R. Oui, Monsieur, il me devait 27 francs.

D. Ne vous a-t-il pas envoyé chez mademoiselle Grouvelle pour les réclamer ? — R. J'ai été un jour porter une lettre de la part de M Huber ; je
crois qu'elle m'a remis de son côté une lettre ; Huber m'avait bien fait entendre que mademoiselle Grouvelle me paierait.

D. Vous avez été plus positif dans l'instruction. — R. C'est possible ; mais
j'étais en prison alors.

D. Ne vous a-t-il pas dit qu'il devait se marier avec une demoiselle qui
avait 12,000 fr. de rente ? — R. Il m'a dit qu'il devait se marier, mais voilà
tout.

D. Dans votre déclaration vous parlez de ce mariage, et vous dites qu'il
vous a laissé entendre que c'était avec mademoiselle Grouvelle. — R. C'est-
à-dire que moi je me suis donné à entendre.

D. Vous êtes retourné une autre fois chez mademoiselle Grouvelle ; ne lui
avez-vous pas demandé de l'argent ? — R. C'est possible, Monsieur, mais
la mémoire ne me poursuit pas, voyez-vous.

D. Huber vous a-t-il répondu de ce que vous devait Steuble ? — R. Il m'a
dit qu'il ne fallait pas laisser manquer ce malheureux.

M⁰ Leblond. Comment Valentin s'est-il conduit chez le témoin ?

Le témoin. Il m'est venu par mademoiselle Grouvelle, qui m'a répondu
de sa dépense ; on voulait que je lui donnasse le logement, mais il n'y avait
pas de chambre libre. Il était onze heures du soir à son arrivée, et ma
femme, qui est toujours bonne et humaine, s'est arrangée de manière à le
loger.

D. Se conduisait-il bien ? — R. Jusqu'à un certain point.

D. Avez-vous quelque chose à préciser ? — R. Je fus obligé de le mettre
un jour dans une chambre où il y avait deux jeunes gens. Un d'eux a mis
son argent sur une commode, et, le lendemain, dix francs avaient disparu. On s'en plaignit à moi ; je dis : Il faut déposer votre plainte. On m'a
répondu : « Non, c'est que la personne qui les a pris en avait besoin. »

D. Que voulez-vous dire par là ? — R. Je ne veux rien dire, moi.

D. Voulez-vous dire que c'est Valentin qui était le voleur ? — R. Moi, je
ne veux rien dire.....

D. Les deux jeunes gens se connaissaient-ils ? — R. Ils se connaissaient
assez ; moi, je les connaissais passablement.

Valentin s'explique sur le fait qui lui est reproché ; personne ne l'a soupçonné d'avoir volé l'argent en question.

M. le Président. Le défenseur de Steuble est présent, nous lui demandons
si Steuble tient à ce que toutes les dépositions lui soient transmises. Nous
en entendons un grand nombre sur des faits étrangers à Steuble.

M⁰ Hemerdinger. Je m'engage à vous indiquer tout ce qu'il sera utile de
faire traduire à Steuble.

M. le Président. Vous vous êtes entendu avec l'accusé pour cela ?

M⁰ Hemerdinger. Oui, M. le Président.

M. Moulin, marchand corroyeur, rue de la Lune. On m'a fait faire sept
mois de prévention, ça n'a pas paru suffisant.

M. le Président. Il ne s'agit pas de vous ; mais, si vous voulez qu'on en
parle, je dirai que vous avez été compromis dans l'affaire de Neuilly ; vous
avez fait partie de la société des Droits de l'Homme, où vous aviez initié
Huber.

Le témoin. Non, Monsieur.

Huber. Cela n'est pas ; c'est parce qu'il m'a connu que l'on l'a persécuté.

Le témoin. Je viens de m'établir depuis six mois, et on veut me compromettre et me ruiner..... Maintenant si vous avez une question à me faire, je répondrai.....

D. Dites ce que vous savez : c'est à vous à faire votre déposition. — R. Je ne sais rien du tout.

D. Vous avez su qu'Huber avait été en Angleterre? — R. Oui, Monsieur, mais par l'accusation.

D. Vous avez connu Valentin? — R. Je l'ai vu à Verneusse chez M. Vauquelin, le jour de l'assemblée; il est venu loger en face de moi; il m'a parlé d'Huber, il m'a dit qu'il était parti pour l'Angleterre; je ne le croyais pas.

D. Vous a-t-il dit pourquoi? — R. Non.

Huber. On a attaqué ma moralité. Je demande que le témoin, qui me connaît depuis 30 ans, s'explique sur ce point.

M. le Président. Personne n'a attaqué votre moralité; on vous a reproché des faits politiques, voilà tout.

Mademoiselle Grouvelle. Valentin a dit que Moulin lui avait révélé le complot, qu'il était coupable. Cela l'a même fait mettre sous un mandat d'amener. M. Moulin, cela est-il vrai?

M. Moulin. Je n'ai jamais dit cela.

M. le Procureur général. Dans une de ses dépositions, le témoin a dit qu'Huber avait été en Angleterre pour un projet politique.

M. le Président donne lecture de la déposition de Moulin; il en résulte que Moulin a dit que Valentin lui aurait fait connaître que ce voyage avait pour but une affaire politique, mais qu'il ne savait pas quelle était cette affaire.

Clériss, corroyeur. Je ne connais rien de relatif à l'accusation. Huber a travaillé chez moi comme apprenti; il a rempli exactement ses obligations.

D. Pourquoi vous a-t-il quitté? — R. Parce qu'il reçut mal les observations que je lui fis sur son travail.

D. Que vous a-t-il dit lorsqu'il est revenu vous voir après l'amnistie? — R. Qu'il ne voulait plus s'occuper de politique, et qu'il était résolu à faire son état et à travailler.

D. Huber, est-ce vrai? — R. La preuve, c'est que je me mis à travailler aussitôt.

D. (Au témoin.) Vous avez su qu'il avait eu un moment l'intention de quitter Paris, d'aller à Orléans? — R. Oui, il est venu faire ses adieux, sac sur le dos, aux gens du quartier.

D. Vous avez su qu'il n'était pas parti? — R. Non, Monsieur, du moins pas à cette époque.

M. le Président. M. Wenger va transmettre à Steuble les dépositions des témoins; il le fera sommairement pour ce qui lui est étranger, mais cela nous semble plus régulier.

Demoiselle Moulin (de Laon). Elle a fait un voyage de Soissons à Laon; elle reconnaît Steuble pour avoir été son compagnon de voyage.

M. Lardet, aubergiste à Vervins. On lui a demandé M. Leproux, et on lui a montré une lettre sur laquelle il y avait : « M. Leproux, fabricant de sucre. » Il a été étonné parce qu'il ne connaissait M. Leproux que comme juge suppléant.

Huber. Il y avait juge suppléant sur l'adresse.

M⁰ Teste, au témoin. Ne saviez-vous pas que la famille Leproux avait une fabrique de sucre?

Le témoin. Il y avait là une personne qui me l'a appris en disant: « Mais M. Leproux a un intérêt dans une fabrique de sucre à Vervins. »

D. Avez-vous appliqué à M. Leproux père ou à M. Leproux fils l'explication que l'on vous donnait? — R. Ni à l'un, ni à l'autre; il n'y a pas eu d'explication sur ce point.

M⁰ Teste. Le témoin sait-il si, lorsqu'il est parti après avoir demandé M. Leproux, Huber a été long-temps absent?

Le témoin. Je n'ai pas la mémoire très présente, mais je crois qu'il n'a été absent que peu de temps.

Stiegler, tailleur, à Paris.

« Le 19 novembre 1837, je me suis fait délivrer un passeport pour aller à Londres. Je l'ai perdu un jour que j'avais trop bu. J'ai perdu en même temps mon livret.

M. le Président. Pourquoi n'en avez-vous pas pris un autre?

Le témoin. Je n'avais pas d'argent.

M. le Président. N'alliez-vous pas quelquefois chez un nommé Calmès?

Le témoin. Oui, Monsieur.

M. le Président. N'y avez-vous pas vu les accusés Steuble, Huber ou Giraud?

Le témoin. Je ne me le rappelle pas.

M. le Président, à Steuble. Alliez-vous chez Calmès?

Steuble. Rarement.

M. Alais, directeur des messageries Laffite et Caillard, et M. Rosset, facteur de la même administration, déclarent qu'un individu du nom de Stiegler est parti pour Calais, par Saint-Omer, le 21 septembre.

Huber reconnaît que c'est lui qui est parti avec ce passeport.

Les sieur et dame Cluset, portiers de la maison rue d'Enfer, 75, où demeurait Vincent Giraud avec un sieur Lutrat, déclarent que ce dernier recevait quelquefois des lettres venant d'Angleterre et coûtant 2 francs de port.

M. Brouard, docteur en médecine. J'ai été d'abord inculpé dans l'affaire, pour avoir donné des soins à mademoiselle Grouvelle et à Steuble.

M. le Président. Ce n'est pas pour cela seulement que vous avez été mis en prévention.

M. Brouard. Si c'est pour autre chose, je désire enfin l'apprendre. Je soigne mademoiselle Grouvelle; j'ai donné, à sa prière, des soins à Steuble, et j'ai été le voir, toujours pour complaire au désir manifesté par mademoiselle Grouvelle.

M. Favre. M. le docteur Brouard peut-il dire si mademoiselle Grouvelle n'était pas dans un état assez grave, qui cependant ne l'empêchait pas de vaquer, selon son habitude, à des œuvres de bienfaisance?

M. Brouard. Je ne sais si je puis et dois rendre compte de ce que je pense sur l'état d'un malade devant ce malade même.

Mademoiselle Grouvelle. Vous pouvez dire, Monsieur, je n'ai pas peur, allez!

M. Brouard. J'ai été appelé à donner des soins à mademoiselle Grouvelle, après les docteurs Broussais et Magendie, qui pensaient qu'elle était atteinte d'une lésion du poumon et du cœur. J'ai prescrit un traitement.

M⁰ Hemerdinger. M. le docteur peut-il donner quelques détails sur l'état de santé de Steuble?

(101)

M. Brouard. Il était atteint d'une affection du tube digestif et de l'esto-
mac. Cette affection porte à la tristesse, peut agir sur le cerveau et déranger
ses fonctions.

Mᵉ Favre. M. Brouard ne sait-il pas que souvent mademoiselle Grouvelle
a été malade par suite du zèle qu'elle mettait à soigner les malades? N'a-t-
elle pas été au milieu d'une nuit, avec lui, pour aider à l'accouchement
d'une pauvre femme?

M. Brouard. Cela est vrai. Elle a été souvent malade par suite de nuits
passées au chevet des malades.

Kluppel, cordonnier, rue d'Enfer, connaît Steuble depuis le 26 mai de
l'année dernière, époque où il le rencontra à Londres. Celui-ci lui dit qu'il
venait y chercher de l'ouvrage, et que s'il n'en trouvait pas, il irait en chercher à Paris. Arrivé à Paris avec Steuble, il a logé chez Moutier. Il a été
conduit par Steuble chez mademoiselle Grouvelle, où il a vu Vincent
Giraud.

M. le Président. Steuble vous a-t-il dit ce qu'il allait faire chez mademoiselle Grouvelle?

Kluppel. Il m'a dit que c'était une de ses connaissances qui pourrait m'être
utile.

M. le président. Avez-vous entendu parler à Steuble de ses relations avec
Huber, avec Souillard?

Kluppel. Je ne me rappelle même pas avoir entendu prononcer ses
noms.

M. le Président. Huber ne vous a-t-il pas parlé des difficultés qu'il avait
eues avec Steuble, avec Souillard, des calomnies qu'on avait répandues
contre lui, et de la nécessité où il était d'aller à Paris pour se justifier?

Kluppel. Jamais.

M. le Président. Steuble vous a-t-il parlé de réclamations qu'il aurait à
faire contre le Gouvernement?

Kluppel. Jamais.

L'audience est suspendue pendant une demi-heure.

Adolphe Pauchet, douanier à Boulogne.

« Le 8 décembre, dit ce témoin, j'étais en faction sur le quai vers les dix
heures du soir; je vis un particulier qui venait du quai des Paquebots, et
qui passa devant moi, se dirigeant en ville. Il courait, car il tombait de
l'eau en ce moment. Je vis comme tomber quelque chose de sa poche. Je
crus d'abord que c'était de la boue qu'il faisait sauter avec ses pieds. En
m'approchant de l'endroit, je regardai : c'était un portefeuille. Je l'ai ra-
massé, et je l'ai mis dans ma poche. Le lendemain matin, à sept heures,
j'ai quitté le poste, et j'ai été à mon logement. Lorsque j'y fus arrivé, j'ouvris le portefeuille en présence du maître de la maison; je lui dis : « Voilà un
portefeuille que j'ai trouvé, je ne sais pas à qui il appartient. »

A neuf heures j'étais de service; je laissai le portefeuille à mon propriétaire, et je lui dis : « Si quelqu'un venait le réclamer, vous le rendrez. »
Lorsque je revins le soir à neuf heures, personne n'était venu réclamer le
portefeuille. Je dis alors : « Il faudra aller trouver un sergent-de-ville et le
faire publier. »

M. le Président. Le portefeuille est donc resté toute la journée du 9 entre
les mains de votre propriétaire?

Pauchet. Oui, M. le Président. Je mis alors le portefeuille dans ma poche,
et, en rentrant à mon logement, j'eus la curiosité de faire lecture de plusieurs papiers. J'y vis un passeport, des lettres et différents papiers.

M. le Président fait représenter le portefeuille au témoin, qui l'examine longtemps avec soin : « Il y avait, dit-il, des chiffres comme dans celui-ci ; mais il me semble qu'il n'y avait pas comme ça de l'écriture en travers. »

M. le Président. Ah ! ce sont des *ne varietur* qu'on a mis dessus depuis.

Pauchet. Ce qui me frappa, c'était une lettre adressée à M. Leproux, juge à Vervins.

M. le Président. Est-ce que vous êtes bien sûr d'avoir vu l'adresse ?

Pauchet. Oui, Monsieur.

M. le Président. Vous entendez, Huber ; voilà la première personne qui a touché le portefeuille, qui a examiné les papiers. Elle a vu la lettre écrite de votre main, et a vu qu'elle était adressée à M. Leproux.

Huber. Notez que le témoin déclare aussi que le portefeuille est resté pendant toute une journée entre les mains du propriétaire, et qu'il ne l'a examiné qu'après que le propriétaire le lui a rendu.

M. le Président. Quand avez-vous examiné le portefeuille ?

Pauchet. J'ai examiné le portefeuille en rentrant le matin.

M. le Président. Est-ce avant de l'avoir remis à votre propriétaire ?

Pauchet. Oui, Monsieur.

M⁰ Arago. Est-ce que, pendant la nuit, le douanier n'a pas montré le portefeuille dans le poste ?

Pauchet. Non, Monsieur.

M. le Président. Vous êtes donc bien sûr d'avoir vu sur la lettre l'adresse de Leproux, juge à Vervins ?

Pauchet. J'en suis bien sûr.

M. le Président. Le portefeuille alors n'était pas sorti de vos mains ?

Pauchet. Non, Monsieur.

M. le Président. Nous devons dire à MM. les Jurés que cette lettre, adressée à l'accusé Leproux, est celle qui d'abord a donné l'éveil à l'autorité, car, dans le portefeuille, il n'y avait que des papiers constatant qu'Huber avait été condamné. Il y avait la copie de son arrêt, des renseignements sur son évasion de Clairvaux. Les seuls documents sur l'accusation consistaient dans la lettre adressée à l'accusé Leproux. (Au témoin :) Continuez votre déposition.

M. Pauchet. Le lendemain matin, en arrivant au poste, je dis au brigadier que j'avais trouvé un portefeuille contenant des papiers contre le Gouvernement. Je lui lus la lettre, et il fut d'avis de la remettre sur-le-champ au commissaire de police. Je remis donc le portefeuille dans l'état où je l'avais trouvé, à M. Deroche, commis aux passeports, pour qu'il le remît à M. Bergeret, commissaire de police à la haute ville.

M. le Président. Voici la déposition faite devant M. Bergeret ; elle contient la déclaration de Pauchet et la description des pièces. (Lecture en est donnée ; elle constate que la lettre portait pour adresse : « A M. Leproux, juge-suppléant, à Vervins. »)

M⁰ Arago. Que venait de faire l'individu de la poche duquel est tombé le portefeuille ?

Pauchet. Il venait du quai des Paquebots, se dirigeant en ville ; je crois qu'il venait d'arriver à l'instant.

M. le Président. D'où ?

Pauchet. De Londres.

M. le Président. Cela est tout à fait conforme à ce qu'Huber écrivait à mademoiselle Grouvelle.

Me Arago. A quelle distance le témoin Pauchet était-il de la personne qui a perdu le portefeuille?

Pauchet. A vingt pas environ.

Me Arago. Je suis bien aise qu'il ait vu tomber quelque chose sans pouvoir deviner d'abord ce que c'était. Il a d'abord cru que c'était de la boue qui se détachait de sa botte. MM. les Jurés jugeront comment on peut distinguer, le 8 décembre, à dix heures du soir, par un temps couvert, car il pleuvait.

Pauchet. J'ai dit ce que j'ai vu.

Me Arago. Y avait-il un réverbère allumé?

Pauchet. Je ne puis me le rappeler.

M. Darras, brigadier des douaniers : Le 10 décembre, j'étais de service, lorsque le douanier Pauchet m'apporta un portefeuille. Il me déclara l'avoir trouvé la veille sur le port étant en faction, et qu'il contenait des papiers contre le Gouvernement ; entre autres une lettre dont il fit la lecture en ma présence; je fis remettre les papiers dans le portefeuille, et je lui dis qu'il ferait bien de le déposer chez le commissaire de police qui demeure à quelques pas de là. Il le fit, en retira un reçu qu'il me fit voir.

D. A-t-on lu l'adresse de cette lettre devant vous? — R. Oui.

D. Comment était-elle conçue? — R. A M. Leproux, juge-suppléant, à Vervins.

D. Que disait cette lettre? pouvez-vous vous le rappeler? — R. Je ne me rappelle plus cette lettre, tant cet écrit incendiaire m'a tourné l'esprit.

D. Dans quels termes était-elle conçue. — R. Elle était conçue dans un esprit de haute trahison contre le Gouvernement et le Roi.

Me Arago. Depuis combien de temps le témoin est-il dans les douanes. — R. Depuis vingt-deux ans.

D. Il n'a pas quitté le service pendant ce temps? — R. Non.

M. le Président. Savez-vous si le chemin où est tombé le portefeuille est éclairé? — R. Il est impossible que le réverbère qui se trouve à quelque distance puisse éclairer suffisamment le chemin.

D. A l'endroit où est tombé le portefeuille, est-il possible qu'il n'ait pas été couvert de boue? — R. Il y a des cailloux rapportés, mais la route est très-pratiquée ; cependant la chose est possible par une grande pluie.

Un juré, au témoin Pauchet : Le témoin a-t-il cherché à rappeler l'individu qui avait laissé tomber son portefeuille? — R. Je ne le voyais plus du tout, il pleuvait à verse.

Delanoy, brigadier, raconte les mêmes faits que le précédent témoin. Il a entendu lire la lettre à Leproux et en cite de mémoire plusieurs passages.

M. Bergeret, commissaire de police à Boulogne. J'ai été prévenu qu'il avait été déposé à mon bureau, par un douanier, un portefeuille contenant des papiers ayant rapport à un complot, sinon contre le Roi, du moins contre le Gouvernement. Je me rendis chez moi, j'ouvris le portefeuille; il contenait divers papiers, une lettre à M. Leproux, deux passeports au nom de Stiegler. Il y avait aussi une adresse à l'hôtel de France. Je fis appeler Stiegler. Au signalement que j'avais reçu, je reconnus que celui qui prétendait se nommer Stiegler, était Huber. Je lui dis alors : « Au nom de la loi, je vous arrête. — Vous avez trouvé mon portefeuille, me répondit-il, je m'y attendais, je suis prêt à vous suivre. » Je fis une perquisition sans rien trouver. Nous sortîmes ensemble sans qu'il opposât la moindre résistance;

mais, en route, il s'écria : « Fatalité! fatalité! ça n'arriverait à personne;
il faut que ça m'arrive, à moi. » Quelques moments après, je lui dis : « Il
est bien étonnant qu'après avoir perdu votre portefeuille, vous soyez resté
à Boulogne; » il me répondit qu'il y avait des chances que son portefeuille
fût tombé entre les mains d'une personne qui l'aurait rapporté à l'hôtel; « et
puis je devais à l'hôtel, et j'ai préféré subir toutes les conséquences de la
perte de mon portefeuille. » Je l'interrogeai, et il me répondit : « J'ai l'habitude de ne jamais répondre qu'à un juge d'instruction. » Je lui montrai
le portefeuille, il le reconnut; je lui présentai sa lettre et lui demandai s'il
la reconnaissait; il me répondit : « C'est dangereux! Ceci est l'affaire des
experts. » Sur l'enveloppe il mit : « Je reconnais ces papiers, sauf la lettre
à M. Leproux, sur laquelle je m'expliquerai plus tard. »

D. A-t-il montré de l'étonnement en voyant sur l'adresse le nom de Leproux? — R. Non, Monsieur.

Huber. Dans son procès-verbal, M. le Commissaire ne m'a jamais parlé
de complot; il m'a dit seulement : « Je vous arrête, parce que vous voyagez
sous un faux nom. »

M. Bergeret. Je lui dis : je vous arrête, parce que vous voyagez sous un
faux nom. C'est à ce moment qu'il me dit : « Ah! vous avez trouvé mon
portefeuille. » Ceci se passait avant l'interrogatoire.

Mᵉ Arago. Si Huber n'a tenu ce propos que relativement à son portefeuille, comment ne l'a-t-il pas consigné dans son procès-verbal?

M. Bergeret. Ça n'est pas pendant l'interrogatoire qu'il m'a dit cela.

Mᵉ Arago. Comment se fait-il que M. le Commissaire ait su à la première
vue que ce n'était pas à Stiegler, mais à Huber, qu'il avait à faire?

M. Bergeret. On nous avait envoyé à Boulogne le signalement des détenus, et, parmi ces signalements, se trouvait celui d'Huber.

Raingot, maréchal. J'étais à la prison de Boulogne lorsque Huber y fut
amené; on me pria de le recevoir dans ma chambre, et de le surveiller. Il
me dit qu'il était républicain, qu'il était bien malheureux, qu'il avait perdu
un portefeuille contenant un plan et une lettre qui pouvaient faire arrêt r
plus de deux cents personnes. Il était triste, silencieux, et entrait tout à
coup dans de grandes colères. Un jour, il me dit : « Je suis républicain, et
je veux tuer mon père et ma mère. » Comme je lui disais : « Vous ne parlez pas sérieusement? » il me dit : « Par mon père et ma mère j'entends
le Roi et sa femme. »

Huber. Je demande seulement au témoin de me regarder en face.

M. le Président. Avez-vous une observation à faire?

Huber. C'est seulement pour voir un imposteur rougir.

M. le Président. Vous n'avez pas le droit de dire des injures au témoin;
vous n'avez pas la parole, asseyez-vous.

Mᵉ Arago. Pourquoi le témoin était-il en prison? — R. Pour dettes.

D. Est-ce qu'il avait été en mission spéciale vis-à-vis d'Huber? — R. C'é-
tait pour le surveiller et l'empêcher de s'évader.

Huber. Si j'avais eu des confidences à faire, il y avait dans la prison des
personnes dont la physionomie m'inspirait plus de confiance, et ce n'est
certes pas à celui que l'on avait chargé de veiller sur moi que je me serais
confié.

Le sieur Colombe, concierge de la prison de Boulogne, rend compte des
circonstances qui ont suivi l'arrivée d'Huber à la prison; au moment de son
départ pour Paris, le brigadier de la gendarmerie l'a fouillé, et l'on a trouvé
sur lui des papiers.

D. Qu'a-t-on trouvé? — R. On y a trouvé deux lettres et un morceau de papier (le plan) ; il s'est jeté dessus et il en a arraché un morceau, le coin, et l'a jeté dans le feu.

D. Qu'a-t-on fait de ces pièces? — R. M. le Brigadier nous les a remises pour les lui représenter à la première réquisition.

D. Où étaient ces papiers, notamment le plan? — R. Le grand était dans la coiffe de son chapeau, les autres dans son col.

D. Pourquoi Raingot était-il dans la même chambre qu'Huber? — R. Par mesure de précaution, pour le guetter et l'empêcher de tenter une évasion.

D. Raingot vous a-t-il dit quels avaient été les propos d'Huber en sa présence? — R. Oui, Monsieur ; Raingot me dit : « L'individu que vous avez mis avec moi a des accès de violences, il me fait peur ; je ne veux pas rester avec lui. — Il part demain, lui dis-je, cela ne durera pas. — C'est, ajouta-t-il, qu'il tient des propos terribles ; il dit que, s'il veut, tout le quartier tremblera. » Il s'est décidé, pour m'obliger, à rester.

D. Vous a-t-il parlé des propos d'Huber contre le Roi et la reine? — R. Oui, il m'a raconté qu'Huber lui avait dit qu'il tuerait son père et sa mère. Comme ce propos le faisait frémir, il dit qu'il entendait par son père et sa mère, le Roi et la reine.

D. Huber vous a-t-il paru dans l'état d'exaspération dont a parlé Raingot? — R. Pas la moindre chose, il s'est très-bien comporté tant qu'il a été à la maison.

On entend ensuite plusieurs gendarmes, qui confirment la déposition du précédent témoin.

D. Huber, pourquoi avez-vous déchiré le plan en question? — R. Je ne voulais pas qu'il tombât entre les mains des gendarmes; si j'y avais attaché de l'importance, je l'aurais pu détuire très-facilement dans ma prison. Mais Steuble y tenait, et c'est pour cela que j'ai voulu le conserver.

M. le Président. L'audience est remise à demain midi.

Audience du 17 mai.

L'audience est ouverte à midi et demi.

M. le Président, à Steuble. A quelle époque votre père a-t-il quitté Paris? en 1837? — R. Je ne le sais pas positivement.

D. Votre père, d'après les renseignements que nous avons reçus, logeait dans le faubourg Saint-Germain, chez le sieur Lacombe? — R. C'est vrai.

D. Il serait parti de Paris le 4 juillet 1837, avec un passeport visé pour Vienne? — R. Il m'est impossible de me rappeler ces dates.

D. (A. Huber) Si c'est le 4 juillet que Steuble père est parti de Paris, ce n'est pas pour l'empêcher de traiter avec le Gouvernement que vous avez, à la fin du mois de Juillet, emmené Steuble fils? — R. Je le croyais encore à Paris, Steuble le croyait lui-même; j'ai lu dans le *Courrier français* un article qui devait me le faire penser.

M. le Président. Nous ordonnons que Lacombe, logeur, soit appelé demain à l'audience.

M⁰ Arago. En vertu de votre pouvoir discrétionnaire, voudriez-vous bien donner lecture de l'article du *Courrier* dont il a déjà été parlé?

M. le Président donne lecture de cet article, qui se trouve dans le numéro du 21 juillet 1837. Voici le texte de cet article:

« Le mécanicien Steuble, Suisse de naissance, fondateur de la grande fabrique
» de fusées à la Congrève, à Saint-Pétersbourg, vient de présenter au Ministre
» de la guerre une batterie à mitraille. M. le général Bernard a nommé une
» commission d'officiers d'artillerie pour examiner ce procédé, qui, d'après l'ex-
» posé de l'inventeur, doit opérer un changement radical dans le système des
» bouches à feu. »

M. le Président. Ainsi qu'on le voit, cet article est publié postérieurement au départ de Steuble de Paris.

Demoiselle Hergaland (Élisa), 22 ans, ouvrière, rue de Sartine.

D. On s'est présenté chez vous pour y faire une perquisition; vous êtes arrivée à ce moment: on a trouvé sur vous des papiers, dans la poche de votre tablier : à quelle époque vous avaient-ils été remis? — R. Je ne sais à quelle époque; trois ou quatre jours, je crois, avant mon arrestation.

D. Par qui vous avaient-ils été remis? — R. Par mademoiselle Grouvelle.

D. Vous a-t-elle dit pourquoi elle vous les remettait? — R. Je ne me rappelle pas les motifs qu'elle m'a donnés.

D. Ces papiers se sont trouvés dans la poche de votre tablier, ce n'est pas là où vous mettez d'ordinaire vos papiers; vous devez savoir au juste depuis quand ils y étaient? — R. Je n'y attachais pas beaucoup d'importance.

D. Pourquoi cela? — R. Parce qu'ils n'étaient pas à moi.

D. On a saisi chez vous un paquet qui contenait aussi des papiers. — R. Je ne savais pas ce qu'il contenait.

D. Mais vous avez su que l'on vous avait envoyé ce paquet; on vous l'avait même annoncé. — R. Oui, Monsieur.

D. Depuis combien de temps l'aviez-vous reçu? — R. Depuis un mois.

D. Vous avez déclaré dans l'instruction que l'on vous l'avait remis le mardi précédent, le 12 décembre. — R. Monsieur, je n'ai pas pu dire cela; c'est impossible.

M. le Président donne lecture des interrogatoires de mademoiselle Hergaland, elle a donné pour raison de la remise que lui a faite la demoiselle Grouvelle, la crainte que sa mère ne vît ces papiers.

M. le Président, à la demoiselle Hergaland. Est-ce bien là le motif qui vous a été donné? — R. Je ne puis me le rappeler parce qu'il y a déjà bien longtemps que cela s'est passé.

D. Savez-vous ce que contenait le paquet que l'on vous avait remis? — R. Non, Monsieur.

D. Quand on s'est présenté, on vous a demandé si vous aviez des papiers appartenant à mademoiselle Grouvelle; pourquoi avez-vous répondu non? — R. Il n'était pas convenable de livrer une chose qui m'avait été confiée.

D. Il est toujours convenable de livrer à la justice ce qu'elle vous demande. Avez-vous vu venir Huber chez elle? — R. Quelquefois.

D. Vous avez vu venir Steuble? — R. Quelquefois aussi.

D. Venait-il seul? — R. Quelquefois.

D. Vous avez été la voir chez Vincent Giraud. — R. Une fois.

D. Avez-vous entendu faire devant vous des conversations en allemand. — R. Non, Monsieur.

D. Vous avez vu, à son retour de Londres, Steuble chez mademoiselle Grouvelle? — R. Oui, Monsieur.

D. Se plaignait-il d'Huber? — R. Je n'assistais pas à toutes leurs conversations.

D. On a trouvé parmi les papiers saisis chez vous l'adresse de Giraud; savez-vous pourquoi elle vous avait été remise? — R. Non, Monsieur.

D. Était-elle déchirée comme elle l'est aujourd'hui? — R. Probablement.

D. Comment se fait-il que vous ne répondiez pas aujourd'hui avec autant de précision que dans l'instruction? — R. J'étais très-agitée dans ce moment.

Mademoiselle Grouvelle. Ce que mademoiselle Hergaland a dit, elle l'a dit comme une pensée à elle. Je ne sais pas comment on insiste tant sur ce point. Je n'ai jamais rien de caché pour ma mère.

D. Mademoiselle Grouvelle pouvait-elle causer avec Steuble sans le secours d'un interprète. — R. Il parlait très-rarement le français.

M. Le Procureur général. Le témoin n'a-t-il pas très-souvent écrit les adresses des lettres de Mademoiselle Grouvelle?

Le témoin. Très-souvent.

M. Lebel, directeur de la Conciergerie.

M. le Président. On a désiré vous entendre de nouveau sur les communications qui ont pu avoir lieu dans la prison entre les accusés.

M. Lebel. Steuble et Huber ont été continuellement séparés, mais Huber a été quelquefois sur la cour, avec un autre co-accusé, Annat.

D. Y avait-il communication avec madem iselle Grouvelle.—R. Non, jamais mademoiselle Grouvelle n'a communiqué avec personne.

M. Lebel. Je crois me rappeler, en outre, qu'à une certaine époque ils ont été presque tous réunis, même Steuble et Huber. Ils me l'avaient demandé : j'ai fait promettre à Huber de ne pas faire de mal à Steuble. Cette possibilité de communication a cessé dès que vous avez donné des ordres à cet égard.

Huber. C'est M. Lebel qui m'a fait appeler, qui m'a dit que Steuble avait demandé à être sur la cour : je lui ai dit que je ne m'y opposais pas ; mais je ne l'ai jamais demandé.

Mᵉ J. Favre. Il est important d'observer que les rétractations envoyées par Steuble sont antérieures même avec la communication avec Annat.

M. le Président. Ce que vous appelez une rétractation explicite n'est relative qu'au but de l'entreprise.

Mᵉ J. Favre. Je vous demande pardon ; il dit que sa dénonciation est fausse.

M. le Président. Nous allons la relire.

M. le Président fait la lecture de cette pièce que nous avons déjà publiée. Elle porte la date du 26 janvier; c'est la date de la traduction ; la lettre n'était point datée.

Mᵉ J. Favre. Avant le 26 janvier, y avait-il eu, par Steuble, communication possible avec Annat?

M. Lebel. Je le crois; mais je ne pourrais donner de certitude à cet égard.

M le Président. Mais l'accusation n'a jamais dit que ce fût Annat qui eût porté Steuble à faire sa rétractation. (A Steuble.) Par ces mots : « Ma dénonciation est fausse; » qu'entendiez-vous? — R. La déclaration que j'avais faite.

D. Entendiez-vous toute votre déclaration? — R. Pas tout, mais la plupart; je voulais retrancher tout ce qui avait eu lieu depuis le 11 janvier dans l'instruction.

Mademoiselle Grouvelle. Je demande que M. Lebel veuille bien dire s'il n'a jamais été à moi possible de communiquer. Les précautions avaient été si bien prises à cet égard que je n'ai jamais pu voir Huber qu'à travers une fenêtre.

M. Lebel. C'est vrai, mademoiselle Grouvelle n'a jamais pu communiquer avec ses coaccusés, pas plus qu'avec tous les autres accusés détenus.

Mademoiselle Grouvelle, vivement. Oh ! pour les accusés voleurs, je les voyais plus que je ne voulais.

M. le Président. Il n'y a pas à distinguer entre les accusés ; ceux qui trament des complots sont aussi coupables que les autres.

Me J Favre. Il y a cependant de grandes différences dans l'ordre moral.

M. le Président. Il n'y en a pas au moins dans l'ordre social.

M. le Procureur général. Il n'y en a pas non plus dans l'ordre moral.

Me J. Favre. La conscience publique est là pour juger s'il n'y a pas de différence.

M le Président, avec dignité. Oui, la conscience publique est là..... Il n'y a et ne peut y avoir sur ce point qu'une seule voix, je ne dis pas sur la culpabilité des accusés, mais sur la criminalité de l'accusation dont ils sont l'objet.

M. Wenger traduit à Steuble la déposition de M. Lebel, il répond que pendant presque tout le temps qu'il a été en prison, il a été constamment accompagné d'un gardien ; que ce n'est qu'à compter du mois de février qu'il lui a été possible de descendre sur la cour.

Madame Hergaland, 45 ans. Elle dépose des mêmes faits que sa fille. « Dans le cours des perquisitions qui ont été faites chez moi, il m'a été impossible de livrer le paquet ; je ne savais pas où il était, ce n'est que le lendemain que je l'ai trouvé derrière le lit de ma fille. »

Le sieur Journeux, 31 ans, teneur de livres : Après l'arrestation de mademoiselle Grouvelle, j'allai, par intérêt, faire visite à sa mère dont la santé est très-mauvaise, et qui était encore très-émue de l'arrestation de sa fille et du départ de son fils qui était souvent obligé de quitter Paris ; elle me dit qu'elle éprouvait de longs évanouissements ; que, pendant ce temps, elle se trouvait abandonnée à la discrétion de ses domestiques ; qu'on pouvait lui dérober des papiers importants. Elle me proposa de me les confier ; je crus devoir accepter et rendre un léger service à celle qui, selon moi, en avait rendu de si grands par son dévoûment sans bornes et son humanité. Elle me remit ces papiers sous enveloppe. Pour rendre ce dépôt plus sacré, c'est moi qui ai eu l'idée de mettre dessus : *Testament de Madame Grouvelle mère.*

D. Qui aurait donc eu intérêt à ouvrir ces papiers ? — R. J'ai du monde chez moi ; je suis marié, j'ai des enfans : la curiosité des enfants est grande.

D. Vous ne saviez pas quels étaient les papiers renfermés dans l'enveloppe ? — R. Non, Monsieur, madame Grouvelle m'avait dit seulement que c'étaient des papiers d'affaires qui l'intéressaient. Je n'ai pas eu un moment la pensée de refuser madame Grouvelle, pour laquelle je professe le plus grand respect.

M. le Président donne lecture de la déclaration faite par M. Journeux dans l'instruction ; il en résulte que madame Grouvelle lui aurait dit que sa santé l'avait décidée à mettre ordre à ses affaires, et que l'enveloppe contenait ses dernières volontés? — R. J'ai peut-être peu entendu la déclaration qui en a été lue.

D. Il aurait fallu que le commissaire de police inventât quelque chose à la place de ce que vous avez dit. Vous avez eu des relations avec la demoiselle Grouvelle? — R. Oui, Monsieur.

D. Vous avez parlé de ses bonnes œuvres, vous en avez été personnellement le témoin? — R. Oui, Monsieur.

D. Vous avez fait partie de l'association libre pour l'éducation du peuple, vous en étiez même trésorier? — R. Oui, Monsieur. J'ai vu, en 1831, Mademoiselle Grouvelle à propos de la société pour l'éducation du peuple. C'est grâce à ses efforts que nous avons pu recueillir quelques fonds; plus tard, lorsque le choléra éclata, elle s'enferma dans un hospice pour soigner les malades. Enfin, à une autre époque, elle s'est activement occupée des secours à donner aux détenus. Je l'ai toujours vue à toutes époques, dans toutes les circonstances, empressée à secourir les malheureux.

D. Les malheureux de toutes sortes? — R. Le choléra, Monsieur le Président, ne choisissait pas ses victimes.

Wins (Jean-Baptiste), négociant. C'est le fabricannt de sucre auquel Leproux prétendit, dans le commencement de l'instruction, avoir envoyé Huber à son passage à Vervins. Il ne se souvient pas de ce fait.

Le sieur Audry, domestique au service de M. Leproux.

M⁰ *Teste*. Le témoin sait-il si J. Leproux n'allait pas toutes les semaines à la fabrique de sucre! — R. Il y allait très-souvent.

D. S'occupait-il de la fabrique? — R. Oui.

D. Donnait-il des ordres? — R. Oui, Monsieur.

D. Un soir, au moment où M. Leproux s'habillait, n'est-il pas venu un homme le demander? — R. Non, je ne me souviens pas; je crois que j'étais sorti ce jour-là.

M. Destable, ancien notaire à Vervins, adjoint. Je connais Leproux depuis son enfance. M. Leproux a eu des opinions politiques assez avancées, mais jamais je n'ai entendu sortir de sa bouche des propos offensans pour la famille royale. M. Leproux est très-vif; quant à ses connaissances à Paris, j'ignore qu'il ait formé des liaisons dangereuses.

D. Quelles étaient ses occupations à Vervins? — R. Il était juge-suppléant. J'ignore jusqu'à quel point il s'occupait de la fabrique; mais il y avait un intérêt, puisque son père était à la tête de cette fabrique, ou était un des principaux intéressés.

M. Biet, négociant à Vervins. J'ai été instruit du complot par l'acte d'accusation. Depuis longtemps M. J. Leproux ne parlait plus politique, surtout depuis sa nomination à Vervins. Auparavant je l'avais entendu dire qu'on aurait la guerre et que, peut-être, la monarchie n'aurait pas assez *de nerf*; mais il n'a jamais dit qu'il espérait voir la république à la suite d'un assassinat. Au contraire, il était le premier à s'en affliger. Leproux avait un intérêt dans la fabrique de sucre de Vienne.

M⁰ *Teste*. Une fois, J. Leproux n'a-t-il pas engagé le témoin à le suivre à la fabrique, et ne lui a-t-il pas expliqué l'usage de différentes machines. — R. Oui.

M⁰ *Teste*. Le 1ᵉʳ août, le témoin n'a-t-il pas passé la nuit au bal avec Leproux, le jour de la fête de Vervins? — R. Oui; je me souviens qu'il y a eu un bal. Il y a même eu division dans la société; parce que le sous-préfet était mort, plusieurs personnes ne voulaient pas aller au bal; Leproux et moi y avons été.

*Leproux.*A quelle heure le bal commença-t-il?

Le témoin. De huit à neuf heures.

M. Soyer, notaire à Vervins et maire. Leproux avait des opinions politiques fort raisonnables. Je n'ai jamais pensé qu'elles pussent donner des inquiétudes à sa famille. Depuis son retour, il a été intéressé dans la fabrique de son père; je crois qu'il s'occupait peu de la fabrique. Cependant je crois qu'il n'avait jamais eu de goût pour la magistrature.

M. Besson, à Vervins. En 1834, il fut question, avec M. Leproux fils, d'ériger une fabrique de sucre. Nous avons visité ensemble plusieurs fabriques. C'était lui qui s'occupait des machines. L'acte de société a été rédigé; mais quelques difficultés s'élevèrent et le projet n'eut pas de suite.

L'audience est suspendue pendant un quart d'heure; elle est reprise à trois heures.

Le sieur Dumuy, contre-maître de la fabrique. Quand M. Leproux venait à la fabrique, il donnait quelquefois des ordres. Je me rappelle que, lorsque M. Fouquier me plaça à la tête de la fabrique, il me dit de m'adresser à M. Leproux fils en son absence.

On entend une foule de témoins qui déposent sur l'intervention de M. J. Leproux dans l'administration de la fabrique de sucre.

M. Saint-Omer, expert écrivain, examine plusieurs pièces saisies sur Huber. Il déclare que la lettre à Leproux est de la main de Huber, à l'exception de la suscription qui est d'une autre main.

M. le Président fait passer à M. l'expert la lettre qui a été saisie à Mons, et que l'accusation prétend avoir été écrite par A. Souillard, *dit Chiret*. Il remet alors à l'expert, comme pièce de comparaison, une pièce saisie, au mois d'avril 1834, dans le domicile du nommé A. Souillard, et qui a été produite devant la Cour des Pairs comme écrite par le nommé Souillard.

Arago. Mais qui est-ce qui établit que cette pièce de comparaison est de la main du nommé Souillard?

M. le Procureur général. Cette pièce a été extraite des archives de la Cour des Pairs.

M. le président donne lecture du procès-verbal de perquisition dressé, le 19 avril 1834, au domicile de Souillard. C'est dans cette perquisition que la pièce de comparaison a été saisie avec beaucoup d'autres.

M⁰ J. Favre. Nous renouvelons notre observation; il n'est pas établi que cette lettre soit de Souillard.

M. le Procureur général. Ce sera plus tard un objet de discussion entre nous; laissez faire la vérification.

M. Saint-Omer déclare que la lettre de Mons et la pièce de comparaison sont émanées de la même main; il ajoute cependant qu'il n'en a point la certitude.

M. Oudart s'exprime dans les mêmes termes sur cette vérification d'écritures.

La demoiselle Saussaye, femme de charge chez M. Vauquelin.

D. Vous avez vu le nommé Giraud dans un voyage qu'il a fait, chez le sieur Vauquelin. — R. Oui, Monsieur.

D. Savez-vous quel était l'objet de ce voyage? — R. Non, Monsieur.

D. Est-ce que vous n'avez pas l'habitude d'écouter aux portes?

Mademoiselle Saussaye, Celui qui a dit une pareille chose n'a pas dit la vérité.

M. le Président. Valentin, qu'avez-vous à dire sur cette déclaration?

Valentin. Je n'ai pas dit que j'eusse la certitude que mademoiselle écoutait aux portes , mais c'était seulement une opinion que j'avais.

M. Ferdinand Barrot. Valentin a dit qu'il avait vu la demoiselle Saussaye écouter aux portes ; et il a même ajouté que cette fille lui avait dit que l'individu qui était venu ne repartirait pas les poches vides.

Le témoin. Je n'ai jamais dit cela.

M. le Président. Comment se conduisait Valentin chez M. Vauquelin ? — R. Très-mal.

D. Quels sont les faits qui vous ont donné de lui cette mauvaise opinion ? — R. Il disait toujours des mensonges ; il venait à chaque instant à la cuisine, conter des nouvelles qui, pour la plupart du temps , étaient fausses.

D. Vous n'avez pas d'autres faits à citer ? — R. Je vous demande pardon ; ainsi, un jour que nous avions fait un reposoir pour la procession du Saint-Sacrement, il est rentré au moment où la procession passait, le chapeau sur la tête, la pipe à la bouche, et ses mains dans ses poches ; c'est au point que M. le curé en a été indigné. En arrivant il m'a dit : « Bonjour, Louise. » Je lui ai dit : « Vous feriez bien mieux de vous en aller que de rester ici. »

M Ferdinand Barrot. Le témoin peut-il témoigner des soins que M. Vauquelin prodiguait à sa mère pendant sa maladie?

Le témoin. Il est impossible d'avoir plus de soins et d'égard que M. Vauquelin en a toujours eu pour sa mère.

M. Godard, propriétaire à Rouen.

D. Vous étiez en relations avec la famille Grouvelle? — R. Oui , Monsieur.

D. Vous êtes venu à Paris le 9 octobre? — R. C'est vrai.

D. Vous y avez vu mademoiselle Grouvelle? — R. Oui.

D. Ne vous a-t-elle pas demandé d'argent? — R. Ceci a besoin d'explication. J'avais été voir Grouvelle , son frère ; je ne le trouvai pas. Je trouvai seulement mademoiselle Grouvelle. Elle me parla de M. de Vauquelin, me dit qu'elle avait à s'en plaindre. Tout cela n'a jamais été, j'en suis convaincu, que le résultat d'un malentendu. M. de Vauquelin réclamait de l'argent qu'il croyait avoir seulement prêté , tandis que mademoiselle Grouvelle prétendait qu'il l'avait donné. Je promis d'arranger cette difficulté ; car j'étais sûr de M. de Vauquelin, que je crois incapable de redemander de l'argent qu'il aurait donné. Mademoiselle Grouvelle eut assez de confiance en moi pour s'en rapporter à ce que je ferais. C'est au moment où nous allions nous séparer qu'elle me dit : « Mais, ne pourriez-vous pas vous-même faire quelque chose? » Je lui promis de faire mon possible, et de lui faire passer ce que j'aurais pu recueillir.

D. Une correspondance s'est en effet engagée entre vous et Vauquelin ; dans sa réponse se trouve le passage suivant : « On m'a demandé une somme plus forte, sous un prétexte spécieux, pour une cause très-grave à laquelle je n'ai pas accordé de confiance, et que je ne veux pas tracer ici pour ne pas compromettre des amis. » Avez-vous compris la signification de ces mots, et pouvez-vous l'expliquer? — R. Cette lettre n'a rien de bien extraordinaire. Il s'agissait d'un projet de souscription pour les amnistiés.

D. Avez-vous vu Vauquelin depuis qu'il vous a écrit cette lettre ? — R. Non.

D. Ainsi , il ne vous a jamais fait connaître le sens du passage que je viens de vous citer? — R. Non.

D. Ce sont ces lettres et divers autres papiers trouvés chez vous qui vous ont fait arrêter? — R. On m'aurait arrêté tout de même si l'on n'avait rien trouvé ; car quand on s'est présenté chez moi, on m'a dit : « Nous venons pour faire une perquisition chez vous. » J'ai ajouté : « Et pour m'arrêter, n'est-ce pas? » On m'a répondu que *oui.*

D. On a trouvé chez vous des papiers qui prouvent que vous vous occupez de projets opposés au Gouvernement? — R. C'est possible.

M. Piquenot, marchand de rubans à Bernay.

D. Vous connaissez mademoiselle Grouvelle ; comment vos relations ont-elles commencé? — R. A Sainte-Pélagie, où, comme moi, elle venait visiter des détenus politiques ; elle m'a demandé si je ne pourrais pas leur procurer du travail.

D. Vous avez vu Valentin à Verneusse, chez M. Vauquelin? — R. Oui, Monsieur.

D. Quelle était sa conduite? — R. Je n'en puis dire qu'une chose, c'est qu'elle était dégoûtante. M. Vauquelin était trop bon , et sans moi il n'aurait pas encore renvoyé Valentin.

D. Pouvez-vous citer quelques faits qui prouveraient sa mauvaise conduite. — R. Valentin s'est présenté à une procession, il a insulté le curé, et, dans l'église, il a renouvelé ces scandales. Il a été arrêté une autre fois à Bernay. M. Vauquelin voulait que j'allasse intercéder auprès du procureur du Roi. J'ai refusé.

D. Lors du voyage de Vincent Giraud auprès de Vauquelin, il s'est présenté chez vous? Quel a été l'objet de cette visite? Giraud prétend que c'était pour vous parler d'affaires de commerce : vous avez dit le contraire dans vos interrogatoires. — R. Vincent Giraud me parla en effet d'affaires de commerce. Je suis étonné qu'ayant dit cela devant M. le juge d'instruction, on ne l'ait pas relaté dans mon interrogatoire.

D. A cette même époque, M. Vauquelin vous a envoyé chercher par son garde? —R. Oui, Monsieur.

D. Pourquoi vous envoyait-il chercher ainsi, le soir, par un exprès? de quelle affaire importante s'agissait-il donc? — R. M. Vauquelin m'a parlé de l'affaire de Gaillard. Je vis chez lui Giraud, qui renouvela la conversation que j'avais eue avec lui. M. Vauquelin me parla d'une somme de 400 f. Il me dit que Giraud lui avait parlé des besoins des patriotes, de l'utilité qu'il y aurait à former une association pour leur donner des secours.

D. Mais, encore une fois, je ne vois rien en tout cela qui pût nécessiter l'envoi d'un exprès. R. Je vous ai déjà expliqué que s'il me faisait appeler, c'était pour me parler d'affaires.

M° Ferdinand Barrot, au témoin. M. Vauquelin ne consultait-il pas souvent M. Piquenot, même sur des affaires d'une très-minime importance ?

Le témoin. Oui, M. de Vauquelin me consultait très-souvent. Il se laissait emporter aux mouvements irréfléchis de son bon cœur, et je l'ai souvent empêché de se mettre dans plusieurs affaires.

M. le Président donne à plusieurs témoins de Laon et de Vervins, déjà entendus, l'autorisation de se retirer.

L'audience est remise à demain, dix heures du matin.

Audience du 18 mai.

L'audience est ouverte à dix heures et demie.

Le témoin Lacombe, cité en vertu du pouvoir discrétionnaire, est introduit.

M. le Président. N'avez-vous pas logé, en 1837, le sieur Steuble, le père? — R. Oui, Monsieur.

M. le Président prend connaissance du registre du sieur Lacombe: il en résulte qu'il est entré chez lui le 13 mai, et qu'il en est parti le 4 juillet.

D. Avez-vous vu venir l'accusé Steuble pendant que son père logeait chez vous? — R. Deux ou trois fois.

Steuble. J'y ai été plus souvent.

M⁰ Arago. Il résulte bien du registre du logeur, dont M. le Président vient de donner lecture, que Steuble, le père, a quitté le logement le 4 juillet, mais il n'en résulte pas qu'il ait quitté Paris.

D. Au témoin. Savez-vous s'il a quitté Paris? — R. Non, Monsieur.

Steuble. Il est à ma connaissance qu'en sortant du logement du sieur Lacombe, mon père a quitté Paris.

M. de Lally-Tolendal (Michel–Joseph–Stanislas), propriétaire, 11, rue Mazarine.

D. Vous avez eu des relations avec mademoiselle Grouvelle? — R. Oui Monsieur.

D. Ces relations ont donné lieu à une correspondance; vous avez été interrogé, on vous a demandé si vous connaissiez Huber. Le connaissez-vous? — R. Je crois l'avoir vu.

D. Huber, levez-vous. (au témoin). Le reconnaissez-vous? — R. Cette figure ne m'est pas inconnue, mais je n'aurais pas pu dire que ce fût là Huber.

D. Avez-vous entendu parler chez mademoiselle Grouvelle du voyage de Steuble et d'Huber à Londres? Ne vous a-t-on pas dit qu'il s'agissait de la construction d'une machine? — R. Jamais je n'ai entendu parler de pareilles choses.

D. On a trouvé chez vous une lettre que mademoiselle Grouvelle vous a écrite à Londres, les termes de cette lettre annoncent qu'elle s'ouvrait à vous. Elle vous parlait de Morey, de Pépin et d'Alibaud dans des termes élogieux. — R. Cette lettre a été écrite sous l'impression de l'exécution d'Alibaud, du 15 juillet.

D. C'est vrai. L'exécution d'Alibaud avait eu lieu le 11 juillet. Elle vous disait : « La caisse de la société est vide, tâchez de la remplir, il faut bien de l'argent pour d'autres choses, tâchez de me comprendre.» — R. L'argent que l'on me demandait était destiné aux détenus politiques, je n'ai jamais entendu parler d'autres choses.

D. Il y avait déjà une caisse de secours à cette époque, dont M. Raban était secrétaire? — R. Oui, M. le Président, mais elle était vide.

D. Je reviens à ce que je vous disais tout–à–l'heure. Que voulait dire mademoiselle Grouvelle par ces paroles : « Songez encore ; il faut bien de l'argent pour d'autres choses. Tâchez de me comprendre. Souvenez-vous de ce que nous avons dit souvent. » — R. Je ne sais pas ce que mademoiselle Grouvelle voulait dire par là.

M. le Président. Mademoiselle Grouvelle, pouvez-vous expliquer cette lettre.

Mademoiselle Grouvelle. J'ai déjà eu l'occasion de l'expliquer à MM. les Jurés. La caisse de M. Raban ne s'appliquait qu'aux condamnés politiques. Nous avions l'intention de fonder une caisse qui embrassât tous les besoins du parti.

D. Qu'entendez-vous par les besoins du parti? — R. Il y a toujours des malheureux à secourir, des réfugiés, des évadés qui ont besoin d'aide; nous voulions établir une caisse pour venir au secours des journaux condamnés, pour payer leurs amendes, ce que nous ne pouvions plus faire par la voie des journaux, puisque la loi le défend.

M Lally-Tolendal. Ah! mademoiselle Grouvelle me met sur la voie; je me rappelle lui avoir promis que je concourrais volontiers à donner de l'argent pour payer les amendes prononcées pour délits de presse.

M. le Procureur général, à mademoiselle Grouvelle. Vous placez aujourd'hui en 1836 un projet d'établissement qui, d'après la déclaration que vous avez faite hier, ne remonte qu'à 1837, au voyage de Giraud chez M. Vauquelin.

Mademoiselle Grouvelle. Ce projet date de bien plus loin. J'ai commencé à m'en occuper des 1835. Nous avons éprouvé de grandes difficultés. Je n'ai cessé de m'en occuper par la suite; je m'en occuperais si j'étais dehors; je suis dedans, d'autres continueront.

M. le Président. Vincent Giraud allait à Verneusse en juin 1837, et c'était précisément, selon vous, pour aviser à l'établissement de la caisse dont vous parlez.

Mademoiselle Grouvelle. Cela est tout simple, car nous avons toujours été arrêtés par les plus grandes difficultés; c'était grave, et plusieurs personnes, comme M. de Vauquelin, par exemple, ont pensé que c'était dangereux, c'est ce projet qui m'a fait inquiéter, qui m'a mise en haine au pouvoir, qui m'a fait paraître ici, car il n'y a rien autre chose contre moi.

D. Je vous demande de nouveau ce que vous entendez par les besoins du parti? il faut s'expliquer clairement. — R. Si une profession de foi était nécessaire et que MM. les Jurés me la demandassent, je la ferais. J'ai consacré ma vie à donner des soins aux malheureux et aux malades; je l'ai fait sans m'enquérir de leurs opinions. Ainsi, quand j'habitais la campagne, à l'époque du choléra, c'étaient des paysans que je soignais, et qui n'avaient pas d'opinions; mais je n'ai pas besoin de cacher que j'ai fait tous mes efforts pour venir en aide aux patriotes. Depuis 1815, mon parti a été toujours persécuté, et moi je l'ai toujours soutenu.

D. Pour savoir si les actes dont vous vous plaignez étaient des persécutions, il faut savoir si vous n'étiez pas sortie de la légalité, et si le Gouvernement n'est pas resté dans les limites de la loi. — R. Quand Bories fut condamné à mort à la place où je suis, et que nous dépensions notre argent pour le sauver, on nous persécutait...

D. Mais établissez donc que vous avez été en butte à des poursuites illégales? — R. J'ai été arrêtée lors de l'évasion de Sainte-Pélagie. M. Zangiacomi me fit venir auprès de lui, et il me dit positivement : « C'est vous qui étiez à la porte de la maison de la rue Copeau, par laquelle les accusés se sont échappés. Vous y étiez avec M. Étienne Arago. » Je lui ai dit : « Je ne vous répondrai pas; si vous prouvez que cela est, cela sera; sinon, cela n'est pas. Je vous dirai, du reste, que j'ai toujours été prête à secourir mes amis; ainsi, M. Zangiacomi, je les ai aidés. » Eh bien! Messieurs, ce n'était pas moi qui ai aidé à l'évasion, c'était madame Guinard, une brave mère de famille que je ne voulais pas compromettre, et qui est morte depuis. Je suis restée en prison plutôt que de rien faire connaître, bien que M. Zangiacomi m'eût dit que je resterais en prison jusqu'à ce que j'eusse parlé. Dites que je n'ai pas été persécutée.

M. le Président. Vous n'avez pas été mise en jugement? — R. Non, mais j'ai été mise en prison. Du reste, j'avoue que j'ai reçu plusieurs évadés chez moi.

D. Vous avouez vous-même que vous avez commis un acte d'hostilité contre le Gouvernement.

Me Favre. Est-ce donc un crime que de donner asile chez soi à un évadé?

M. le Président. C'est toujours une faute.

Mademoiselle Grouvelle. Si nous avions pu sauver Bories, l'arracher à la mort, nous l'aurions fait.

M. le Président. Entre-t-il dans les opinions de votre parti de considérer Alibaud comme un martyr?

Mademoiselle Grouvelle. Je suis femme, j'ai horreur du sang, et, serait-ce un voleur de grande route, c'est avec la plus profonde douleur que je le verrais monter sur l'échafaud.

D. Et vous reconnaîtriez en lui une belle âme?

Mademoiselle Grouvelle garde le silence.

Schiller, réfugié politique. Ce témoin n'entend pas le français. Il prête serment par l'entremise de M. Wenger, qui lui transmet ensuite toutes les questions qui lui sont adressées.

D. Avez-vous vu Steuble et Huber à Londres? — R. Oui.

D. Steuble vous a-t-il parlé de son projet de construire une machine? — R. Non seulement il a dit cela à moi, mais à plusieurs autres personnes, à plus de cent personnes; il a ajouté qu'Huber lui avait donné des fonds, et que si on cessait de lui en donner, il dénoncerait le complot.

D. Vous a-t-il parlé de la destination de la machine? — R. Oui, il a dit que c'était pour tuer le Roi et la reine.

D. N'avez-vous pas fait part de ces faits à une autorité quelconque? — R. Oui, Monsieur, à l'ambassade de Londres; j'en avais d'abord parlé à mon confesseur.

D. A quelle ambassade? — R. Française à Londres. J'ai fait cette démarche pour empêcher, autant que possible, la réalisation d'une aussi mauvaise action.

D. A quelle époque? — Dans l'automne 1837.

D. Vous persistez dans la déclaration que vous avez faite? — R. Devant Dieu, devant les hommes et devant la nation française, je jure que ce que j'ai dit est la vérité.

D. (A Steuble.) Avez-vous connaissance des faits que le témoin vient de déclarer? — R. Je n'en sais pas une syllabe.

D. Avez-vous connu le témoin à Londres? — R. Nullement.

M. le Président, à Klüppel : Avez-vous connu Schiller à Londres? — R. Oui, Monsieur, malheureusement.

D. Pourquoi? — R. Je lui ai prêté de l'argent, et il prétend aujourd'hui qu'il ne me doit rien. Il a trompé comme moi tous les compatriotes qui ont eu avec lui des relations à Londres. Il a été condamné à dix ans de prison, il s'est évadé, et, s'il est ici, c'est pour gagner de l'argent.

Schiller. Tout ce qui vient d'être dit est faux.

D. Pourquoi étiez-vous à Londres? — R. Pour affaires de commerce.

D. Quel commerce? — R. Concernant plusieurs articles : jambon, viande salée, etc.

D. Où est ordinairement votre domicile? — R. A l'aide de mes papiers, il peut se légitimer.

Le témoin remet à M. le Président son passeport. M. le Président donne à M. Ungher la mission de le traduire. Il est délivré par le consul général de Hanovre. Quant à la résidence, il ne nous semble pas que la mention s'y trouve. La date est du 10 janvier 1838. D'autres papiers prouveraient qu'il a été, en 1808, garde forestier en Allemagne.

M. le Président, à Kluppel. Vous avez parlé d'une condamnation criminelle qui aurait frappé Schiller, avez-vous la preuve de ce que vous avancez? — R. On nous a raconté qu'il avait falsifié des papiers pour s'emparer d'un héritage; il a été condamné, s'est évadé, et nous a lui-même raconté plus de vingt fois les circonstances de son évasion.

Schiller. J'expose à MM. les Jurés et à MM. de la Cour, que je suis ici en qualité de témoin, et non pas en qualité de prévenu. Si l'on voulait avoir sur mes antécédents et sur ma vie des renseignements, il fallait s'adresser aux autorités compétentes de mon pays.

M. le Président, à Kluppel : Nous n'avons pas, jusqu'à ce jour, parlé de vous; mais puisque vous éveillez l'attention sur la moralité du témoin, nous devons dire que vous avez eu vous-même quelques démêlés avec la justice.

Kluppel. J'ai été poursuivi pour n'avoir pas payé cent et quelques francs.

M. le Président. Vous n'auriez pas été condamné criminellement pour n'avoir pas payé une somme d'argent.

Kluppel. Je n'ai pas été condamné.

M⁰ Favre. Il y a eu une plainte, mais pas de condamnation.

M. le Président donne lecture d'une lettre d'un négociant, qui se plaint de la conduite de Kluppel; mais il ne résulte d'aucun document que Kluppel ait été condamné.

M. le Président. Vous voyez, Kluppel, le danger qu'il y a de se lancer dans des récriminations aventurées; du reste, il ne faut pas insister plus longtemps, car la Justice doit recevoir les dépositions des gens même les plus démoralisés.

M⁰ Favre. Mais il appartient à la défense d'examiner la moralité des témoins.

Huber. Le témoin n'a-t-il pas reçu de moi une adresse? — R. Non.

Huber. Ne lui ai-je pas donné l'adresse de Souillard? — R. Non.

Huber. Ne m'a-t-il pas dit un jour qu'un officier de génie était venu demander Steuble, au sujet de commandes que voulait lui faire le Gouvernement espagnol? — R. Cela n'est pas.

Huber. A quel sujet a-t-il lié conversation avec moi? — R. C'est par hasard.

M. le Président, à Huber. Ainsi, vous reconnaissez avoir vu le témoin et lui avoir parlé? — R. Oui, Monsieur, dans les circonstances que j'ai fait connaître tout à l'heure. Il n'en convient pas, parce qu'il en impose, cet homme, dans son pays, était à la tête de cinquante malfaiteurs. J'ai d'abord cru que c'était un agent de l'ambassade, mais on m'a dit qu'il ne valait guère mieux.

M⁰ Arago. Nous avons des personnes à Paris qui pourront donner des renseignements très-précis sur les antécédents du témoin.

M. le Président. Il faut les nommer.

(117)

Me Favre. C'est d'abord M. Hubotter , professeur, homme honorable et qui offre toutes garanties de moralité. Il connaît la famille de Schiller, il vous dira ce que c'est que le témoin. M. Cadines déposera de propos que Schiller a tenus chez lui, et s'il demeure constant que le témoin est un malhonnête homme qui a fui la répression des lois criminelles de son pays, MM. les Jurés sauront quelle foi ils doivent ajouter à ses paroles.

M. Winger traduit à Steuble cette partie du débat.

Steuble. Un jour, avant mon départ pour Paris, j'ai été chez la belle-sœur de l'associé de mon père. J'ai appris qu'une personne m'avait cherché pour une entreprise et que je la trouverais à l'ambassade espagnole. Kluppel doit avoir connaissance de ce fait ?

Kluppel. Cela est vrai, nous avons été ensemble à l'ambassade et nous n'avons trouvé personne.

M. le Président. Steuble , quelles conclusions voulez-vous tirer de cè fait ?

Steuble. Je veux seulement prouver qu'Huber a dit la vérité.

Me Arago. Je désire , avant que les témoins dont nous avons donné les noms soient entendus, que le témoin Schiller réponde catégoriquement, par oui ou par non , à cette question : A-t-il été condamné pour faux testament, n'a-t-il pas été détenu, ne s'est-il pas évadé ?

Schiller. J'ai déjà eu l'honneur de faire observer à Messieurs de la Cour et à MM. les Jurés que j'étais entendu ici , non comme prévenu , mais comme témoin, je n'en veux pas au défenseur de ce qu'il croit, dans l'intérêt de son client, devoir m'attaquer ; mais je conjure M. le Président de ne pas permettre que de pareilles attaques soient dirigées de nouveau contre un témoin qui vient déposer devant la justice. Si l'on veut s'adresser aux autorités de mon pays , on acquerra la certitude que les faits que l'on vient de mettre en avant contre moi sont faux. J'ai été seulement condamné à six mois de prison pour avoir souffleté un avocat qui s'était permis de dire que je ne disais pas la vérité.

M. le Président. Votre dernière observation est inconvenante ; la vie, la moralité , les antécédents des témoins appartiennent à la défense ; elle a le droit de les examiner... Quelles sont les autorités auxquelles on pourrait s'adresser pour avoir des renseignements sur votre compte ?

Le témoin. On peut s'assurer de l'identité de ma personne auprès du consul de Hanovre ; là on recueillera tous les renseignements nécessaires sur mes antécédents.

Me J. Favre. Avant de faire entendre des témoins , et dans la crainte de faire des interpellations téméraires, nous nous sommes adressé au consul de Hanovre. Nous lui avons demandé des renseignements sur le témoin. Nous voulions savoir si , comme le prétend un article d'un journal que j'ai là (*le Bon sens*), ce n'est pas lui qui a été condamné dans son pays pour faux, pour vol et pour viol. Voici la réponse que nous avons reçue :

« Le Ministre de Hanovre s'empresse de répondre à la lettre que MM. Arago et Favre ont bien vou u lui adresser, qu'il n'a aucune connaissance des antécédents du nommé Schiller, et que , par conséquent, il ne se trouve pas à même de donner des renseignements positifs sur cet individu.

.» Le comte Cielmaresse saisit cette occasion pour offrir à MM. Arago et Favre les assurances de sa considération distinguée.

» Paris, 9 mai 1838. »

M. le Président. De qui est cette lettre ?

Mᵉ *J. Favre.* Elle n'est pas signée ; parce que ce n'est pas l'usage des ambassades, mais dans le nom de la lettre se trouve le nom du consul.

M. le Président, au témoin. Le consul a-t-il écrit et constaté la déclaration que vous avez faite ? — R. L'affaire a été traînée en longueur ; on n'a jamais pu trouver un interprête sachant bien l'allemand.

Mᵉ *J. Favre.* Savez-vous l'anglais ? — R. Peu.

D. Pourquoi n'avoir pas fait votre déclaration dans cette langue ? — R. Je ne connais pas assez d'anglais.

Mᵉ *Arago.* J'aurais bien autre chose à demander au témoin, car j'ai beaucoup d'autres renseignements ; mais il les nierait comme le reste ; j'aime bien mieux attendre que les faits soient établis par l'audition des témoins.

Mᵉ *Hemerdinger.* A qui Schiller s'est-il adressé à l'ambassade ?

Schiller. D'abord au portier ; mais cet homme a l'habitude de s'enivrer, et on ne pouvait pas se servir de lui.

D. Pourquoi s'est-il adressé au portier de l'ambassade qui n'a rien du caractère officiel de l'ambassadeur ? — R. Ne sachant ni lire ni écrire, je ne pouvais me confier à personne ; je pensais qu'un portier était attaché à son maître et qu'il garderait le secret.

Mᵉ *Hemerdinger.* Comment a-t-il su que personne à l'ambassade ne parlait l'allemand ? — R. Par le portier.

Mᵉ *Hemerdinger.* Si nous sommes bien informés, le consul français à Londres sait l'allemand.

M. le Président, à Huber. Est-ce que vous avez eu avec le témoin des altercations ? — R. Non, Monsieur, jamais.

D. Quelles sont donc les raisons qui peuvent avoir déterminé cet homme à faire une déposition contre vous ? — R. Il y est peut être intéressé.

D. Quel intérêt peut-il y avoir ? — R. Oh ! mon Dieu, l'intérêt de quelques pièces de 5 francs. C'est un mouchard ; demandez-lui quels sont ses moyens d'existence, qui le paie et le fait vivre...

D. Qui donc peut avoir intérêt à le payer pour vous nuire ? — R. L'ambassade, par exemple, le gouvernement.

D. Mais est-ce que vous croyez que le gouvernement est intéressé à votre perte ? R. Il le faut bien, sans cela comment serais je ici ?

D. Mais quelle importance croyez-vous donc avoir ? — R. Je n'étais pas seul, on voulait s'emparer de Steuble.

Mᵉ *Arago.* Comment le témoin vit-il à Paris, quelles sont ses ressources ? — R. De mes propres deniers et de mon commerce : j'ai agi dans toute cette affaire avec le plus grand désintéressement ; je ne demande rien à personne, je ne veux rien, on ne m'a pas donné une obole....

M. le Président. Certainement la défense a le droit d'examiner les antécédents d'un témoin, mais y il a à cela des bornes. Le témoin ne peut ainsi subir un interrogatoire, il faut que ce débat ait une fin.

Mᵉ *Arago.* Le témoin dit qu'il fait le commerce ; il serait bon pourtant qu'il voulût bien indiquer une seule maison avec laquelle il soit en relation d'affaires. Au surplus, ce qui prouve qu'il n'est pas commerçant, c'est que le passeport dont il est porteur est un passeport délivré gratis.

M. le Président. Bien des gens ont des passeports délivrés gratis, qui ne sont cependant à la charge de personne.

Schiller. Mon passeport n'est pas un certificat d'indigence ; toutes les fois que je m'adresse à mon consul, il m'est délivré de la sorte.

M. le Président. Kluppel, votre passeport ne vous a-t-il pas été ainsi délivré gratis ? — R. Oui, Monsieur; mais je ne vis pas avec mon argent, moi.

M. le Président. Il existe au dossier une déposition faite par le nommé Davaris; cet homme n'a point été trouvé; nous allons en donner lecture.

M. le Président lit cette déclaration : en voici le résumé :

« Pendant le mois d'octobre, ils se trouvaient ensemble dans une rue de Londres, et ils y furent rencontrés par deux Français, les nommés Souillard et Lornin. Cette circonstance parut contrarier Steuble : Davaris lui demanda le motif de ce sentiment pénible qu'il semblait éprouver. Steuble lui répondit qu'on lui avait défendu de parler avec des étrangers, et comme cette interdiction augmentait la surprise de Davaris, Steuble lui confia qu'il était venu en Angleterre avec Huber pour y construire une machine destinée à tuer le roi des Français; qu'ils avaient passé par la Belgique ; qu'en chemin ils avaient reçu de l'argent d'un fonctionnaire public; qu'ils attendaient de jour en jour les sommes nécessaires pour confectionner la machine, et qu'elles devaient être apportées à Londres par un Français. »

L'audience est suspendue pendant une demi-heure et reprise à deux heures.

M. le Président demande à Steuble s'il a eu des relations , à Londres , avec Davaris.

Steuble. Je n'ai jamais parlé à Davaris.

M. le Président. Il y a cependant des indications qui ont été confirmées par votre déclaration elle-même. — R. C'est vrai, mais j'ignore comment il a pu se procurer ces renseignements.

D. Il dit qu'Huber avait dû recevoir en route de l'argent d'un officier public. — R. Jamais je n'ai parlé de cette circonstance.

D. Schiller parle de discussions qui auraient eu lieu entre vous et Huber. Vous convenez de ces discussions; comment le témoin a-t-il pu savoir ce fait, sinon par vous? — R. On savait à Londres que j'avais eu des discussions avec Huber.

M. le Président. La défense a-t-elle des observations à faire sur la déclaration de Davaris ?

Me Arago. Je ne puis que dire que je vois avec le plus grand regret l'absence du témoin ; j'aurais été en mesure de mettre le témoin en état flagrant de mensonge.

M. le Procureur général. Vous êtes toujours en mesure de le faire.

Me Arago. Non, parce qu'il faudrait que je lui adressasse des interpellations.

M. le Président. Nous regrettons nous-même que le témoin ne soit pas présent ; nous comprenons toute l'importance de la déclaration du témoin. Nous aurions désiré qu'il nous fût possible de la soumettre à un débat contradictoire. Nous avons fait faire toutes les démarches nécessaires pour le découvrir.

Me Arago. Nous en sommes bien persuadé.

M. le Président. Vous pouvez, néanmoins , faire maintenant vos observations.

Me Arago. Cela n'est pas nécessaire ; je les ferai dans ma défense.

M. le Président. Ce sera peut-être trop tard. Le ministère public porte la parole avant la défense, il faut que vos observations soient connues.

Me Arago. Il faudra toujours que M. le Procureur général répliqu

M. le Président. C'est un droit auquel il peut renoncer...

Me Arago. Je dirai que j'ai remarqué que dans la déclaration qu'il ava i été voir M. Cavaignac, qu'il lui avait été demander des renseignements sur Steuble et sur Huber. Je serai en mesure de prouver, par une lettre qui m'a été adressée par M. Cavaignac, que jamais il n'a dit à Davaris un seul mot d'Huber. Je m'engage à l'apporter demain.

M. le Président. Nous avons encore à entendre les experts qui ont examiné le plan de la machine ; l'expert qui a fait la traduction des chiffres. Cette traduction sera très longue, et nous ne la ferons pas au milieu d'une audience. Nous allons entendre les témoins à décharge.

Le sieur Toumet déclare qu'il a vu sur une table, chez mademoiselle Grouvelle, comme un papier sans importance, un portrait écrit d'Huber, tracé par mademoiselle Grouvelle. Il entre ensuite dans de grands détails sur les actes répréhensibles qui auraient été commis par Valentin, postérieurement à son retour de Verneusse. Il termine ainsi : « Quant à la conduite de mademoiselle Grouvelle, je n'ai rien à apprendre, tout le monde le sait : elle allait secourir tous les malheureux dans les hôpitaux. »

D. Mademoiselle, n'est-ce pas le témoin qui vous a accompagné pour rendre les derniers devoirs à Morey?

Mademoiselle Grouvelle. C'est son père.

Un autre témoin déclare que Valentin lui a volé des livres. Il m'a dit, ajoute-t-il, qu'il avait eu dix-huit articles de saisis dans la *Tribune*, qu'il avait été rédacteur en chef du *Courrier belge*; notez qu'il ne savait pas écrire. Il m'a dit qu'un jour il avait fait un article dans son journal sur la naissance du petit prince. Il me faisait à chaque instant des contes semblables.

M. Péan, avoué à la Cour royale de Paris. Je me trouvais à Orléans, à la fin de 1835 ; j'étais chez M. Danicourt, un de mes amis, lorsqu'on vint lui dire qu'un jeune homme demandait à lui parler en secret. M. Danicourt sortit et rentra quelque temps après. Il me dit : « M. Mathé, évadé d'avril, vient me demander l'hospitalité ; il est presqu'en haillons, sans pain, sans argent : vous pensez bien que je me suis empressé de l'accueillir. » Je fis observer à M. Danicourt qu'il avait déjà été dupe de sa trop grande confiance, et je lui demandai si M. Mathé avait quelques papiers qui constatassent au moins son identité. M. Danicourt me répondit que ce jeune homme n'avait aucuns papiers, mais qu'en définitive il aimait mieux être dix fois victime d'un misérable, que de refuser une seule fois l'hospitalité à un véritable proscrit. Le prétendu Mathé, qui n'est autre que M. Valentin (je le reconnais parfaitement), entre alors. Il nous raconte ce qu'il appelait ses malheurs. Il avait été blessé, disait-il, à Saint-Méry, et connaissait particulièrement tous les hommes politiques de Sainte-Pélagie. Il resta chez M. Danicourt environ deux jours. Lorsqu'il fut sur le point de partir, on lui donna de l'argent, et, je dois le dire parce que c'est la vérité, le passeport d'un jeune homme qui avait à peu près son âge, sa taille et sa tournure. Plus tard, M. Danicourt apprit qu'il avait été dupe de ce M. Valentin, qui avait indignement exploité la plus sainte des hospitalités, l'hospitalité politique.

Valentin. Le témoin est dans l'erreur.

M. Péan. Cela prouve que ceux qui sont trompés ont plus de mémoire que ceux qui trompent.

M. Péan explique comment M. Danicourt a su que Valentin l'avait trompé. « En 1837, dit-il, M. Danicourt reçut une lettre de Valentin qui lui demandait de faire une collecte parmi les patriotes d'Orléans ; il était, disait-il, détenu politiquement à Poitiers. M. Danicourt vint sur ces entrefaites à Paris , et, avant de rien envoyer, il alla demander au *National* des renseignements sur M. Valentin. Il apprit là que M. Valentin était.... Je respecte l'accusé par cela seul qu'il est sur ces bancs. Je ne veux pas répéter les expressions dont on se servit pour qualifier sa conduite ; il paraît qu'il s'était fait passer pour M. Mathé dans plusieurs localités. »

M⁰ Arago. Valentin nie tout ce que vient de dire M. Péan, mais il avoue avoir passé par Tours. J'ai la preuve qu'il a joué à Tours la même comédie qu'à Orléans. J'ai reçu une lettre de M. Pesson, agréé au tribunal de Tours, qui me fait connaître que Valentin s'est présenté chez lui sous le nom de Mathé, comme à Orléans.

M⁰ J. Favre. Voici une autre lettre dans laquelle il se donne comme un détenu politique très-innocent et très-recommandable.

M. Rochetin, employé. Il a été aide-de-camp du général Ramorino ; il déclare qu'aucun individu du nom de Thévenin n'a apporté à quelqu'un du parti, à Genève, la somme de 49,000 fr. dont Valentin a parlé.

M. le Président. Valentin, expliquez-vous.

Valentin. Je l'ai déjà dit. Je ne m'expliquerai pas sur ce point.

M⁰ Arago. J'ai vu au nombre des témoins, dont les noms ont été dénoncés aux accusés, figurer le nom de M. Simonnin ; Je voudrais savoir s'il sera entendu ?

M. le Président. On aurait dû l'indiquer à part ; M. Simonnin ne doit pas être entendu comme témoin, puisque ce n'est qu'en qualité d'interprète qu'il a figuré aux débats.

M⁰ Arago. Je demande, dans ce cas, à être autorisé à lui adresser quelques interpellations.

M. le Président. Mais il faudrait savoir sur quoi portent ces interpellations. Si elles touchent à l'exactitude de ces traductions, c'est un point qui appartient à la discussion.

M⁰ Arago. Les actes de M. Simonnin ont été critiqués depuis le commencement de ces débats ; ils le seront encore par la suite, et je pense que MM. les Jurés seront bien aises de savoir ce que c'est que M. Simonnin.

M. le Président. Nous l'avons déjà dit ce que c'était que M. Simonnin ; nous avons dit quels étaient ses titres à la confiance de la Justice. Il a été appelé comme interprète, et ce qui a rapport à ses traductions, à ses relations avec Steuble, voilà encore une fois ce qui appartient au débat.

M⁰ Arago. C'est parce que je crois qu'il n'était pas digne de la confiance que les magistrats lui ont accordée, que je demande à articuler certains faits de sa vie, que je suis, je le dis avec sincérité, malheureusement à même de prouver avec évidence.

M. le Procureur général, se levant avec vivacité. Nous déclarons au défenseur que si, dans sa plaidoirie, il attaque M. Simonnin pour des faits étrangers à sa position dans le procès, nous prendrons des réquisitions formelles.

M. J. Favre. Si l'on veut nous contester le droit de faire entendre des témoins de moralité sur le compte de M. Simonnin, il en est un que l'on ne pourra pas nous contester, c'est le droit que la loi accorde à la défense de récuser les interprètes. Si donc dans le cours du débat nous sommes informés de certains faits de nature à porter atteinte à l'honneur et à la probité, nous conservons notre droit. C'est ce droit dont nous voulons user aujourd'hui, en demandant à être autorisés à prouver des faits de nature à motiver une récusation de notre part.

M. le Président. Faites une récusation, la Cour statuera.

M. le Procureur général. Il ne peut pas s'agir ici de récusation. M. Simonnin a été appelé comme interprète dans l'instruction ; mais il n'a point figuré en cette qualité aux débats, où deux autres personnes avaient été appelées pour remplir les fonctions d'interprète. Vous ne pouvez donc être admis à le récuser.

Me Arago. Je voudrais répondre.

M. le Président. Il faudrait préciser le point de la contestation. Prenez des conclusions.

Me Arago. Je demande acte à la Cour de ce que M. le Procureur général vient de déclarer tout-à-l'heure que M. Simonnin n'avait pas assisté aux débats en qualité d'interprète.

M. le Président. Il y a une erreur dans ce que vient de dire M. le Procureur général. M. Simonnin, ainsi que MM. Ungher et Wenger, a été appelé par nous aux débats en qualité d'interprète. Seulement en fait, comme nous pensions que ces traductions pouvaient être attaquées, ce n'est pas par lui que nous avons fait transmettre les dépositions à Steuble. Maintenant prenez vos conclusions.

Me Arago. Je demande à les développer en peu de mots.

M. le Président. Sans doute, mais commencez par les prendre, afin que nous sachions sur quoi porteront vos observations.

Me Arago écrit et lit ensuite les conclusions suivantes :

« Plaise à la Cour ;

» Vu l'art. 332 du Code d'instruction criminelle ;

» Attendu que M. Simonnin a assisté aux débats comme interprète nommé par M. le Président ;

» Attendu que, dès lors, la défense a le droit de se prévaloir des faits qui pourraient diminuer ou détruire la confiance que la justice a cru devoir accorder à M. Simonnin ;

» Autoriser la défense à interpeller M. Simonnin sur des faits qu'elle prend l'obligation de prouver, pour être, ensuite desdites interpellations, statué sur les récusations que la défense se réserve d'exercer. »

Le défenseur s'exprime ensuite en ces termes : Vous comprendrez, Messieurs, combien il est intéressant pour la cause, que nous soyons autorisés à faire entendre des témoins sur la moralité de M. Simonnin. Dans toute l'instruction, il s'est trouvé placé entre Steuble et le juge d'instruction. La bonne foi de M. le Juge d'instruction, nous ne la révoquerons jamais en doute, et cependant Steuble nie une partie des réponses qu'on lui prête. Ce qu'il s'agit de savoir, c'est donc si M. Simonnin n'a pas transmis, de son chef, des réponses non faites par Steuble. Eh bien ! pour trancher cette question, nous voulons faire entendre des témoins qui diront si M. Simonnin est capable d'en imposer à la justice. Je sais tout ce que mes paroles ont de sévère ; mais, je le dis avec douleur, j'ai des renseignements dont je ne puis douter, et qui me donnent le droit de suspecter sa conduite.

M. le Président. Nous voudrions que les conclusions fussent plus précises, qu'elles continssent l'articulation des faits.

Me Arago. Les faits sont graves ; leur articulation dans ma bouche aurait quelque chose de téméraire. J'aime mieux que leur publicité vienne de la déposition des témoins.

M. le Procureur général. Quand on veut invoquer une loi, il faudrait au moins l'appliquer exactement. On a cité l'art. 332 du Code d'instruction criminelle ; cet article dit que, si l'accusé n'entend pas le français, il lui sera donné un interprète, et que l'accusation et la défense auront le droit de récusation. Mais c'est au moment où l'interprète se présentait pour prêter serment et à cet instant seulement que ce droit doit être exercé. Vous n'êtes donc plus à temps pour l'exercer aujourd'hui. Si c'est une récusation que vous voulez faire, elle est tardive ; mais, en second lieu, vos conclusions ne tendent pas directement à la récusation, et cependant c'est là votre seul droit.

M⁰ Arago réplique ; il explique qu'il se réserve le droit de demander la récusation : que si, comme l'a prétendu M. le Procureur général, elle ne pouvait être faite qu'à l'ouverture du débat, ce droit serait nul pour l'accusé qui a été, pendant le cours de l'instruction, assisté d'un interprète. Au surplus, dit-il en terminant, l'autorisation de faire entendre des témoins, je la demande dans l'intérêt de la justice, intimement convaincu que je suis, que M. Simonnin est capable de mentir, même après avoir juré de dire toute la vérité ; je la demande dans l'intérêt de M. Simonnin lui-même, qui doit avoir hâte de répondre pour se laver des graves inculpations qui pèsent sur lui.

La Cour se retire pour délibérer : un quart d'heure après elle rentre, et rend, par l'organe de M. le Président, l'arrêt suivant :

« Considérant que si, aux termes de l'article 332 du Code d'instruction criminelle, les accusés ont le droit d'exercer leur récusation contre les interprètes nommés par le président, ils doivent y conclure expressément et en faire connaître les motifs ;

» Considérant que les conclusions prises devant la Cour ne tendent pas à ces fins, qu'il n'y a donc pas même lieu d'examiner si elles sont présentées en temps utile ;

» La Cour dit qu'il n'y a lieu de statuer. »

Après le prononcé de cet arrêt, M⁰ Hemerdinger se lève et dit : « Je demande acte à la Cour de ce que.... »

M. le Président. Prenez des conclusions.

M⁰ Hemerdinger. Elles sont faites, les voici :

« Plaise à la Cour,
» Donner acte à Steuble de ce qu'il ne lui a pas été rendu compte par voie de traduction, ni du débat qui s'est élevé sur les interpellations adressées à M. Simonnin, ni des conclusions prises par M⁰ Arago, ni des réquisitions du ministère public, et que Steuble a été par là mis dans l'impossibilité de faire ses observations, dans le cas où il aurait eu à en présenter. »

M. le Procureur général. Nous n'avons qu'une observation à faire sur ce nouvel incident, c'est que M⁰ Hemerdinger s'était engagé lui-même, à une précédente audience, à indiquer à M. le Président toutes les parties du débat qu'il serait important de transmettre à l'accusé Steuble.

M⁰ Hemerdinger. J'avais pris l'engagement d'indiquer les passages des dépositions importantes à traduire à Steuble ; mais je ne me suis jamais engagé à demander la traduction des nombreux incidents qui pourraient être soulevés dans le cours du débat.

La Cour, après avoir délibéré, rend un second arrêt dont voici le texte :

« Considérant que les conclusions prises sur lesquelles la Cour a statué n'ont été prises que par M⁰ Arago, avocat d'Huber ;

» Que Steuble était resté étranger à ce débat ; qu'il n'a, ni par lui, ni par son défenseur, requis la traduction des conclusions, plaidoiries et réquisitions sur ces conclusions ;

» Considérant qu'il est encore possible de donner communication à Steuble de ce qui s'est passé et de l'entendre dans ses observations, sauf à la Cour à statuer de nouveau;

» Ordonne qu'il sera donné à Steuble communication des conclusions; qu'il lui sera rendu compte du débat, et qu'il sera entendu dans ses observations. »

En exécution de cet arrêt, M. Wenger fait à Steuble la traduction du débat relatif à M. Simonnin.

M. le Président. Le défenseur de Steuble a-t-il quelques observations à faire sur les conclusions prises et développées par Mᵉ Arago ?

Mᵉ Hemerdinger. Il est trop tard maintenant, la Cour a prononcé.

M. le Président. Il n'est pas trop tard, puisque, par l'arrêt qu'elle vient de rendre, la Cour a ordonné qu'il soit donné à Steuble communication des conclusions de Mᵉ Arago.

Mᵉ Hemerdinger. J'ai deux observations à faire, la première m'est personnelle ; en réponse à l'engagement que m'a rappelé tout-à-l'heure M. le procureur général, je n'ai qu'à faire observer que quelques moments après l'offre que j'avais faite, M. le Président est revenu sur sa détermination et a ordonné que tout le débat serait transmis ou analysé par M. Wenger pour Steuble. Quant à l'incident, je refuse complètement de m'expliquer à son égard.

M. le Président à M. Wenger. Demandez à Steuble s'il a quelques observations à faire. Mᵉ Hemerdinger se lève, adresse quelques mots en allemand à son client.

M. le Président. Mᵉ Hemerdinger, laissez Steuble répondre à la question que je lui adresse.

Mᵉ Hemerdinger. Mais il s'agit d'un point de droit.

M. le Président. Non, il ne s'agit que d'un point de fait... C'est Steuble que j'interroge personnellement.

Mᵉ Teste. Je demande bien pardon à M. le Président ; qu'il me permette deux mots. Ce n'est pas pour un point relatif à la défense de Leproux que je me lève, mais bien comme membre de l'ordre, pour appuyer notre jeune confrère sur une question qui intéresse la défense ; il est dans son droit, et il accomplit un devoir, alors que, sur un point de droit, il communique à son client, qui n'entend pas la langue française, la réponse qu'il a cru devoir faire.

Steuble, après avoir causé quelques instants avec son défenseur. Je déclare m'en référer à ce que mon défenseur a dit.

La Cour se retire une troisième fois pour délibérer; et, après sa rentrée, rend l'arrêt dont la teneur suit :

« La Cour;

» Considérant qu'en exécution de son arrêt, il a été donné lecture, en allemand, à Steuble des conclusions prises par Mᵉ Arago et de l'arrêt intervenu sur ces conclusions ; qu'il lui a également été rendu compte par l'interprète, des débats auxquels avaient donné lieu ces conclusions, et sur lesquelles l'arrêt avait été rendu ;

» Considérant que Steuble et son défenseur, interpellés de s'expliquer sur les conclusions de Mᵉ Arago, sur les débats et sur l'incident y relatif, de faire connaître les moyens qui lui appartiendraient personnellement pour appuyer ses conclusions ou pour en prendre de nouvelles sur cet incident, ont refusé de le faire ;

» Considérant que Steuble a été mis à même de présenter ses moyens et de faire statuer par la Cour ;

» Ordonne qu'il sera passé outre à la continuation des débats. »

L'audience est continuée à demain dix heures.

Audience du 19 *mai.*

L'audience est ouverte à dix heures.

M. le Président. Nous avons déjà signalé quelques abus de la presse à l'occasion de ce procès ; nous avons à signaler aujou.d'hui un abus plus grave. Nous lisons dans un numéro du journal *le National* de ce matin , un article ainsi conçu :

« On a remarqué dans le procès Huber comme un indice victorieux en faveur » des accusés, que les seuls té..oins à charge contre eux sont des individus con-» damnés à des peines infamantes, ou au moins des personnes d'une réputation » équivoque. En première ligne figure Ferrot , détenu pour vol... »

M. le Président, interrompant sa lecture : « On se rappelle comment Ferrot a figuré aux débats, et tout le monde sait qu'il y a été appelé sur la demande formelle de l'un des accusés.

M. le Président reprend sa lecture.

« Valentin, condamné pour la même cause à l' emprisonnement et à l'expo-» sition... »

« On sait, ajoute M. le Président, que , dans cette affaire , Valentin n'est pas témoin, mais accusé. »

« Ringot, qui était prisonnier pour dettes à la prison de Boulogne, et qui en » est sorti sans avoir payé... »

« On sait que Ringot a été dix mois en prison , et cela pour une dette de cent et quelques francs ; que s'il en est sorti, c'est par le fait de son créancier. »

« Parmi les témoins à charge se trouve encore Schiller. Enfin, l'interprète Si-» monnin, qui a joué un si grand rôle dans les interrogatoires de Steuble, a eu » besoin aujourd'hui que sa réputation de moralité fût protégée par un arrêt in-» cident. »

« Nous n'avons pas d'observations à faire sur ce point, car nous parlons devant MM. les Jurés, qui savent comment les choses se sont passées à l'audience. »

« L'accusation n'est basée que sur les déclarations plus ou moins contradic-» toires de ces diverses personnes. La défense, au contraire, aura à s'appuyer sur » les dépositions d'un grand nombre de citoyens honorables, qui tous, même ceux » qui ont été cités par le Ministère public, peuvent être considérés comme té-» moins à décharge. Le fait nous semble suffisant pour faire apprécier la moralité » du procès, et nous pensons qu'il sera d'un grand poids pour déterminer le ver-» dict de MM. les Jurés.

Si un article dans un sens opposé avait paru ce matin dans un journal quelconque , nous le demandons, qu'aurait-on dit au banc de la défense, qu'aurait-on dit dans le public ?... Nous n'avons rien à ajouter, et nous livrons à l'opinion publique les observations du *National.*

M⁰ Arago. Je prie la Cour de croire qu'aucun des défenseurs n'a participé à la rédaction de l'article dont M. le Président vient de donner lecture. Quant à l'article en lui-même , je ne veux pas le défendre...

M. le Président. L'article n'est pas défendable.

M⁰ Arago. C'est une opinion...

M. le Président. La presse doit rendre compte des débats , mais il ne lui est pas permis d'exprimer une opinion et d'exercer une influence sur l'esprit de MM. les Jurés. Je le dis de nouveau, si dans un autre journal on avait fait paraître un article dans lequel on aurait dit qu'il était impossible de ne pas condamner, le banc de la défense aurait fait contre cet article de justes récriminations, et l'opinion publique en aurait fait justice.

Me Arago. Je déclare que le banc de la défense aurait gardé le silence sur cet article.

M. le Président. En voilà assez, si M. Heurteloup est présent, qu'on l'introduise.

M. Heurteloup est introduit. Il déclare qu'à trois reprises différentes il a vu le nommé Valentin, comme malade, dans plusieurs salles de l'Hôtel-Dieu. En 1833, ajoute M. Heurteloup est resté deux mois dans l'une des salles où je faisais le service du docteur Rostan. Il fut soumis à un traitement très-énergique. Il nous a dit qu'il était sous le coup d'une recherche politique.

D. Avez-vous souvenance qu'on ait à lui reprocher des faits de mauvaise foi? — R. En aucune façon.

M. Saint-Omer, sous-chef au ministère de l'intérieur.

M. le Président. Nous avons pensé qu'il était bon, pour faciliter l'opération à laquelle M. l'Expert va se livrer, de faire faire des copies de son rapport qui contient les chiffres et la traduction qu'il en a faite au-dessous de chaque chiffre. Ces copies seront distribuées. Nous ordonnons aussi qu'il soit remis à MM. les Jurés et à quelques-uns des défenseurs, des exemplaires du dictionnaire qui a servi à faire la traduction.

L'un des huissiers de service fait cette distribution aux jurés et aux défenseurs.

M. le Président. J'ai une observation à faire sur les petits dictionnaires de poche de Tibbins, c'est que ce dictionnaire est divisé en deux parties, et que c'est la première qui a servi à M. l'Expert pour faire sa traduction. (A M. Saint-Omer.) Voulez-vous, M. l'Expert, faire connaître à MM. les Jurés les moyens dont vous vous êtes servi pour arriver à la traduction que vous avez faite des chiffres trouvés sur le carnet d'Huber?

M. Saint-Omer. Voici comment j'ai opéré. Un examen attentif des pages chiffrées m'a donné la conviction que les nombres ainsi disposés : 98-44, 174-11, 167-29, représentaient des mots et non des lettres. Dès lors, j'ai dû m'appliquer à rechercher les nombres qui étaient le plus souvent répétés. J'ai reconnu que les nombres dont on avait fait un plus fréquent usage étaient ceux-ci : 98-44, 65-6, 137-8, 127-30. J'en ai tiré la conséquence que ces chiffres représentaient des monosyllabes, attendu que les monosyllabes sont plus fréquemment employés dans le discours que les autres mots. Une fois cette première découverte, il s'agissait de savoir quels étaient les monosyllabes que ces chiffres représentaient; c'est alors que je me suis livré à des recherches longues et pénibles. Le nombre qui m'a servi de clé est celui 1-2 ; persuadé que ce nombre représentait un mot, je n'ai pas hésité à le traduire par la préposition à. J'ai passé ensuite à la recherche du verbe avoir. J'ai voulu m'assurer si, en comptant les mots qui se trouvent dans un dictionnaire depuis la lettre a jusqu'au verbe avoir, j'arrivais à trouver un nombre assez considérable de mots pour former vingt-une pages d'un dictionnaire de poche. Je trouvai deux mille six cents et quelques mots. Les pages d'un dictionnaire de poche sont divisées en deux colonnes, dont chacune contient environ soixante à soixante-cinq lignes.

» Je divisai donc 2,600 par 130, ce qui donna 20 ; j'en conclus alors que ces pages chiffrées avaient été écrites à l'aide d'un dictionnaire de poche. Je fis des recherches sans fin dans tous les dictionnaires possibles, français, italien, portugais, etc. Enfin, par les renseignements qui me furent donnés, sachant qu'Huber avait été à Londres, je pensai qu'il avait pu se servir d'un dictionnaire anglais. Je tombai sur le dictionnaire de poche de Tibbins, publié en 1836. Je cherchai aussitôt dans ce dictionnaire le verbe *avoir*, et je le trouvai à la page 21 et à la ligne 8 ; je pensai alors que c'était de ce dictionnaire que l'on avait fait usage. Je cessai mes recherches et me mis à traduire, et je reconnus que j'avais trouvé la clé des chiffres dont la traduction m'était confiée.

» Du reste, je n'aurais pas, à la rigueur, eu besoin pour arriver à un résultat, de savoir de quel dictionnaire on s'était servi. Si la Cour le juge convenable, je ferai connaître le moyen que j'aurais employé. »

M. le Président. Il ne nous semble pas que cela soit nécessaire.

Me Arago. Nous serions curieux de le connaître.

M. Saint-Omer. Le moyen que j'aurais employé, le voici : le point de départ, c'était le chiffre 1-2, que je savais représenter la préposition *à* ; j'aurais fait une table qui aurait commencé par le chiffre 1-2 ; j'aurais placé ensuite tous les chiffres du carnet, en commençant par celui qui se rapprochait le plus de 1-2 ; j'aurais ensuite pris un dictionnaire, et en accolant aux chiffres les mots qui m'auraient paru, par leur place dans ce dictionnaire, s'en rapprocher davantage, je me serais fait un dictionnaire à moimême.

Me Arago. J'avoue que je ne comprends pas très-bien l'explication de M. l'Expert.

M. Saint-Omer. C'est que je me suis mal expliqué.

Me Arago. Non, c'est sans doute que je ne vous ai pas compris.

M. le Président. Nous avons le dictionnaire dont M. l'Expert s'est servi, nous n'avons pas besoin de nous lancer dans des hypothèses inutiles.

Me Arago. Elles auraient pour résultat de constater le degré de certitude qu'il faut ajouter à l'expertise que l'on fait en ce moment sous les yeux de MM. les Jurés.

M. le Président. Il y a sur le carnet d'Huber des phrases au crayon ; M. l'Expert les a vues sans doute.

M. Saint-Omer. Oui, M. le Président, mais je ne m'en suis point occupé pour la traduction ; et ce n'est qu'après avoir obtenu un résultat, que je me suis aperçu de la similitude de la presque totalité des phrases au crayon et des chiffres.

M. le Président. Il y a en effet entre les uns et les autres quelques différences.

Me Arago. Je ne comprends pas comment M. l'Expert a pu s'isoler complétement des phrases au crayon pour faire sa traduction des chiffres.

M. le Président. Si la défense ne s'y oppose pas, nous allons remettre à M. l'Expert une des copies de son rapport.

M. Saint-Omer. Je fais remarquer qu'en traduisant littéralement les chiffres, on trouve que le verbe *avoir* est à l'infinitif, temps auquel les verbes sont toujours indiqués dans les dictionnaires.

Me Arago. M. l'Expert s'est donné là une grande latitude en substituant à l'infinitif un autre temps ; cela peut altérer le sens.

M. Saint-Omer. C'est tout simplement pour que cela soit plus français.

M. le Procureur général. Nous vous déclarons que nous ne nous servirons des phrases en question qu'en laissant les verbes à l'infinitif; car il n'y a pas de différence pour la signification.

M. l'Expert fait, avec le carnet et le dictionnaire in-32 de Tibbins, publié en 1836, à la librairie de Baudry, l'appel des chiffres et des mots qui en sont la traduction.

D'après l'expert, il aurait été ainsi procédé. Deux chiffres sont unis ensemble par un trait; le premier de ces chiffres indique la page du dictionnaire, le second indique la seconde ligne de la page, et le premier mot de cette ligne est celui que représentent les deux chiffres.

Voici les lettres avec leur traduction :

127-30 21-8 77-63 194-15 137-8 152-14 91-55 20-9 | *Comme dans*
Il   a   dit   que   je   m'   entends avec | *l'original.*
187-15 101-65 252-29 86-51 137-8 194-15 62-40 194-15 21-8 127-30
pour   faire   votre   éloge. Je   que (1) crois que   avoir(2) il
21-8 98-44 148-20 53-33.
a   été   mal   conseillé.
137-8 204-6 10-34 142-37 216-54 194-58 21-8 98-44 101-65
Je   regrette amèrement les   sacrifices qui   ont   été   faits.
137-8 88-39 188-28 239-59 139-37 210-3; 146-25 53-23
J'   en   prends toute   la   responsabilité; ma conscience
98-44 193-59.
est   pure.

164-30 21-8 88-55 229-58 164-48 85-27 187-15 141-32
Nous   avons employé tous   nos   efforts pour   le
199-1. 137-8 141-32 21-8 190-9 65-61 252-35 204-62. 127-30
rassurer. Je   l'   ai   prié   de   vous   rejoindre. Il
162-7 252-33 183-63 211-44 88-39.
ne   veut   plus   s'   en
137-8 14-27 88-37 39-62 157-45 194-15 127-30 21-8 98-44
J'   apprends en   ce   moment qu'   il   a   été
44-30 1 65-61 222-64 10-46 187-15 101-65 239-51 215-50
chez   un de   ses   amis   pour   faire traduire sa
71-14. 40-40 21-8 203-43.
dénonciation. Celui-ci a   refusé.

127-30 164-30 88-39 252-33 65-61 39-62 194-15 127-30 162-7
Il   nous   en   veut   de   ce   qu'   il   n'
21-8 174-11 200-28 142-57 65-61 39-62 194-15 127-30 98-44 230-6
a   pas   reçu   lettre   de   son   père.   Il   est sûr
194-15 164-30 21-8 252-33 141-32 243-39 97-18 141-32 100-26
que   nous   a   voulu   le ou les tromper et   le ou les exploiter.
164-30 21-8 201-24 194-15 255-23 162-7 21-8 252-33 247-57 1-2
Nous   avons reconnu que   Christophe n'   a   voulu   venir   à
264-35 194-15 187-15 101-65 222-64 52-42.
Londres que   pour   faire   ses   conditions.
.... 164-30 144-49 139-37 146-48 194-15 187-15 139-38 224-14
.... Nous   livrer   la   machine que   pour   la   somme
194-15 127-30 252-33 70-13; 252-46 194-15 127-30 162-7 187-10
qu'   il   veut   demander; voyant qu'   il   ne   peut
164-30 100-26 65-91 39-62 101-22 127-30 252-35 91-60 172-38 71-4.
nous exploiter de   cette façon   il   veut(3) s'enrichir par dénonciation.

---

(1) Ce mot est biffé dans l'original.

(2) Ce mot est biffé dans l'original.

(3) Il y a le chiffre 35 sur l'original. C'est par erreur. On devrait y trouver le chiffre 33. Le chiffre 35 se traduit par *vous.*

124-10   127-30 162-7 21-8 174-11 191-30 252-29 163-54 ;
Heureusement   il   n'   a   pas   prononcé   votre   nom ;
147-43 157-56 137-8 21-8 239-58 1-2 61-51 222-32 9-52
mais   moi   j'   ai   tout   à craindre si l'ambassade
152-14 68-9 ; 147-30 194-15 137-8 98-44 56-30 137-8
me   découvre ; maintenant que   je   suis convalescent je
44-27 166-5 187-15 146-17 101-65 228-55 153-8 225-28 194-15
cherche l'occasion pour   lui   faire subir même sort   qu'
1-2 19-65 10-58.
à l'autre amie (4).

137-8 252-53 208-30 194-15 127-30 162-7 237-49 174-11 92-43
Je   vous réponds qu'   il   ne tombera pas   entre
19-65 147-20 141-32 132-13 21-8 26-4 138-9 224-35 213-50
d'autres mains. L'   infâme a   bien joué son   rôle.
137-8 252-35 10-58 190-9 10-58 55-61 113-48 223-19 65-61 39-62
Je   vous amie(6) prie, amie, de garder silence de   cette
164-34 187-15 162-7 174-11 80-35 1-2 164-48 91-19 165-5
nouvelle pour ne   pas donner à   nos ennemis occasion
65-61 205-6. 137-8 21-8 243-43 186-28 111-37 1-2 78-41
de se réjouir. J'   ai   trouvé poudre fulminante à discrétion
65-61 195-63 101-65 218-23 13-397 1-2 65-61 136-37 37-31. 40-18
de   quoi faire sauter la moitié de   la capitale. Cela
162-7 60-53 212-44 ; 141-32 101-55 98-44 45-12. 28-31
ne   coûte rien ; le fabricant est chimiste, bon
209-34 ; 127-30 102-43 194-15 137-8 9-5 20-9 146-19
républicain ; il   faut que   j' aille avec lui
1-2 50 143-51 73-53 264-35 187-15
à cinquante lieues derrière Londres pour
101-65 73-57 100-64. 252-5 139-7 222-9 72-11 1-2 101-65
faire des expériences. Voilà la seule dépense à faire
1000-1068 222-32 252-35 138-5 56-31 65-61 54-62 65-61 39-62
(6) Si vous jugez convenable de continuer de cette
149-62, 93-61 229-55 141-32 10-46 187-15 194-15 164-30 241-28 :
manière, envoyez de suite l' ami pour que nous travaillons
1-2 36-21 176-39 139-37 101-57 65-61 139-37 186-28. 222-32
à cambrer pendant la fabrication de   la poudre. Si
40-18 162-7 252-35 56-38 174-11, 93-61 157-56 229-55 15-7
cla ne vous convient pas, envoyez moi de suite l'argent
187-15 152-14 218-40 19-30 255-23, 244-17 146-25 ,186-17
pour me sauver aussitôt Christophe, tuer lumière(7) ma position
98-44 6-60 183-63 65-61 187-15 211-24 88-39 244-17 141-32
est affreux plus de pour retourner en(8) tuer le
244-31 37-36 127-20. 102-43 40-25 194-15 127-30 178-1
tyran Capitan-Pacha ignoble. Faut cependant qu' il périsse
20-37, 157-56 148-19 239-58. 93-61 222-11 15-7 187-15 141-32
avant moi malgré tout. Envoyez seulement l'argent pour le
252-44 97-18 70-13 65-26 252-29 39-63 210-65 81-7 ; 191-2
voyage et demandez dans votre ce qui reste dû ; promettre
65-61 146-19 93-61 217-32 40-18 ; 187-30 162-7 152-14 141-32 06-5
de lui envoyer sans cela ; il   ne me   le remettra
174-11 15-7. 37-56 73-57 125 110-8 127-30 252-33 20-37
pas l'argent, car des cent vingt-cinq francs il veut avant

---

(4) Ce mot est au féminin dans l'original, il faudrait qu'il y eût 46 pour qu'on lût *ami*.
(5) Ce mot est biffé dans l'original
(6) Les chiffres sont biffés dans l'original
(7) *Ma.* C'est la seconde colonne qu'il faut prendre et non la première de la 148e page.
(8) Ce chiffre est biffé dans l'original.

239-58 219-49 101-65 175-43. 162-7 173-57 174-11 65 61 40-18 230-3
tout se faire payer. Ne parlez pas de cela sur
252-29 142-57; 127-30 142-37 144-33. 141-32 10-46 162-7 98-44
votre lettre; il les lirait. L' ami n' est
174-11 16-29. 162-7.
pas arrivé. (*Ces chiffres sont biffés sur l'origi*r7-8
252-5 18 138-23 194-15 127-30 98-44 65-61 14-5 252-29 1 j'
voilà dix-huit jours qu' il est de après votre
21-8 1-2 36-21. 101-65 26-4 18-28. 4-57 46-48 10-58,
ai à cambrer. Faire bien attention. Adieu, citoyenne amie,
208-32 229-55 137-8 162-7 187-10 251-45 7-65.
réponse de suite je ne puis vivre ainsi.

M. Saint-Omer lit ensuite les mots traduits, en laissant chaque verbe à l'infinitif.

M. Winger fait pour Steuble la traduction en allemand de l'expertise qui vient d'être faite.

M. le Président. Huber, vous avez déclaré que vous vous réserviez de donner des explications sur le carnet lorsqu'on l'examinerait; voulez-vous donner ces explications?

Huber. Des explications, j'en ai peu à donner; il y a des chiffres sur mon portefeuille, parce que je m'étudiais, pendant quelque temps, à correspondre, mais cette correspondance n'a jamais existé. Il me serait impossible de donner un sens à ces chiffres; mais dans un mois je réponds de pouvoir donner le sens de ces chiffres. Je ne comprends pas que l'expert ait pu donner un sens aux mots au crayon; ils n'ont aucune suite, réunis, ils ne peuvent offrir de sens. Après cela, je sais qu'en matière de traduction, c'est toujours en faveur de l'accusation que l'on traduit. Je ne puis, pour moi, vous dire qu'une chose; accordez-moi un mois, je vous donnerai la vraie traduction.

M. le Président : Toutes vos explications consistent à dire que l'expert n'a pu trouver un sens et se terminent encore par des récriminations contre le témoin. Vous n'avez pas d'autres explications à donner?—R. Oh! mon Dieu, non, car je n'ai pas fait attention à tout cela.

D. Vous avez eu tort. Dans une phrase au crayon se trouvent ces mots : « Il n'a pas reçu de lettre de son père, il nous en veut, il croit que nous avons voulu l'exploiter. » Est-ce donc l'effet du hasard si les mêmes choses se trouvent dans une lettre que Steuble vous a écrite! Pouvez-vous expliquer un rapport aussi extraordinaire?—R. Si j'eusse été, comme on l'a dit, intimement lié avec Steuble, j'aurais trouvé un autre dictionnaire.

D. On trouve aussi la mention des menaces dont Steuble a été l'obje tde votre part.—R. Il n'est jamais entré dans mon esprit la moindre pensé ede vengeance contre Steuble.

D. Mais cela se trouve dans les déclarations de Steuble.—R. C'est à lui à expliquer sa déclaration.

D. Ainsi, vous n'avez pas d'autres explications à donner?—R. C'est si absurde que je n'y attache pas d'importance. Si l'expert est malade, je ne me charge pas de le guérir.

D. D'après vous, il n'y a sur le carnet qu'une étude d'écriture en chiffres.—R. Je répète que ça ne peut offrir de sens; je me servais de clé dont j'ai perdu le souvenir.

D. Comment se fait-il que, dans des études selon vous sans suite, on trouve la confirmation de faits dont d'autres documents ont attesté la réalité?—R. Je ne vois aucune phrase qui se rapporte à des faits vrais.

D. Vous avez entendu la lecture qui a été faite de ces passages : Christophe tué; l'accusation dit que c'est Steuble. — R. L'accusation dit ce qu'elle veut.

M. le Président, à mademoiselle Grouvelle. Nous vous avons demandé si vous n'aviez pas reçu de lettre en chiffres, vous avez répondu négativement, persistez-vous dans votre réponse?

Mademoiselle Grouvelle. Jamais à aucune époque je ne me suis servie de chiffres pour correspondre. On a fait chez moi des perquisitions; on a saisi mes papiers; on n'a pas trouvé un seul mot écrit en chiffres. Il y a une circonstance qui prouve que ma correspondance avec Huber, en particulier, ne se faisait pas par le moyen de chiffres, c'est que l'on a trouvé plusieurs lettres de lui, et chez madame Hergaland et sur lui-même, qui ne sont pas écrites en chiffres.

Encore un mot : il y a six lettres de moi au dossier : de quoi parlent-elles? Toutes de dons et secours; dans aucune, il n'est question de complot.

M. Lepage, arquebusier du Roi. Il a été chargé d'examiner le plan de la machine. On fait passer ce plan sous les yeux de MM. les Jurés, des défenseurs et des accusés.

Mademoiselle Grouvelle. Jamais ce plan ne m'a été montré.

M. Lepage entre dans de grands détails sur la construction de la machine : « Cette pièce, dit-il, par sa construction, est susceptible de se charger par la culasse; elle se compose de deux rangs de huit canons, placés sur deux plans parallèles. Derrière les canons se trouve une trémie destinée à recevoir la charge : cette trémie se rapproche des culasses par un mouvement que je ne puis reproduire. Ce plan nous a paru destiné à la confection d'une machine de guerre : c'est ce qui peut indiquer le luxe de la fabrication; on peut reconnaître qu'originairement elle n'a pas été en vue d'un attentat. Je ne sais comment le feu devait être mis à la machine, car on ne voit pas sur le plan de lumières. »

D. Quels sont les canons? — R. De forts canons de munition.

D. Y a-t-il dans la fabrication de la machine quelque invention? — R. Cela roule toujours dans des idées rebattues.

D. Vous reconnaissez qu'il serait possible, à l'aide de cette machine, d'abattre une grande quantité de personnes? — R. Oh! certainement, c'est une machine foudroyante.

D. Avez-vous trouvé qu'il y eût un rapport entre une description donnée par Steuble et le plan que vous avez sous les yeux? — R. Il ne nous a pas semblé qu'il y eût du rapport.

M. le Président donne lecture d'une déclaration faite par Steuble dans l'instruction. Il prétend que jamais cette machine n'a pu être fabriquée en vue d'un attentat; il faut, pour la placer, un emplacement tout à fait dégagé; à une certaine distance, les balles auraient perdu complétement leur effet. A partir du centre de la machine, les canons devaient avoir une direction opposée et s'écarter les uns à droite, les autres à gauche. Il eût été impossible de la transporter sans que la surveillance de la police en fût éveillée. Enfin, Steuble termine en disant que la machine était destinée à agir sur les masses.

Me J. Favre. M. l'expert voudrait il bien nous dire à quel prix pourrait revenir la construction d'une machine semblable?

M. Lepage. Elle pourrait bien coûter 3,000 fr.

M. Gazan, chef d'escadron d'artillerie est ensuite entendu. Il entre dans les mêmes détails que M. Lepage et termine en disant que la machine a quelques ressemblances avec une machine inventée par le père de Steuble et proposée au gouvernement français. Elle consistait dans un seul canon percé de 32 trous. Elle pouvait bien fonctionner; mais comme, d'un autre côté, elle ne remplissait pas toutes les conditions voulues pour les armes de guerre, le gouvernement a refusé l'offre qu'on lui faisait.

M. le Président. J'ai peur que MM. les Jurés n'aient pas bien compris ce qui leur a été dit sur la manière de charger la machine; ne serait-il pas possible de faire apporter à l'audience le modèle d'une machine du même genre.

M. Gazan. Oui, M. le Président, il y a de petits modèles qui feront bien comprendre à MM. les Jurés le mécanisme de l'opération.

M. le Président invite M. Gazan à en apporter un pour le commencement de l'audience de lundi,

L'audience est levée et renvoyée à lundi dix heures. Il y a encore quelques témoins à entendre.

Audience du 21 mai.

L'audience est ouverte à dix heures et demie.

M. le Président. M. Gazan est-il présent?

M. Gazan s'approche, et place sur la table des pièces à conviction, un modèle de machine qui se charge comme celle dont le plan a été soumis à l'examen de MM. les Experts : elle se compose de canons rangés sur le même plan; derrière ces canons se trouve une trémie qui se détache et se rapproche à volonté.

M. le Président. Pensez-vous qu'une pareille machine pût faire l'objet d'un commerce pour l'inventeur, qu'elle pût être vendue ?

M° J. Favre. Oui, à un gouvernement.

M. le Président. Je n'ai jamais entendu dire dans les débats que ce fût à un gouvernement qu'il voulût la vendre. Si c'est la pensée de Steuble, qu'il s'explique.

Steuble. Toujours à un gouvernement.

D. A quel gouvernement ? — R. A un gouvernement étranger à l'Europe.

D. Pourquoi? — R. Parce qu'en Europe on a fait de grands progrès dans ces sortes de machines, tandis que les états qui sont étrangers à l'Europe sont très-arriérés.

M° Arago. M. Gazan a dit l'autre jour que la machine, bien que machine de guerre, pouvait servir à un attentat : je lui demande si toutes les machines de guerre ne pourraient pas recevoir la même destination ?

M. Gazan. J'ai déjà dit qu'il n'y avait pas de machine de guerre qui ne pût servir à un attentat.

M. le Président donne lecture de plusieurs dépositions faites dans l'instruction par des personnes non citées. Ces dépositions constatent les démarches faites à Londres, par Steuble, pour se procurer de l'ouvrage.

On rappelle le témoin Moutier.

M. le Procureur général. Vous rappelez-vous qui est venu chercher Steuble chez vous, à son deuxième voyage à Paris ? — R. Personne n'est venu le chercher,

D. Qui a payé sa dépense ? — R. C'est un commissionnaire qui a payé sa dépense.

D. Êtes-vous sûr que c'est un commissionnaire? Regardez le deuxième sur le banc d'en haut. — R. Je ne le reconnais pas.

D. (A Annat.) Ce n'est pas vous Annat?

Annat. Non, Monsieur, je ne connais Moulier que pour avoir entendu parler de lui.

M. le Président. N'est-ce pas vous qui avez conduit Steuble chez le sieur Calmès, à son premier voyage?

Le témoin. Non, Monsieur.

D. Il en convient, cependant, dans sa déposition. — R. C'est faux.

Guillaume Calmès, limonadier, rue Française, 14.

Mᵉ Arago. Le témoin sait-il ce que c'est que Schiller? Connaît-il sa condamnation, son évasion? Comment ces faits sont-ils arrivés à sa connaissance?

Calmès. Il a dit toute son histoire devant vingt personnes : qu'il avait été en prison dans son pays; que le geôlier avait une si grande confiance en lui, qu'il lui avait confié ses filles pour leur apprendre la religion. Il avait gagné ces filles, obtenu que les clés de la prison lui fussent confiées; il en fit des modèles, et parvint à s'échapper. Il est resté pendant deux mois dans les bois, caché avec deux hommes.

D. Pourquoi était-il en prison? — R. Il ne l'a pas dit.

Schiller. Tout cela n'est que mensonges, faussetés, choses inventées.

M. le Président. Avez-vous été quelquefois chez Calmès?

Schiller. J'y ai été plusieurs fois; mais le fait est qu'un certain jeudi j'ai voulu me rendre à la Cour d'assises. Calmès me dit : « Qu'allez-vous faire là? j'espère que vous déclarerez que vous ne connaissez pas les accusés. » Je lui répondis : « J'ai déposé devant le juge d'instruction et j'ai prêté serment de dire la vérité. — Un serment ! me répondit-il : qu'est-ce que c'est que cela! on se joue du serment en France. — Non, repris-je, je dirai la vérité. — Eh bien ! dans ce cas, nous viendrons avec plusieurs personnes anéantir votre déposition, et nous dirons beaucoup de choses contre vous. »

Calmès. Ce n'est pas comme ça que les choses se sont passées; je le rencontrai un jour, il me dit qu'il devait aller devant la Cour d'assises pour déposer, qu'on lui avait retenu ses papiers, de sorte qu'il ne pouvait partir; c'est alors que je lui ai répondu qu'il ne pouvait pas prêter serment, qu'il avait été condamné, qu'il y avait des personnes qui le savaient; que la mention même de sa condamnation se trouvait dans le journal.

D. Vous ne l'avez pas vu, le journal? — R. Non, Monsieur.

Mᵉ Arago. C'est la *Gazette de Hanovre*; elle est entre les mains de Mᵉ Teste, qui plaide à la Cour en ce moment.

D. (A Calmès). Vous avez entendu que le témoin a dit que vous lui avez proposé de ne pas reconnaître les accusés? — R. J'ai vu Schiller, il m'a parlé de l'affaire, il m'a dit, en me parlant de l'affaire : « C'est incroyable; mais moi qui, à Londres, connaissais tous les Allemands, qui allais dans leurs lieux de réunion, je ne connais ni Steuble ni Huber. » Par la suite, il a déposé le contraire, de sorte que je lui ai fait cette observation : « Comment se fait-il que vous qui m'aviez déclaré que vous ne connaissiez ni Steuble ni Huber, vous les ayez reconnus ?

D. Ainsi, vous niez lui avoir fait les propositions dont il a parlé? — R. Cela n'est pas vrai.

M. le Procureur général. Il est extraordinaire qu'il vous ait dit à son arrivée à Paris qu'il ne connaissait pas les accusés, car précédemment il avait fait devant le consul de Londres sa déclaration.

Me Hemerdinger. C'est bien là ce qui lui a fait trouver très-extraordinaire la conduite de Schiller.

Calmès. Un jour il m'a dit que lorsqu'il était dans les bois, après s'être évadé, il avait rencontré un brigadier qui voulait l'arrêter. Il donna un coup de sifflet, et du bois voisin débouchèrent plusieurs individus qui le dégagèrent.

M. le Procureur général. à Calmès. Vous êtes un des témoins qui ont assisté à la délivrance du passeport de Stiegler, qui a servi à Huber ? — R. Oui, Monsieur, je connaissais beaucoup Stiegler, je n'y voyais pas d'inconvénients.

D. N'est-ce pas vous qui avez conduit Steuble chez Moutier, lors de son premier voyage ? — R. C'est possible, mais je ne me le rappelle pas.

D. Connaissez-vous le sieur Hiboter ? — R. Oui, Monsieur, il vient chez nous deux ou trois fois par semaine ; il vit un jour Schiller : il connaît son histoire, car il est du même pays que lui ; un jour il nous quitta en disant qu'il ne se mettrait jamais à table avec un pareil homme.

Me Arago. Il paraît qu'il y a à Paris deux personnes qui sont du pays de Schiller et qui connaissent parfaitement la condamnation dont il a été l'objet dans son pays. Ce sont MM. Jourter et Golschmidt. J'ai leur adresse, et je prie M. le Président de vouloir bien les faire entendre en vertu de son pouvoir discrétionnaire.

Me Hemerdinger. Le témoin Schiller a déclaré qu'il ne savait pas le français, et cependant il est remarquable que rien ne constate la traduction de sa déposition devant le consul de France en Angleterre.

M. le Président. C'est vrai ; mais il n'a déposé devant le juge d'instruction qu'avec l'assistance d'un commissaire de police.

M. le Président donne lecture d'une lettre du consul de Hanovre qui déclare qu'il ne peut donner aucuns renseignements sur Schiller, qu'il faudrait pour cela s'adresser au Gouvernement hanovrien.

Schiller. Je voudrais bien que Hiboter, dont on m'a parlé tout à l'heure, fût présent pour pouvoir lui répondre..... Plusieurs personnes, et notamment Stiegler, m'ont menacé d'avoir affaire à eux si je reconnaissais les accusés.

Stiegler. Je ne l'ai jamais menacé ; je l'ai rencontré dans la cour du Palais ; je lui ai dit : « Comment ! vous vous trouvez donc dans l'affaire vous qui m'avez déclaré vingt fois que vous ne connaissiez pas les accusés ? » Il m'a répondu : « Je voudrais bien savoir qui m'a fait entrer dans cette affaire-là. »

Schiller, avec vivacité : Stiegler a parfaite connaissance de toute cette affaire. (A ce moment, il tire un papier.)

Me Favre. Qu'est-ce que c'est que ce papier ?

Schiller. C'est une notice.

M. le Président. Mettez ce papier dans votre poche ?

Schiller. Il m'a déclaré tout ce qui en était ; il m'a même conduit dans une maison où devait être la machine ; je me fais fort d'indiquer cette maison.

Stiegler, avec emportement : Ce sont des mensonges, c'est un misérable qui.....

M. le Président. Taisez-vous, sachez vous tenir convenablement devant la justice.

D. Pouvez-vous indiquer la maison dont vous parlez ? — R. Je la trouve-rais, j'en suis persuadé.

D. Dans quel quartier ? — R. Derrière la Chambre des Députés ; la machine avait dû y être placée à l'ouverture des Chambres.

D. Avez-vous été dans cette maison ? — R. Oui, Monsieur, nous y avons même bu du vin.

D. A quel époque ? — R. Dans les premiers jours de mon arrivée à Paris, j'ai rencontré chez Calmès, Stiegler ; je parlais l'allemand comme lui, nous causâmes ensemble et je sortis avec lui pour visiter Paris. Il me montra une maison en me disant que c'était là que devait être placée la machine. Il croyait que, comme lui, je me prêterais à l'affaire.

D. Etes-vous certain de reconnaître la maison ? — R. Oui, oui certainement.

M⁰ Favre. Pourquoi le témoin n'a-t-il ni devant le juge d'instruction, ni devant la Cour dans sa précédente déposition, parlé de cette circonstance capitale ? — R. Je ne connaissais pas encore cette circonstance avant de déposer devant le juge d'instruction, et, devant la Cour, j'ai cru que ma déposition orale devait être la reproduction de ma déposition écrite.

D. Savez-vous si la maison était louée ? — R. On avait loué un local seulement.

D. Y avait-il un traité avec le propriétaire ? — R. Oui, Monsieur, la location était faite.

D. Pouvez-vous dire comment était le logement ? — R. Non.

D. Avez-vous parlé à quelqu'un, au portier ? — R. Non.

D. Etes-vous entré dans les lieux loués ? — R. Je suis entré seulement au rez-de-chaussée.

D. Dans quelle partie du rez-de-chaussée ? — R. Dans une chambre où il y a une buvette.

D. Un cabaret ? — R. Dans une pièce où on vend du vin.

M. le Président. Stiegler, expliquez-vous.

Stiegler. Voici ce qui s'est passé : nous étions ensemble à boire chez un marchand de vins de la place de la Chambre des Députés. Je lui dis : « C'est peut-être dans une maison de cette place, peut-être dans celle où nous sommes, que la machine devait être placée. »

D. Où avez-vous vu que la machine devait être placée dans une maison de cette place ? — R. Dans le journal.

D. Dans lequel ? — R. Je ne me le rappelle pas.

M⁰ Arago. Tout le monde sait que, par je ne sais quelle indiscrétion, on a, il y a longtemps, publié des extraits de l'arrêt de renvoi. Le 30, Schiller a été entendu devant le juge d'instruction, et a dit qu'à cette époque il ne connaissait pas encore cette circonstance.

M. le Président, à Schiller : Quand êtes-vous arrivé à Paris ? — R. Le 24 de janvier.

M. le Président. Cela nous rapproche de la date de la publication des articles dont on a parlé. Nous ne croyons pas devoir donner de suite à cet incident, car on n'aurait pas de moyen de contrôle ; on se trouvera toujours entre les affirmations de l'un et les dénégations de l'autre.

M⁰ Favre. On connaissait la maison ; on saurait s'il y a eu une location pour l'époque de l'ouverture des Chambres.

M⁰ Arago. Nous avons vu dans la liste des témoins que l'on donne à Schiller la qualité de réfugié ; a-t-il réellement cette qualité ? Dans ce cas, il doit avoir un permis de séjour pour rester à Paris.

M. le Président. Le passeport de Schiller est daté du 18 janvier; cela se rapproche assez de l'époque à laquelle il place son arrivée à Paris.

Schiller. J'ai encore un mot à dire. Lorsque l'on a connu à Paris la perte du portefeuille à Boulogne, un avocat est venu chez Calmès afin de faire mettre d'accord sa déposition avec celle de Stiegler. Je sais le nom de l'avocat.

Stiegler. Lorsque les journaux ont fait connaître à Paris la circonstance de la perte du portefeuille, un avocat, nommé Lombardo, est venu chez Calmès, et m'a dit : « Un nommé Huber a été arrêté avec un passeport sous votre nom. » Je dis alors à Calmès : « J'ai perdu mon passeport, il faut dire la vérité, sans quoi je suis enfoncé. »

Schiller persiste dans sa déclaration, et termine ainsi. « On a insinué que j'étais un homme sans ressources, sans argent; cela est faux : j'ai 1,000 arpents en Amérique, 15,000 fr. d'argent à Londres, et encore 50,000 fr. d'immeubles dans mon pays. »

Le témoin Hiboter n'est pas présent. On introduit le témoin Thuillier; il est aveugle. Il s'avance au milieu de l'enceinte, appuyé sur le bras d'une dame. Il déclare être ancien officier de marine, âgé de 43 ans. La vue de cet homme cause sur l'auditoire la plus vive émotion. Il y a plusieurs années, qu'à la même place il venait demander à la justice la répression du crime odieux qui l'a privé de la lumière. Il fait à voix basse, et au milieu du plus profond silence, la déposition suivante :

« Je connais depuis longtemps mademoiselle Grouvelle; nous avons commencé à être en relation à l'occasion d'une société ayant pour but de procurer aux ouvriers des soulagements moraux et physiques. Mademoiselle Grouvelle s'est acquittée avec dévoûment de la mission qu'elle avait sollicitée, et qui lui avait été confiée. Elle portait des secours dans les familles. Souvent les secours de la société ne suffisaient pas, et j'ai eu la certitude qu'elle mettait souvent du sien. A l'époque du choléra, elle s'est dévouée au traitement des malheureux, en s'installant, pour leur donner ses soins, dans l'intérieur d'un hôpital. Bien des malades lui ont dû leur salut. » Le témoin, dont la voix est oppressée, s'arrête ici, et paraît vivement affecté......

M. le Président. Si vous êtes souffrant, vous pouvez vous asseoir.

Le témoin. Je vous remercie, M. le Président..... Il y a peu d'années, un homme se présenta chez un de ses amis, à deux lieues de Paris; il était sans ressources, dans la plus profonde misère; il y fut reçu à bras ouverts, il devint le commensal de la maison..... Ce malheureux abusa de la manière la plus indigne de l'hospitalité qu'il avait reçue; il trahit la confiance de son ami, il fut surpris..... Un duel était devenu indispensable : ce misérable attira son ami dans un piége et voulut l'assassiner. Ce crime fut bientôt connu; mademoiselle Grouvelle fut la première qui, dans son indignation, prononça le mot d'assassinat; elle quitta sa mère malade alors, vint auprès de moi; elle fut la première, la seule qui me prodigua les soins généreux et les consolations dont j'avais si besoin. J'ai été miraculeusement rappelé à la vie, et c'est à elle, à elle seule que je le dois.

Il faut aussi que je fasse connaître une circonstance dans laquelle mademoiselle Grouvelle m'a sauvé une seconde fois la vie. J'étais au plus mal, on avait presque perdu l'espoir de me sauver; mademoiselle Grouvelle ne quittait pas mon chevet, elle y restait et le jour et la nuit. Un jour qu'elle était sur le balcon de ma chambre, elle entendit sous la fenêtre du bruit, elle vit un homme qui disparut avec précipitation; elle ne fit pas attention à cette circonstance. Mademoiselle Grouvelle avait l'habitude de se retirer pour prendre quelques instants de repos, dans une petite chambre attenant à la mienne. On lui demanda un soir de monter se coucher dans une chambre qui se trouve à l'étage supérieur, et on ajouta qu'elle ne se dérangeât pas, quel que fût le bruit qu'elle entendrait. Mademoiselle Grouvelle ne répondit pas, mais lorsque l'on vint l'engager à se retirer, elle déclara qu'elle entendait rester, et mit dehors par les épaules la personne qui lui faisait cette proposition : elle se plaça dans l'ombre et abaissa l'abat-jour de la lampe.

A une heure de la nuit, il se fit au dehors un grand bruit, et mademoiselle Grouvelle, s'étant approchée de la fenêtre, vit l'horrible figure de mon assassin. Comme je n'avais pas encore porté plainte, le misérable voulut m'achever : il espérait ainsi ensevelir son crime dans un éternel oubli. Elle fit beaucoup de bruit, comme pour faire croire qu'il y avait plusieurs personnes dans la chambre; puis, se saisissant de deux pistolets de poche qui étaient constamment placés à la tête de mon lit, elle se précipita vers la fenêtre et ferma brusquement les volets intérieurs. Depuis ce moment, j'ai donné à mademoiselle Grouvelle le surnom de *Notre Dame de Bon secours*, et tous ceux qui l'ont connue le lui ont conservé.

M. Bessas-Lamégie, maire du 10ᵉ arrondissement habité par mademoiselle Grouvelle, donne des détails sur les soins donnés par elle aux malades à l'époque du choléra.

L'audition des témoins est terminée.

M. le Procureur-général se lève, et s'exprime en ces termes :

Messieurs les jurés,

Dans un procès où les faits et les preuves sont si graves, et où cependant les accusés se plaisent à se représenter comme les victimes de passions haineuses qui poursuivent contre eux la répression d'un crime imaginaire, le ministère public comprendrait mal sa mission, si son langage n'était pas celui d'une raison froide et d'une dialectique sévère.

Nous ne devons pas chercher à vous émouvoir, mais nous avons la confiance de parvenir à vous convaincre.

Ces débats ont été longs; ils n'ont pas toutefois fatigué votre zèle; vous en avez suivi les détails avec cette religieuse attention d'un juge qui comprend la gravité de la décision qu'il doit rendre, et combien sont importants et sacrés les intérêts placés sous la protection de sa justice.

A cette audience, Messieurs, on a dû tout examiner, tout vérifier avec soin; on ne pouvait négliger aucune des allégations de la défense, aucun des faits jetés dans le débat.

Maintenant l'heure est venue où il faut rétablir l'accusation sur ses véritables bases, la dégager des discussions incidentes qui ont pu faire perdre de vue les moyens sur lesquels elle s'appuie, et la montrer sortant, en quelque sorte, tout entière et tout armée, du portefeuille d'Huber, et des papiers trouvés, soit sur sa personne, soit entre les mains de ses co-accusés.

Il ne vous a pas échappé, Messieurs, que la défense mise enfin dans l'obligation de s'expliquer sur les griefs de l'accusation, s'est trouvée d'accord avec elle presque constamment sur les faits matériels.

Les témoignages qui avaient été recueillis et les expertises qui avaient été faites pour les établir, sont devenus, à quelques exceptions près, inutiles.

Ce n'est pas là que s'est rencontré l'intérêt du débat; ce n'est donc point là que doit se fixer l'intérêt de la discussion; mais sur le véritable caractère de ces faits, sur leur portée, sur leur conséquences, sur leur but nécessaire.

Quelle est d'abord, Messieurs les Jurés, la nature de l'accusation que nous sommes chargés de soutenir devant vous? Il s'agit d'une accusation de complot. Qu'est-ce donc qu'un complot? La loi pénale le définit : Une résolution d'agir, concertée et arrêtée entre deux ou plusieurs personnes, dans le but, soit d'attenter à la vie du Roi, soit de détruire ou de changer le Gouvernement. Rien de plus, rien de moins.

Vous remarquerez ici, Messieurs, que cette définition du complot que nous ne créons pas, mais que nous prenons dans la loi, est en quelque sorte en contradiction apparente avec la définition des crimes. En thèse générale, les mauvaises pensées, les mauvaises intentions ne tombent pas sous le coup de la législation pénale. Le législateur n'est pas un casuiste qui s'attache aux mauvaises pensées, alors qu'elle ne sont pas produites au dehors, qui réprouve et condamne les mauvaises intentions, en les saisissant pour ainsi dire au fond du cœur; non, sans doute. Il faut au législateur quelque chose de plus. Il faut que ces mauvaises pensées, ces mauvaises intentions aient reçu une réalisation par un fait matériel. Cependant, en matière de crimes contre la sûreté de l'État, il n'en pouvait pas être ainsi, vous le comprendrez facilement.

Lorsqu'il s'agit, en effet, d'un tel crime, dont le but soit médiat, soit immédiat, est le renversement du Gouvernement, il est évident que si le complot réussit, si le crime est suivi du succès, le Gouvernement sera changé, et par cela même le crime échappera à toute répression. Il fallait donc de toute nécessité, en matière d'attentat ou de complot contre la sûreté de l'État, que le législateur fût plus sévère et ne montrât pas la longanimité qu'il a dans les crimes ordinaires. Il fallait pour que la répression fût possible, qu'il punît jusqu'à la mauvaise intention lorsqu'elle arrive à l'état de résolution concertée et arrêtée entre deux ou plusieurs personnes, de telle sorte qu'il n'y manque plus que l'exécution ou la tentative d'exécution.

Mais, dès l'abord, une distinction doit être établie entre la loi pénale telle qu'elle existait dans le Code de 1810 et la loi pénale de 1832. Le Code de 1810 allait directement contre le but de toute législation criminelle en punissant d'une seule et même peine des actes tout à fait différents. La sagesse du législateur doit en effet laisser toujours à celui qui est entré dans la voie du crime, une raison de s'arrêter, de ne pas s'avancer plus avant : elle doit donc créer autant de peines diverses qu'il y a de degrés dans le crime ; et cependant ce Code frappait des mêmes peines le complot et l'attentat.

La loi de 1832, au contraire, a reconnu et distingué, par des qualifications et des pénalités différentes, trois degrés principaux dans les crimes contre la sûreté de l'État. En premier lieu, le complot ou la résolution d'agir concertée et arrêtée entre deux ou plusieurs personnes : ensuite ce même crime lorsqu'il a été suivi d'actes commis ou commencés pour en préparer l'exécution ; enfin l'attentat ou la tentative d'attentat.

Dans l'affaire qui nous occupe, il ne s'agit ni d'un attentat, ni même d'une tentative d'attentat, mais du crime de complot suivi d'actes commis ou commencés pour arriver à l'exécution. Voilà, Messieurs, la définition légale de l'accusation.

Ces principes posés, vous pourrez mieux apprécier les faits dont nous avons à vous présenter le développement successif; et d'abord nous devons rappeler, dans une narration rapide, les faits qui sont demeurés incontestés aux débats et sur lesquels la défense et l'accusation sont d'accord. Nous reviendrons ensuite sur ces faits pour en apprécier le caractère avec les pièces qui s'y rattachent. Nous discuterons ces pièces et nous tâcherons d'en bien fixer le sens.

Huber a été condamné à cinq ans d'emprisonnement comme coupable d'avoir pris part à un complot, dont le but était l'assassinat du Roi : rendu à la liberté par l'ordonnance d'amnistie du 8 mai 1837, il sort de prison le 11 et reçoit un secours de 60 fr. Il arrive à Paris : il pouvait y rester, mais on voulait qu'il promît, par écrit, de ne plus s'occuper de menées politiques. On ne lui demandait pas, à cet homme illettré, à cet homme de vingt-trois ans, le sacrifice de ce qu'il appelle son opinion. Non ; M. le Préfet de police l'invite seulement, avec ce langage d'honnête homme qu'il parle si bien, à s'occuper de son travail et à renoncer à s'occuper d'intrigues politiques. Huber trouve la condition humiliante ; cependant on ne voulait que son engagement, on acceptait sa parole. Il refuse et reçoit l'ordre d'aller à Orléans. Il veut faire croire qu'il est parti : mais il reste à Paris, et se lie chez Moutier avec Steuble, ouvrier mécanicien allemand ; au mois de juin 1837, il présente Steuble à Laure Grouvelle.

Le 26 juillet, Vincent Giraud part pour Verneusse, il va trouver l'accusé de Vauquelin, il est porteur d'une lettre de l'accusée Grouvelle qui recommandait d'avoir toute confiance en lui. Giraud arrive le 27, il reçoit 400 fr., et revient à Paris le 29 ou le 30.

Le 31 juillet, Huber et Steuble partent pour l'Angleterre avec l'argent fourni par Laure Grouvelle.

Ils passent par la Belgique et s'arrêtent d'abord à Vervins où Huber visite Leproux, lui présente une lettre de Laure Grouvelle et en reçoit de l'argent ; Huber et Steuble restent un mois ensemble à Londres. Steuble vit aux dépens d'Huber et de Souillard auquel il est présenté par Huber. Il achète, avec de l'argent venu de Paris, des instruments de mathématiques et tout ce qui est nécessaire pour le dessin, et dresse les plans d'une machine de guerre. Le 1er septembre, Huber arrive de Londres à Paris ; il a voyagé sous le nom de Barraut. Il passe à Paris la plus grande partie du mois de septembre chez Annat qui le présente comme son cousin ayant le même nom que lui.

Le 21 septembre, Huber retourne à Londres sous le nom et avec le passeport de Stiégler. Il y retrouve Steuble qui a achevé de dessiner sa machine ; bientôt des dissentiments éclatent entre eux, à la suite desquels Huber s'empare des plans dessinés par Steuble.

Dans les premiers jours de novembre, Steuble quitte Londres et revient à Paris ; il reste vingt-quatre heures chez Moutier, et est conduit chez Vincent Giraud par les soins de Laure Grouvelle ; il y est logé et nourri jusqu'au jour de son arrestation, 12 décembre.

Huber revient à Paris le 21 novembre ; il arrive le 25, il loge encore chez Annat, il voit Laure Grouvelle, retourne à Londres le 28 novembre pour s'emparer frauduleusement de l'un des plans de la machine de guerre, dessinée par Steuble, puis s'embarque de nouveau pour la France, et arrive à Boulogne le 6 décembre. Le 8, il perd son portefeuille à Boulogne ; il est arrêté le 10 décembre.

Déjà tous les accusés sont en relation : les faits avoués les montrent tous liés au voyage d'Huber et de Steuble.

Laure Grouvelle fournit l'argent qui doit payer les frais du voyage et du séjour de *Steuble* et d'*Huber* à Londres ; elle adresse les deux voyageurs à *Leproux* de Vervins. Celui-ci reçoit Huber à son passage, et lui remet une somme d'argent. *Annat* loge Huber sous un faux nom et le reçoit à ses deux voyages. *Vincent Giraud* est envoyé, à la veille du premier départ d'Huber et de Steuble, par *Laure Grouvelle* chez *Vauquelin*; il rapporte 400 fr. le 30, et le 31 on part.

C'est encore *Vincent Giraud* qui loge Steuble et Kluppel depuis les premiers jours d'octobre jusqu'au 12 décembre.

Quel était donc le but du dernier voyage d'Huber, de ce voyage si précipité? d'aller chercher un plan.

Ce plan, il le rapporte; on le saisit dans la coiffe de son chapeau deux jours après son arrestation. Quel est ce plan? celui d'une machine meurtrière; il a été dessiné par Steuble; il est exigé par Laure Grouvelle. Sur ce point, une lettre qu'écrit Huber, le lendemain même de son arrivée à Boulogne, ne laisse aucune incertitude, et . dès l'abord, place Laure Grouvelle au premier rang de l'entreprise, quelle que soit cette entreprise.

Voici, Messieurs, cette lettre reconnue par les deux accusés : Huber qui l'a écrite, Laure Grouvelle qui l'a reçue,

« Amie, *j'apporte ce que vous avez demandé.* Vous ne vous êtes point trompée, » car ce n'est pas sans peine que je l'ai obtenue. Il a fallu employer la ruse. Les » factures sont fausses, m'a-t-il dit, je garde ce que tu me demandes; *il a voulu* » *venir avec moi jusqu'à Mons.* Pendant leur absence je me suis emparé des » plans, *et le dimanche matin, lorsque j'ai voulu m'embarquer pour Anvers, on m'a* » *demandé 42 francs pour la traversée.* Je me suis vu forcée de rester *et de me ca-* » *cher à Londres jusqu'au mercredi, faute* d'argent; je me suis hasardé de passer » par Boulogne où je suis débarqué sans accident à l'hôtel où je loge. Je dois » 5 fr. et je n'en ai plus que 4; je me vois donc forcé d'y rester honteusement » en attendant qu'ils soient payés. Pendant cette intervalle, je suis forcé de faire de » nouvelles dépenses, et je serai mis en prison si je ne paye immédiatement : » triste position pour un homme de cœur. Je ne veux point abuser de votre obli- » geance, mais je compte sur vous pour me tirer de cet embarras ; tout ce qui a » été dépensé pour *mon compte personnel*, je vous le rembourserai de suite, *car* » *en entrant chez ma tante, elle me les avancera*; comptez sur la parole d'un homme » d'honneur. Le billet de 400 fr. est brûlé ; *Soulet doit être bien en colère contre* » *moi*; car, pour agir de cette manière, *il a bien fallu que ce soit pour vous.* Ré- » pondez-moi, poste pour poste, s'il vous plaît. Ayez la bonté de parler pour » moi à M. Houdé, j'aurais la diligence gratis.

» Mon adresse, à M. Stiegler, chez madame Petiton, hôtel de France, rue de » la Coupe, n° 13, à Boulogne, Pas-de-Calais.

» Réponse immédiate.

» Boulogne, 7 décembre 1837. »

A cette lettre, l'accusée Grouvelle répond en envoyant 40 fr., à découvert, par les Messageries.

Vous le voyez, Messieurs, on est bien gêné pour le voyage d'Huber; sa bourse, au départ, a été peu remplie, puisqu'après un si court séjour, il arrive à Boulogne sans argent. Il fallait donc un intérêt bien puissant pour le faire partir. Quel motif si grave allèguent donc les accusés? Comment expliquent-ils ces voyages d'Huber répétés coup sur coup? On nous donne pour motif le désir de rendre à Steuble les plans qu'Huber lui a pris. Steuble réclame ces plans qui lui appartiennent. Huber ne veut pas passer pour un voleur, il partira donc. Cependant, et le fait est prouvé par la lettre dont nous venons de donner lecture, Huber est obligé de voler une seconde fois les plans à Londres, de telle sorte que, d'après lui-même, c'est pour se soustraire au reproche d'un vol commis à Londres, qu'il va, en toute hâte, en commettre un autre au même lieu. Vous apprécierez cette contradiction.

Quoi qu'il en soit, Huber rapporte le plan que lui a demandé Laure Grouvelle.

Dans quel but ce plan a-t-il été fait? dans quel but est-il rapporté à Paris? quels sont les pensées, les intérêts auxquels il se rapporte?

L'examen successif des pièces du procès, et la discussion des explications présentées par les accusés, répondront à toutes ces questions.

Dans le portefeuille d'Huber, on trouve une lettre sans adresse, de sa main, si l'on veut, mais qu'il avoue avoir écrite, qu'il a signée, et qu'il destinait à l'un de ses amis. Il y est question de ce plan, et sa destination y est clairement indiquée.

Voici, Messieurs, le texte de cette lettre :

« Brave ami,

» Vous êtes sans doute déjà prévenu de mon arrivée; mais comme vous en ignorez l'époque, *je vous prie de vous diriger sur-le-champ vers le lieu du rendez-vous; je m'y trouverai en vous attendant.* Surtout, prenez bien vos mesures; car, à mon dernier passage à Calais, j'ai remarqué une surveillance très-active. Des hommes comme vous sont trop utiles par votre fortune, vos capacités, et surtout par l'influence que vous exercez; tandis que moi, pauvre prolétaire, je ne pourrais offrir à la patrie que mon sang et la pureté de mes intentions.

» *N'ayant eu d'argent nécessaire pour passer par la Belgique,* je me suis vu forcé de passer par Boulogne; heureusement *que le plus fort est fait; tout le matériel est concentré dans Paris; le plan que l'on exige, je l'apporte : songeons maintenant aux moyens d'exécution. Nous pouvons, si la circonstance l'exige, frapper le grand coup.* Mais, surtout réfléchissons bien; ne compromettons pas la sûreté du peuple par une témérité. Examinons la marche de la nouvelle Chambre; et si le peuple pouvait arriver à son bonheur moralement, épargnons l'effusion du sang, mais je le crois impossible; l'aristocratie est trop corrompue. Je le dis à regret, il faut une révolution matérielle pour perfectionner la révolution morale; le peuple a besoin de se débarrasser de tous ces vautours à figure humaine, qui voudraient dévorer tout ce qui ne leur ressemble pas. *Si, par malheur, nous succombons dans la lutte, nous subirons le sort du martyr, nous avalerons la ciguë jusqu'à la lie, et nous mourrons tranquilles avec nos consciences, quelle que soit l'opinion que l'on aura de nous.* Quant à nos co-religionnaires, il y a bien peu d'hommes purs; ils prêchent la vertu et ne sont, pour la plupart, qu'égoïstes, ambitieux, intrigants et jongleurs politiques, je le dis à regret; mais cependant cela existe; je les ai vus de trop près, et si, jusqu'à ce jour *nous avons conservé nos têtes,* ce n'est pas par leur *discrétion.* Combien cette *honorable demoiselle* n'a-t-elle pas été en butte à leurs vociférations calomnieuses, et cependant elle est remplie de dévoûment. J'adore la république et j'abhorre les faux républicains; je n'ai de l'espoir que dans le peuple qui, lui seul, est pur, et j'espère qu'il profitera du triste exemple qu'il a reçu en juillet.

» Quant au peuple anglais, nous ne pouvons pas encore espérer de sa délivrance, il est encore top encroûté dans la fange de l'ignorance; j'en fus témoin moin le jour que la petite reinette entra dans la cité; j'ai vu les vieillards et tout le peuple se prosterner devant cette poupée, disant : Voilà notre Messie. » O pauvre peuple!......

» Adieu. Je vous en dirai d'avantage à un tête-à-tête. Je vous attends : surtout, » prenez bien vos mesures. Puisse, pour le bonheur des peuples, la Providence » vous protéger!

» Votre ami, Stiegler. »

Vous le voyez, Messieurs, cette lettre prouve que le plan rapporté par Huber, sur la demande de Laure Grouvelle, se rattache à *une entreprise pour laquelle un matériel est déjà concentré dans Paris,* à une entreprise dont il ne s'agit *plus que de fixer les moyens d'exécution, qui est de nature à entraîner l'effusion du sang, et à faire subir à ses auteurs le sort du martyr.*

Abordons immédiatement l'explication présentée sur cette lettre; Laure Grouvelle et Huber prétendent que l'entreprise dont il s'agit dans cette lettre n'avait pour objet que de faciliter la rentrée en France d'un réfugié.

On ne sait, en vérité, comment qualifier cette explication, et, malgré toute la faveur qui peut s'attacher à la défense, il est impossible de rien voir dans cette lettre qui ait la moindre analogie avec un pareil projet. On n'y trouve pas une phrase, un mot même qui, de près ou de loin, puisse se rapporter à un réfugié; tout, au contraire, indique clairement un projet arrêté d'attentat contre la sûreté de l'État.

Quand Huber est interpellé sur le sens de ces paroles : « Le matériel est » concentré dans Paris... Le plan que l'on exige, je l'apporte.... Il faut » frapper le grand coup..... Nous subirons le sort du martyr, etc. » Il répond : « Ce sont des phrases, c'est une lettre politique. »

Eh ! mon Dieu, nous savons bien que trop souvent des esprits de la nature de celui d'Huber prennent des phrases pour des réalités, et sont facilement dupes des plus niaises déclamations, pourvu qu'elles aient un caractère politique; mais ici ce ne sont pas des phrases, ce sont des faits qui se lient, qui ont une suite évidente.

Il reste donc que cette lettre est la preuve la plus positive de l'existence d'un complot, dont Huber est l'un des principaux instruments, dont Steuble a préparé les moyens d'exécution, et auquel Laure Grouvelle a présidé.

Aussi, cette lettre, Huber qui l'avait écrite, en comprenait toute la gravité, et une autre lettre saisie sur lui, et destinée à Laure Grouvelle, montre tout l'effroi qu'il a ressenti de sa perte.

Voici, Messieurs, cette pièce qui, comme vous allez le voir, se rattache étroitement aux deux autres.

« Boulogne, 9 décembre 1837.

   « Amie,

» Il faut avouer que le sort se joue bien de moi. Par une fatalité extraordinaire, » hier au soir, en rentrant, j'étais privé de mon portefeuille. Je venais du port » pour voir si A. ne débarquait pas d'un bateau à vapeur qui venait d'arriver de » Londres; me trouvant dans la foule, je ne sais s'il m'a été volé, ou s'il m'a » tombé de ma poche. Cela me met d'une grande inquiétude, car il contenait » mon arrêt de la Cour d'assises et les détails de ma tentative d'évasion à Clair- » vaux, *de plus, une lettre à notre ami, dans laquelle je lui parlais assez ouverte-* » *ment de notre entreprise.* Je ne sais s'il a tombé entre les d'un honnête homme, » je le désire, car en voyant le contenu, il ne l'aura pas porté à la police. Il est » très-dangereux pour moi de rester dans cet hôtel, mais je ne pense pas le quit- » ter avant que l'argent soit arrivé pour payer ce que je dois; *dans tous les cas,* » *méfiez-vous et cachez eha. Si, par malheur, j'étais arrêté, rien ne doit vous em-* » *pêcher de continuer.* »

Laure Grouvelle était donc dans cette entreprise; elle y était avant Huber, au-dessus de lui; car il lui dit : rien ne doit vous empêcher de continuer. Cachez cha... Faut-il discuter l'explication de Laure Grouvelle et d'Huber sur cette lettre?

Ces mots *rien ne doit vous empêcher de continuer*, on les complète par ceux-ci : *à secourir les malheureux.* Mais cette addition, aussi malencontreuse que l'explication relative à la lettre d'Huber à Leproux, est en contradiction avec la lettre tout entière, elle répugne au bon sens; elle est en vérité si misérable, qu'on ne peut même la discuter.

Il est donc clair qu'il ne s'agissait point de réfugiés à faire entrer en France, mais de l'exécution d'un complot : ainsi s'explique cet intérêt à avoir le plan de la machine dont le matériel est à Paris. Et ce voyage précipité d'Huber à Londres dans le but d'aller chercher ce plan, non pour le remettre à Steuble, mais pour servir à l'exécution du complot. S'il en était autrement, comment comprendre cet empressement avec lequel, à peine arrivé à Boulogne, il écrit à Leproux et à Laure Grouvelle : « Le plan que l'on exige, je l'apporte. » Cette phrase si remarquable dans ces deux lettres, devient absurde avec l'explication que nous combattons.

Mais on insiste et l'on dit que Steuble tenait au secret de sa machine qui était divulgué si le plan était perdu.

On oublie apparemment que, dans sa déclaration écrite, Steuble a dit qu'il avait lui-même brûlé le plan qui présentait le dessein du secret de la machine. Ce secret n'était donc plus que dans sa tête, et en effet, nous ne le trouvons point sur le plan rapporté par Huber.

D'un autre côté, Huber avait volé huit plans à Steuble ; s'il veut les lui rendre, s'il fait le voyage de Londres dans ce seul but, pourquoi donc n'en emporte-t-il qu'un, et comment se fait-il que ce plan soit précisément celui d'une machine de guerre pouvant servir à commettre un attentat, et aussi celui des plans volés auqel Steuble a constamment déclaré qu'il attachait le moins de prix.

Il faut donc le reconnaître, les trois lettres d'Huber dont nous venons de parler, révèlent manifestement l'existence d'un complot dont Huber est l'un des instruments les plus dévoués, dont Laure Grouvelle est le chef, dont Steuble s'est fait l'instrument volontaire.

Ainsi, dès à présent, nous comprenons le but du voyage et du séjour d'Huber et de Steuble à Londres.

Un complot avait été formé, il s'agissait d'en préparer sûrement, et à l'abri des investigations, les moyens d'exécution : Steuble, mécanien, est conduit à Londres par Huber chargé de cette mission par Laure Grouvelle.

Là, ces deux hommes s'associent à des condamnés politiques réfugiés en Angleterre, et Steuble dessine le plan de la machine qui bientôt est construite, et qu'on introduit en France et à Paris (c'est Huber qui nous l'apprend), mais nous ne savons par quels moyens, ni malheureusement où elle se trouve.

A la suite de mésintelligences survenues entre Steuble et Huber, Steuble a quitté Londres. Ces plans qu'Huber lui a volés, ont pu et dû servir à la construction de la machine ; et ce qui le prouve, c'est qu'après les avoir volés à Steuble, Huber est obligé de les voler une seconde fois à d'autres.

Le complot nous paraît donc prouvé. Nous allons maintenant trouver la confirmation positive de cette preuve dans les déclarations de Steuble et dans les écrits émanées d'Huber lui-même.

Au moment de son arrestation, Steuble répond à toutes les questions par des dénégations ; il ne connaît ni Huber, ni Laure Grouvelle, ni aucun des accusés ; il n'a connu à Londres aucun réfugié français, et n'y a travaillé à aucune machine ; et même quand on lui représente une lettre saisie chez la fille Hergalan par laquelle il réclame un gilet qu'il a prêté à Huber, il soutient encore qu'il ne connaît pas Huber, et qu'il ne lui a prêté que par un intermédiaire.

Comment apprécier ce système ? Que signifient ces dénégations sur des faits vrais, incontestables ? Est-ce l'allure de l'innocent ou du coupable ? Supposons-nous dans cette situation, MM. les Jurés, demandons-nous ce

que nous ferions si nous étions tout à coup placé sous le poids d'une accusation grave et injustement dirigée contre nous ? Nous verrait-on mentir
sur les faits les plus simples, les plus indifférents ? Irions-nous nier nos
relations les plus journalières, nos démarches, nos actes les plus innocents ?
On ne ment pas pour mentir, en matière si grave surtout ; l'innocent qui
n'a rien à redouter de la vérité, n'hésite jamais à la faire connaître.

Cependant, ce syst'me de mensonge et de dénégation, Steuble l'adopte
et y persiste jusqu'au 11 janvier, où, dominé enfin par l'évidence et à la fin
d'un interrogatoire qui présentait d'abord le même système, il avoue une
partie de la vérité.

Ainsi, dans cet interrogatoire, il reconnaît, 1° que c'est lui qui est l'auteur du plan ; 2° qu'il l'a fait sur la commande d'Huber pour servir en cas
de révolution ; 3° que c'est Huber qui le lui a volé avec sept autres plans.
Mais il ajoute, 1° qu'un jour Huber, en état d'ivresse, lui a dit qu'une
personne arrivée de Paris donnerait 25,000 fr. à celui qui ferait une machine pour tuer le Roi des Français, lui a offert de la construire, et, sur
son refus, l'a menacé d'un couteau ; il dit également que Laure Grouvelle
ne lui a jamais parlé de la machine. Deux jours après, il adresse à M. le
juge d'instruction sa déclaration entièrement écrite de sa main. Il convient,
Messieurs, d'analyser cette déclaration et de vous en présenter la substance.

Dans leurs premiers rapports chez Moutier, il avait fait connaître à Huber
qu'il était Suisse et mécanicien ; il lui avait parlé du voyage qu'il avait fait
récemment en Angleterre avec son père, et de la machine à laquelle ils
consacraient alors leurs travaux ; il lui avait même montré le plan de cette
machine en lui affirmant qu'il pourrait en faire construire une pareille.
Plusieurs jours après, Huber le conduit chez Laure Grouvelle. Dans la
première visite, on parle de la machine ; mais c'est seulement dans une seconde entrevue que la construction de la machine est décidée, et que Steuble fait ses conditions. Il demande le logement, la table et quelque argent. Il
stipule qu'il sera présent à l'attaque, et que si la révolution se termine à
l'avantage de la république, il aura une place à l'Arsenal.

Ces conditions adoptées, il exprime le désir d'aller travailler à Londres
parce qu'il ne sait pas le français et parce qu'il connaît à Londres des mécaniciens auxquels il peut se fier pour la construction des pièces.

Cette proposition n'est accueillie ni par Laure Grouvelle ni par Huber.

Deux jours après, celui-ci vient le prier de dire à Laure Grouvelle que
son père arrive de Vienne, qu'il faut qu'il aille travailler à Londres et qu'il
ne veut faire le voyage qu'avec Huber.

Ne s'étant pas encore aperçu des honteux projets d'Huber, il accède.

Laure Grouvelle donne à regret son assentiment à ce que la machine soit
construite en Angleterre.

Huber et Steuble partent pour Londres ; arrivés, ils vont chez Souillard.
Bientôt on envoie de l'argent ; Steuble achète les instruments et ustensiles
nécessaires et commence à dessiner. Huber le prie de dessiner la machine
dans son ensemble ; il y consent. Quelque temps après, Huber part pour
aller chercher de l'argent à Paris. Quand il revient, les plans sont terminés.
Mais c'est alors que les procédés d'Huber changent, et qu'après avoir excité
les soupçons de Steuble, ils finissent par amener une rupture.

Huber essaie d'abord, s'il en faut croire Steuble, de s'emparer de la machine au préjudice de Laure Grouvelle, qu'il représente comme ayant l'intention de faire tort des honoraires. Puis il veut qu'on lui enseigne l'assemblage de différentes pièces et signifie à Steuble qu'il ne retournera pas
a Paris.

Enfin, dans des moments où sa raison est troublée par le vin, il parle de tout foudroyer, même ceux qui auront fourni l'argent pour être seul avec Steuble chefs de la république. Il annonce à Steuble qu'une personne offre 25,000 fr. si l'on veut construire la machine pour tuer le Roi.

Steuble, que ses premiers dissentiments avec Huber ont porté à rédiger son traité avec la république française, refuse d'accéder à cette dernière proposition.

Sa résistance amène une vive altercation : Huber le menace de son couteau.

Le lendemain, Huber, en son absence, force la commode, s'empare des plans, et lui laisse un billet dans lequel il lui reproche d'avoir voulu le tromper, et lui défend de se présenter désormais devant lui.

Steuble, depuis, apprend qu'Huber parle mal de lui ; il lui écrit pour se plaindre, et lui reproche, entre autres choses, d'avoir voulu le frapper d'un couteau.

Dix jours après, Steuble écrit le billet par lequel il accepte, sous le nom de Vallizer, un rendezvous qui lui est donné dans Hyde-Park ; trois semaines enfin plus tard, il revient à Paris, il y revoit Laure Grouvelle qui lui dit qu'il ne faut plus penser à la machine.

« Huber, dit-il en terminant, l'a tellement avili que » personne n'a plus confiance en lui. »

Telle est cette déclaration de Steuble préparée dans un interrogatoire précédent, confirmée dans un interrogatoire qui l'a suivie, et contre laquelle tant d'efforts se sont ligués.

Vous vous rappelez, Messieurs, les incidents qui ont été élevés, soit pour établir que Steuble, au moment où il l'a faite, n'avait pas l'entier usage de ses facultés, soit pour le présenter comme vaincu par des obsessions, comme trompé par des suggestions étrangères.

A voir tant d'efforts, on aurait pu croire que cette déclaration était la base, le point d'appui principal de l'accusation.

Et cependant, Messieurs, et précisément dans la partie où se trouve cet *interligne* dont on a fait tant de bruit, l'accusation n'a jamais accepté et ne peut pas accepter cette déclaration.

L'accusation ne croit pas en effet que Steuble se soit brouillé avec Huber parce que celui-ci lui aurait offert de vendre sa machine pour 25,000 fr. à un tiers qui voulait l'employer à tuer le Roi.

Si l'accusation le croyait, si elle n'avait pas le moyen d'établir le contraire, Steuble ne serait pas ici ayant à répondre à l'accusation d'avoir pris part à un complot contre la vie du Roi ; on ne pourrait lui imputer qu'un complot contre la sûreté de l'Etat.

Quoi qu'il en soit, examinons les attaques portées contre cette déclaration de Steuble.

Steuble était malade, dit-on ; mais les médecins ont déclaré que, pendant sa maladie même, il était sain d'esprit ; il pouvait être faible de corps, mais jamais ses facultés mentales n'ont subi la plus légère altération.

D'un autre côté, il n'était plus malade lorsqu'il a été interrogé le 11 janvier, encore moins lorsqu'il a écrit sa déclaration le 13 ; en faut il d'autre preuve que cette déclaration elle même ? A-t elle donc ces caractères de diffusion, d'incohérence, d'étrangeté qui signalent l'œuvre d'un insensé ? A-t-il été d'ailleurs contraint de la faire ? N'est-ce pas lui qui a demandé du papier et des plumes ? Ne l'a-t-il pas écrite tout entière de sa main ? On ne l'interrogeait plus, on ne le pressait point de questions, il était livré à lui-même.

Mais il existe *un interligne ?*

Nous rappellerons d'abord qu'il est relatif à un fait que n'admet pas l'accusation. Nous disons qu'en tout cas il était sans importance puisque ce qu'il avait pour but d'écrire était déjà dans l'interrogatoire du 11 janvier.

Mais, d'ailleurs, Steuble avait écrit au juge d'instruction pour lui demander sa déclaration à laquelle il voulait faire, nous ne dirons pas une addition, puisque nous rencontrerions encore les dénégations de la défense, mais du moins un changement, une correction quelconque.

M. Simonin affirme que c'est seulement après que cette lettre lui eût été remise par M. le Juge d'instruction, qu'il se transporta auprès de Steuble et que celui-ci écrivit de sa main les mots placés en interligne.

On prétend qu'il n'en est pas ainsi, et on le prétend sur la foi de Steuble pris en flagrant délit de mensonge dans ses premiers interrogatoires, qui aurait menti encore dans sa déclaration, s'il ne ment pas dans ce qu'il appelle sa rétractation et qui, sur le point en discussion, ne peut accommoder sa défense à la vérité des faits, qu'en se présentant comme un homme capable de devenir pour 1,000 fr. l'instrument d'une odieuse calomnie : car enfin il ne peut nier qu'il ait sciemment consenti à écrire les mots placés en interligne.

Et ce sont les paroles d'un tel homme qu'on oppose à celles d'un vieux militaire couvert de blessures, décoré au champ d'honneur et appelé par le choix de ses concitoyens au commandement d'une compagnie de la garde nationale.

Il y a, dit-on, quelques inexactitudes dans les traductions, si nombreuses et si rapidement faites, dont M. Simonin a été chargé pendant l'instruction. Vous avez pu, Messieurs, apprécier ces inexactitudes, si tant est qu'elles existent; elles porteraient sur des détails insignifiants, qui ne tiennent pas au fond des choses, qui ne se rattachent aux faits sur lesquels repose l'accusation que d'une manière tout à fait accessoire.

Elle reste donc comme l'œuvre libre et réfléchie de Steuble, cette déclaration qui n'a été si violemment attaquée que parcequ'on en a senti toute la gravité dans ce procès; mais il ne faut pas se hâter de conclure qu'elle ne contient que la vérité et qu'elle la contient tout entière : Steuble n'a pas oublié sa position d'accusé, et en avouant ce qu'il ne pouvait plus nier, il n'a pas négligé le soin de sa justification.

Il faut donc maintenant contrôler cette déclaration par les faits avoués et les pièces reconnues au procès ; nous démontrerons ainsi :

1°. Que Steuble a dit la vérité quand il a raconté les motifs de son voyage à Londres, la nature de ses occupations dans cette ville, sa rupture avec Huber, le vol de ses plans, son exclusion du complot quand on a été dans l'impossibilité de satisfaire à ses exigences ;

2°. Que Steuble n'a pas dit la vérité, quand il a donné sur les causes de sa rupture avec Huber et sur les circonstances qui l'ont accompagnée, des détails nécessaires à sa justification personnelle.

Mais pour avoir le droit de distinguer dans cette déclaration, il faut que l'accusation trouve ailleurs les éléments de cette distinction. C'est ce qu'elle va faire.

Ce que nous avons dit être vrai dans cette déclaration n'est-il pas en effet pleinement confirmé par les faits !

Et d'abord, le départ pour l'Angleterre, le passage par Vervins, le séjour à Londres, Steuble nourri et logé aux dépens d'Huber et de Laure

Grouvelle, le dessin des plans, la brouille avec Huber, le vol de ces plans, tout cela est incontesté.

Ces faits qui se comprennent, qui sont naturels dans le système de la déclaration, dans ce système où Huber et Steuble sont partis pour l'Angleterre, avec le projet concerté entre eux et Laure Grouvelle, de construire avec sécurité, une machine destinée à servir au rétablissement de la république ; ces faits ne reçoivent plus que des explications contradictoires, impossibles dans le système actuel des trois accusés.

Quel est le motif aujourd'hui allégué par Steuble pour expliquer le premier départ pour l'Angleterre et le séjour à Londres ? C'était le désir de recouvrer une créance due à son père par le gouvernement anglais.

Mais d'abord rien n'est moins sûr que l'existence de cette créance ; Steuble prétend qu'elle est réelle et sérieuse. Mais il n'en justifie que par la preuve d'une démarche déjà ancienne et restée inutile.

En tous cas, l'accusé n'était point mandataire de son père. Comment lui, jeune homme de 22 ans, sans titres, sans pouvoirs, sans l'assentiment de son père, qui a en Angleterre un mandataire spécial, un associé, le sieur Heilbrown, comment peut-il espérer qu'il sera payé pour son père ? Mais quelles démarches a-t-il faites à Londres dans le but qu'il indique ? Aucune ; il ne l'allègue pas même.

Huber présente deux motifs pour expliquer son départ : avant tout, il veut empêcher Steuble de construire à Paris une machine qui servirait à remplacer les forts détachés et à seconder des ordonnances liberticides.

Comment, c'est sur un article de journal qui annonce la proposition du père de Steuble au Gouvernement français, que déjà Huber voit la machine construite, les forts détachés remplacés par elle, le peuple asservi, et il part pour Londres, où il emmène Steuble, où il le retient, où il le loge et le nourrit aux frais de Laure Grouvelle, et où il lui fournit de l'argent pour faire les dessins et les plans de cette machine qui l'effraie et dont Steuble conservera seul la disposition. Y a-t-il dans de pareilles allégations la plus légère vraisemblance ?

Ne sont-elles pas, d'ailleurs, démontrées fausses, puisqu'il a été établi aux débats que le père de Steuble, avait quitté Paris le 4 juillet, après que ses propositions avaient été rejetées par le Gouvernement français.

Huber, pour expliquer son voyage, allègue aussi les embarras que lui suscitaient les recherches de la police ; mais si son départ n'avait point eu d'autre motif, pourquoi aurait-il emmené Steuble avec lui ? Pourquoi aller en Angleterre sous un faux nom, tantôt Barrot, tantôt Stiegler. Eh, mon Dieu ! s'il eût dit à M. le Préfet de police, quand il a été appelé devant ce fonctionnaire, qu'il voulait aller en Angleterre, croit-on qu'on ne l'eût pas laissé partir ? On ne voulait point qu'il habitât Paris, on avait consenti à le laisser aller à Orléans. Pourquoi lui aurait-on interdit le séjour de Londres ? Dans cette même hypothèse, comment comprendre ses voyages successifs, son retour de Londres, le 1er septembre ; son second départ le 21 septembre ; son nouveau retour le 25 novembre, et puis ce départ du 28 etce retour précipité du 6 décembre. Était-ce là le moyen d'éviter les recherches et les poursuites de la police ?

Les explications des accusés n'expliquent donc rien, et sont en contradiction flagrante avec les faits établis.

Nous trouvons, au contraire, dans des pièces émanées de Steuble lui-même, la confirmation positive de la partie de sa déclaration que nous regardons comme vraie , et l'explication logique et réelle de sa conduite et de celle d'Huber.

Voyons d'abord la lettre qu'il écrit à Ignace Padowitz, à la date du 29 septembre 1837.

Il y annonce qu'il vient de traiter d'une affaire la plus importante qui se puisse entreprendre, et qui peut, en cas de succès, assurer sa fortune.

Avec qui donc a-t-il traité ? A laquelle de ses nombreuses variantes faut-il s'arrêter ? Est-ce avec l'Espagne, avec l'Amérique, ou avec le Grand-Turc ? Non , sans doute ; en effet, il ne justifie rien de pareil et n'ose pas même l'alléguer, car il ne parle plus que de projets d'espérances , tout au plus de démarches faites.

Mais dans la lettre à Padowitz , il parle d'un traité fait, d'une entreprise arrêtée, convenue ; s'il reste pour lui quelque chose d'aléatoire, ce n'est pas l'entreprise elle-même , c'est le succès ; il ne peut donc être question , dans cette lettre , que de son traité avec Laure Grouvelle et Huber ; avec Huber agissant, comme il l'a dit, pour le rétablissement de la république.

En effet , lorsqu'il s'est brouillé avec lui, c'est à une personne quelconque , représentant pour lui la république, qu'il demande justice contre Huber , et c'est avec cette personne qu'il stipule ses conditions.

Voici, en effet, le traité qu'il fait avec la république française.

« Transaction entre Steuble et la république de France.

» Comme j'ai fait, de mon côté, tout pour faire réussir l'entreprise , et que, par contre, M. Huber a agi contrairement à ma manière de terminer , je me vois forcé d'arrêter les conditions suivantes :

» 1°. Que la maison doit être louée sous mon nom ;

» 2°. Qu'il est réservé à moi seul d'introduire personne dans les ateliers, et que M. Huber, ni personne, ne pourra s'introduire dans l'atelier sans mon consentement ;

» 3°. Que les commandes , les achats et le paiement des ouvriers me seront abandonnés ;

» 4°. Qu'il sera libre à moi de sortir quand bon me semblera. »

Quelle était donc l'entreprise qui faisait l'objet de ce traité ?

C'était, Steuble l'a dit lui-même à l'audience, la construction de la machine dont le plan a été saisi dans le chapeau d'Huber.

Si l'on se rappelle maintenant que cette étrange pièce a été saisie dans un paquet remis par la dame Grouvelle mère à Journeux, et portant cette suscription : Testament de madame Grouvelle mère ; que, par conséquent, elle a été apportée chez Laure Grouvelle par Steuble lui-même, se prétendant calomnié et avili par Huber et venant se défendre ; on saura quelle était, pour Steuble, la personne qui avait traité avec lui au nom de la république.

L'orateur du Ministère public fortifie son argumentation des preuves résultant de plusieurs passages de deux lettres écrites par Huber à Laure Grouvelle.

Ainsi, dit-il, se trouve confirmée cette partie de la déclaration, qu'il y avait eu convention pour la construction d'une machine destinée à rétablir la république et que cette convention avait été faite entre lui, Huber et Laure Grouvelle, cette dernière considérée comme le chef de l'entreprise.

Une observation sur ce point ne vous aura point échappé, c'est qu'à l'audience même , les accusés ont été conduits à reconnaître qu'il s'était agi entre eux de la construction d'une machine.

Nous savons bien qu'ils ont ajouté qu'il s'agissait de vendre cette machine. Mais il faut bien prendre le fait sans l'explication , car on ne concevrait pas autrement ces lettres de Steuble parlant d'une entreprise si importante, qui devait, en cas de succès, assurer son existence ; la machine, en effet, toute construite, pouvait valoir 2,000 fr. Et nous savons, d'ailleurs, que Steuble le père avait fait lui-même une machine qu'il avait colportée dans toute l'Europe sans pouvoir en tirer parti.

Il suffit de se rappeler toutes ces choses pour en faire justice et pour reconnaître qu'en dehors de sa déclaration du 13 janvier, Steuble n'a rien pu expliquer.

Un autre point constant dans cette déclaration et sur lequel les deux accusés Huber et Steuble ont été d'accord à cette audience même, c'est le vol des plans par Huber.

Mais quels motifs Steuble donnait-il à ce vol dans sa déclaration ?

Il y cherchait des moyens de justification personnelle, il disait que s'é tant aperçu des intentions perverses d'Huber, il avait volontairement renoncé à l'entreprise, et qu'Huber lui avait alors volé ses plans.

Constamment placé sous cette préoccupation, que le crime dont il était accusé était son concours à une entreprise qui avait pour objet de tuer le Roi, il s'efforce de détourner cette imputation, et ces rétractations dont on a tant parlé ne sont jamais que de nouvelles protestations contre cette intention qu'on lui suppose.

Ainsi, dans cette lettre du 26 janvier, écrite douze jours après cette déclaration, et que le défenseur de Laure Grouvelle a qualifiée de rétractation formelle, Steuble ne rétracte rien de sa déclaration, il affirme de nouveau que le dénonciateur, quel qu'il soit, qui lui impute d'avoir voulu tuer le Roi, a fait une fausse dénonciation, et demande qu'on le lui fasse connaître. Voici la teneur de cette lettre.

« J'ai réfléchi sur toute l'accusation et je m'explique sur les faits suivants :
» La dénonciation ayant été fausse, attendu que je n'ai jamais été chargé de
» construire une machine pour assassiner le Roi des Français, Louis-Philippe,
» je ne reconnaîtrai, à l'avenir, ni M. Huber ni mademoiselle Grouvelle.
» En conséquence, je somme celui qui a fait cette dénonciation, de produire
» un papier écrit de ma main dans lequel il sera dit que je voulais construire
» cette machine pour tuer le Roi.
» En conséquence, si un pareil fait devait se rencontrer, j'invite la justice de
» faire rendre compte à celui qui le produirait.
                                        » *Signé* : STEUBLE. »

N'est-il pas évident que la dénonciation dont parle Steuble n'est pas sa propre déclaration ? N'est-il pas clair que lorsqu'il *somme celui qui a fait cette dénonciation de produire un papier écrit de sa main*, ce n'est pas à lui-même qu'il entend adresser cette sommation ? Cette lettre n'est donc pas une rétratacion, c'est une nouvelle protestation contre la destination qu'on lui impute d'avoir donnée à la machine ; mais dans cette lettre il ne nie point ce qu'il avait avoué dans sa déclaration du 13 janvier que la machine ait été faite d'accord avec Huber et Laure Grouvelle, dans la vue du rétablissement de la république.

Il était donc animé de cette même pensée lorsque, dans sa déclaration du 13 janvier, il motivait son refus de continuer à travailler avec Huber, sur la proposition que celui-ci lui aurait faite de construire une machine destinée à tuer le Roi. Mais à cet égard, et sur les causes de cette querelle, Steuble lui-même va se donner un démenti dans deux lettres écrites, l'une à Huber, l'autre à Souillard, et dans lesquelles il se plaint, au contraire, qu'on l'ait traité comme un coquin, et demande les motifs de la brouille.

M. le Procureur général donne ici lecture des deux lettres dont il vient de parler.

Vous le voyez, Messieurs les Jurés, le seul motif indiqué par Steuble dans ces pièces toutes confidentielles, pour expliquer sa rupture avec Huber et Souillard, c'est la lettre qu'il aurait adressée à la duchesse de Berry, pour lui proposer la machine.

C'est lui qui se croit obligé de se justifier et de donner des explications ; il ne se plaint pas, comme aujourd'hui, qu'Huber ait voulu changer la destination de la machine ; il repousse, au contraire, le reproche qu'on lui a fait d'avoir voulu, lui, Steuble, changer cette destin tion.

Mais, Messieurs, ces résultats qui vous paraissent si clairs, sont encore confirmés par les dépositions des deux témoins et par une pièce émanée d'Huber.

Ici, M. le Procureur général rappelle la déposition du témoin Schiller, et la déclaration de Davaris.

Quel intérêt, poursuit l'organe du ministère public ; quel intérêt peut donc avoir le témoin Davaris, à charger Steuble et Huber. Comment expliquer, dans le système des accusés, la coïncidence remarquable entre cette déposition et une partie de la déclaration de Steuble, faite vingt jours plus tard ?

Schiller, que vous avez entendu à cette audience, et dont la déposition a été si nette et si affirmative, a également reçu à Londres les confidences de Steuble ; il a reçu aussi celles d'Huber. Sa déposition confirme pleinement celle de Davaris.

Mais, dit-on, comment Steuble aurait-il parlé si ouvertement d'un tel complot ? Il faut remarquer qu'il en avait parlé, sous le sceau du secret, à Davaris, et que, s'il en a parlé hautement et en présence de témoins à Schiller, c'était à l'époque de a brouille avec Huber, et que, d'un autre côté, ces témoins étaient tous des réfugiés politiques.

Nous arrivons, Messieurs, à une pièce émanée d'Huber lui-même, qui confirme positivement tous les résultats que nous avons déjà obtenus ; nous voulons parler du carnet.

M. le Procureur général rappelle les chiffres inscrits sur le portefeuille d'Huber, et la traduction faite par l'expert. Cette traduction, contrôlée par les vérifications faites à l'audience, en présence des jurés eux-mêmes, ne laisse plus le moindre doute sur le véritable sens de cette correspondance. Après avoir discuté cette pièce du procès, il s'agissait donc, dit M. le Procureur général, de tuer le Roi des Français, et de renouveler, au moyen d'une nouvelle machine infernale, l'odieux attentat du 28 juillet 1835, l'horrible crime de Fieschi !

Nous comprenons maintenant cette exclamation d'Huber, au moment de son arrestation à Boulogne : « Fatalité ! fatalité ! Sur cent mille, cela n'ar— » riverait qu'à un, et il faut que ce soit à moi..... »

Ce cri, si naturel à un conspirateur arrêté, le commissaire ne l'a pas sans doute inventé.

Nous comprenons ces paroles, dites au même moment à Levasseur, ce garçon de l'Hôtel de France, à Boulogne : « Je suis un détenu politique ; ils » ont trouvé mon portefeuille ; la mèche est vendue ! » Et cette exaspéra— tion, qui se manifeste à la prison de Boulogne, en présence du détenu Ringot ; ces paroles si graves : « *Quelques jours de plus, et l'affaire était* » *faite ;* » (l'ouverture des Chambres était fixée au 18) ; ces mots : « *Je ve— nais pour tuer mon père et ma mère !* »

On s'est efforcé de détruire la déposition de Ringot ; mais ce témoin a été entendu le 14 décembre ; il avait déjà fait part des mêmes faits au concierge Colombe ; à cette époque, aucun des faits de l'accusation n'était connu. Quel intérêt a-t-il d'ailleurs à mentir ? il était détenu pour dettes ; il est libre aujourd'hui, parce que son créancier s'est lassé de lui payer des aliments.

Enfin, Messieurs, comment révoquer en doute la sincérité de cette déclaration, lorsque, dans une pièce écrite en entier de la main d'Huber, nous trouvons la preuve la plus claire de ses intentions régicides. Vous vous rappelez, Messieurs, cet écrit saisi chez Annat, où le but du complot se dévoile dans toute son horreur.

« Le moyen de nous en servir, le voici :
» On louera un appartement dans les alentours de la Chambre des Députés
» avec une écurie ou un endroit pour mettre le bois au rez-de-chaussée. C'est là
» que l'on placera le matériel des deux machines qui seront montées la veille de
» l'ouverture des Chambres, et quand le Roi sera arrivé à une certaine distance
» on sort vivement les deux machines de la porte cochère pour foudroyer tout
» l'état-major et ce qui l'entoure. Je réponds du succès dans trois minutes. Pen-
» dant cette opération, deux hommes placés sur un toit à une certaine distance
» de la Chambre enverront des congrèves fabriquées par le même inventeur sur le
» toit de la Chambre des Députés qui, dans cinq minutes, sera en feu. Ne me
» forcez pas de vous en écrire davantage, car vous devez reconnaître l'inconvé-
» nient d'autres explications. Je ne puis vous les donner ou vous les faire donner
» que de vive voix, et si vous désirez concourir à une pareille entreprise, dai-
» gnez nous donner une réponse définitive, car la position dans laquelle je me
» trouve ne me permet pas d'attendre plus longtemps. Quoique vous paraissiez
» vous défier de moi, je compte sur votre prudence et votre discrétion. Brûlez ce
» papier aussitôt lu. »

Ce projet, dira-t-on, était inexécutable. Comment dissimuler une pareille machine ? Comment la destiner à un attentat qu'elle rendait impossible ? Mais cet écrit lui-même ne répond-il pas à l'objection ? Était-il donc impossible à quelques hommes hardis et déterminés d'accomplir cet odieux projet en suivant le mode d'exécution indiqué ? L'effroyable catastrophe du 28 juillet 1835 était-elle conçue avec moins de témérité, ou soumise à moins de hasard ? La machine de Fieschi était-elle d'un volume moins considérable ou d'une forme plus mystérieuse que celle d'Huber et Steuble ? Est-il besoin d'évoquer de sanglants et douloureux souvenirs pour prouver que tout peut réussir à ceux qui peuvent tout oser ?

Comment, d'ailleurs, Huber explique-t-il cet écrit ? C'est, dit-il, l'extrait d'une lettre à lui remise avec d'autres par Steuble ; il l'a ouverte sur le paquebot, l'a lue, en a copié une partie et a jeté l'original à la mer. Faut-il donc s'arrêter à faire ressortir l'absurdité de cette explication ? N'est-elle pas saillante ? Huber craignait de se compromettre en entrant cette lettre en France, et il l'a copiée, et il porte sur lui cette copie écrite de sa main, et il la garde à Paris où la police le poursuit. Son but, en la copiant, était, suivant lui, d'en demander à Steuble l'explication, et il la laisse à Paris, ne la remporte pas à Londres, et n'en parle pas à Steuble.

L'accusation n'a-t-elle pas le droit de lire dans cette pièce le véritable but du complot, surtout quand elle la rapproche des faits constants au procès, des soins donnés par Huber et Steuble à la construction d'une machine meurtrière, et des pensées cachées sous les chiffres du carnet d'Huber ?

Ici se termine l'exposé des faits généraux de cette affaire ; ils établissent à la fois le corps du délit et la culpabilité des trois principaux accusés, des premiers auteurs du complot, Laure Grouvelle, Louis Huber, Jacob Steuble.

Le corps du délit; car il en résulte que, dans le double but d'attenter aux jours du Roi et de changer le Gouvernement, une résolution d'agir a été concertée et arrêtée. Cette résolution se prouve ici par les actes mêmes qui l'ont suivie.

La culpabilité des trois principaux accusés; car on les voit arrêtant et concertant ensemble cette résolution, et préparant les moyens de l'exécuter.

Laure Grouvelle est le centre de cette affaire, c'est elle qui l'inspire et la dirige, c'est elle qui la solde, c'est elle qui est le lien entre les deux autres conjurés.

Huber est l'agent dévoué de cette trame criminelle, et Steuble en est l'instrument intéressé.

Quels sont donc ces accusés, et leurs antécédents n'expliquent-ils pas leur crime?

Sommes-nous dans cette position d'avoir à nous étonner de les trouver sur ces bancs sous le poids d'une telle accusation?

Laure Grouvelle, qu'on vous représentera comme une femme débile et souffrante, n'ayant de force et de courage que pour secourir toutes les infortunes, n'est-elle pas livrée à l'exaltation politique la plus violente?

Elle professe le culte du régicide. Nous la voyons, cette faible femme (c'est elle qui l'a écrit), relevant elle-même la tête sanglante de Morey, recueillant avec amour les cheveux de cet homme et ceux de Pépin, et les cordes ensanglantées qui ont attaché les mains de ces deux assassins!

Elle a dit ici qu'elle les croyait innocents! Mais Alibaud, pris en flagrant délit, avouant son crime, s'en glorifiant, elle l'appelle le martyr de la liberté! Elle parle de sa belle âme; elle fait autographier la signature de ce monstre; et, dans son admiration pour Huber, elle résume son éloge par ces mots qui les caractérisent à la fois tous les deux :

« Quel que soit l'avenir que les circonstances lui gardent, il y a dans
« cet homme du Morey et de l'Alibaud. »

Huber! le portrait dont nous parlons vous l'a fait connaître. C'est lui qui est venu encourager Alibaud dans sa prison.

Condamné pour le complot de Neuilly, Huber était détenu à Bicêtre, le rôle de modération qu'il joue devant le jury, était alors terminé : il écrit à Alibaud une lettre, cette lettre est saisie, elle devait l'être, il le savait! Cette lettre est remise à M. le Président de la Cour des Pairs qui juge une confrontation nécessaire pour apprendre si Huber connaissait Alibaud. Mis en présence l'un de l'autre, Alibaud déclare qu'il ne connait pas Huber; mais Huber se lève et s'écrie : « Courage, brave Alibaud! ne te laisse pas inti-
» mider par ces gens-là. » C'était là ce que voulait cet homme qui ne connaissait pas Alibaud, mais qui tenait à lui exprimer la sympathie qu'il éprouvait pour lui. C'est Huber qui, dans le procès qu'il subit pour tentative d'évasion de la prison de Clairvaux, interrogé en ces termes : « Qu'au-
» riez-vous fait de votre liberté? » Répond : « J'aurais été remplir le devoir d'un bon républicain. »

On lui demande ce qu'il entend par là; il répond : « Si vous ne le savez
» pas, il est inutile que je vous l'apprenne. »

Huber déjà condamné pour complot contre la vie du Roi, reçoit du Roi qu'il a voulu frapper de mort, le pardon et la liberté.

Deux mois après, il conspire de nouveau contre sa vie.

Steuble, que les mêmes passions n'animent point, fait par intérêt, par spéculation, ce que les autres font par fanatisme.

Contre ces trois accusés, le crime est prouvé; tous trois sont les premiers auteurs d'une résolution d'agir contre la vie du Roi.

Il faut maintenant nous expliquer sur les autres accusés, coupables aussi, mais à un moindre degré, parce qu'ils ne sont pas les premiers auteurs du complot, mais qu'ils y ont seulement adhéré, et qu'ils y sont entrés lorsque le complot était déjà formé.

Annat est lié depuis longtemps avec Laure Grouvelle et Huber.

Déjà condamné pour un crime d'attentat, Annat est un de ces hommes qui se trouvent toujours prêts à entrer dans un complot.

Nous le voyons dans cette affaire, recevoir et loger Huber pendant ses deux voyages à Paris, il le fait passer pour son cousin.

Quand Huber est à Londres, c'est Annat qui lui envoie de l'argent au nom de Laure Grouvelle.

C'est chez Annat que se trouve la pièce la plus grave émanée de la main d'Huber.

Vous apprécierez, Messieurs, si sa culpabilité est démontrée; quant à nous, nous vous devons l'expression de notre conviction : elle est acquise contre lui.

Auprès de cet homme déjà condamné pour crime, et au milieu des autres accusés, c'est avec un sentiment bien pénible que nous voyons un jeune homme, investi des fonctions de la magistrature, auquel ses serments imposaient des devoirs plus rigoureux encore, et qui se présente à vous sous le patronage d'une famille honorable et justement considérée.

Il y avait là, vous le comprenez, Messieurs les Jurés, bien des motifs pour appeler l'indulgence sur cet accusé, et c'est la gravité seule des charges qui a pu déterminer son renvoi devant la Cour d'assises.

Quelle est donc la charge la plus grave qui pèse sur Leproux?

Incontestablement c'est la lettre d'Huber, cette lettre, nous l'avons lue; il est inutile de la relire.

Rappelons seulement que nous y avons trouvé la preuve la plus claire d'un complot, et demandons-nous dès lors, s'il est possible d'admettre qu'elle ait été adressée à un homme qui ne serait pas l'un des complices.

Cette hypothèse ne peut être admise, et il faut reconnaître que l'ami d'Huber, quel qu'il soit, à qui cette lettre est destinée, est l'un des adhérents du complot, l'un de ceux au moins qu'Huber croyait tel.

Mais la lettre n'a pas été reçue? qu'importe? En est-elle moins la preuve de la participation au complot de celui à qui elle était destinée. Si cette lettre renfermait une proposition d'entrer dans un complot, de prendre part à un attentat, il est bien évident qu'elle n'aurait rien d'accusateur que contre celui qui l'aurait écrite; Mais ici la lettre prouve la préexistence du complot; elle suppose une résolution d'agir déjà concertée et arrêtée entre celui qui l'écrivait et celui à qui elle était adressée. Cette circonstance qu'elle n'a pas été reçue devient donc indifférente. Nous savons d'ailleurs pourquoi elle n'est pas parvenue entre les mains de Leproux; nous savons que c'est par une circonstance fortuite, la perte du portefeuille d'Huber.

Mais était-elle adressée à Leproux? La teneur ne le prouve pas sans doute, mais elle l'indique. C'est au moins à un homme qui se trouvait dans la position de Leproux :

« Brave ami, vous êtes sans doute déjà prévenu de mon arrivée. Mais comme
» vous en ignorez l'époque, je vous prie de vous diriger sur-le-champ vers le

» lieu du rendez-vous. Je m'y trouverai en vous attendant ; surtout prenez bien
» vos mesures ; car, à mon dernier passage à Calais, j'ai remarqué une surveil-
» lance très-active. *Les hommes comme vous sont trop utiles par votre fortune, vos*
» *capacités, et surtout par l'influence que vous exercez;* tandis que moi, pauvre
» prolétaire, je ne puis offrir à la patrie que mon sang et la pureté de mes in-
» tentions..... »

Mais est-ce que, par hazard, cette lettre est sans adresse? Non, elle
porte cette adresse : « à M. Leproux, juge suppléant, à Vervins. »

Vous avez entendu les témoins, Messieurs les Jurés, vous avez entendu
le douanier Pauchet, ce jeune homme qui, le premier, a paru devant vous;
vous avez entendu les trois autres employés des douanes.

Est-il possible, nous vous le demandons, de révoquer en doute que l'a-
dresse existât sur la lettre au moment de la perte du portefeuille ?

Mais elle n'est pas de la main d'Huber ? Qu'importe encore? Elle existe,
et il est certain qu'elle existait au moment de la perte du portefeuille : c'est
là le point essentiel. L'accusée Grouvelle faisait aussi mettre les adresses
des lettres qu'elle envoyait à Huber par une autre main que la sienne.
Sur ce point, sa déclaration et celle de son amie, la demoiselle Hergalan,
sont positives; le fait est encore plus positif. Nous pouvons représenter
une lettre adressée à Huber par Laure Grouvelle, et l'adresse de cette lettre
est de la main de la demoiselle Hergalan. Ce que faisait Laure Grouvelle,
Huber pouvait bien le faire; il y a plus, il devait le faire, et cela était le
résultat d'une convention faite entr'eux.

Les accusés en sont encore à croire à l'existence, à la poste, d'un cabinet
noir dans lequel on ouvrirait les lettres des personnages politiques dont les
projets peuvent être suspects. La lettre d'Huber est donc adressée à Leproux, et prouve dès lors la participation de cet accusé au complot.

Ici se présente la lettre adressée à Laure Grouvelle, par Huber, après la
perte de son portefeuille, et vous vous rappelez cette phrase qu'elle renferme : « Ce qui me tourmente dans la perte de mon portefeuille, c'est
» qu'il contenait une lettre à notre ami, dans laquelle je lui parlais assez
» ouvertement de notre entreprise. » Cette entreprise, le complot était
donc un projet commun à Huber, à Laure Grouvelle, à Leproux.

D'un autre côté, est-ce que la visite faite par Huber, à Leproux, lors du
passage à Vervins, et l'argent remis par celui-ci sur la demande de Laure
Grouvelle, ne viennent pas expliquer les relations qui existaient entre ces
trois accusés? Est-ce que cette circonstance ne vient pas compléter la
preuve de cette vérité, que la lettre trouvée dans le portefeuille d'Huber
était en effet adressée à Jules Leproux.

Enfin, Messieurs, depuis le procès commencé, la justice apprend qu'une
lettre adressée au nommé Stiegler ou au sieur Jules Leproux, de Vervins,
est déposée à l'hôtel des postes, à Mons.

Cette lettre, nous n'hésitons pas à l'affirmer, elle est d'Adolphe Souillard.
En effet, elle est signée *Adolphe*. Nous pouvons, à côté de l'expertise
dont le résultat est encore présent à vos souvenirs, invoquer une preuve
incontestable, c'est le contenu même de cette lettre ; elle porte, au bas de
la signature, l'adresse de Souillard, à Londres « 5, Carlisle Street. » La
date de cette lettre est également précisée, et ce point, qu'on a voulu
contester, est en effet important. Vous vous rappelez, Messieurs, que l'aubergiste de Mons avait d'abord déclaré, le 1ᵉʳ mai, que cette lettre lui
avait été remise deux mois auparavant, et qu'ensuite il a fixé cette remise
à une époque antérieure aux premiers jours de janvier. Eh bien, nous

laisserons de côté cette déposition, quoiqu'elle confirme notre assertion, et nous dirons que la teneur même de cette lettre en fixe suffisamment la date. On lit, en effet :

« Tu vas être bien étonné de la décision que j'ai prise de te rejoindre; j'ai
» reçu mon argent de M. St. une demi-heure après ton départ. Je me suis mis en
» route lundi matin pour Douvres.. »

Ainsi cette lettre a été écrite quelques jours, au plus tard, après le départ d'Huber de Londres pour Boulogne. Or, Huber est parti le 6 décembre, la lettre est donc des premiers jours de décembre 1837.

Maintenant, Messieurs, l'adresse ne vient-elle pas accabler Leproux : *Stiegler venant de Londres*, ou *J. Leproux, de Vervins*. Quoi que puisse faire désormais Leproux, il restera donc lié à Huber se cachant sous le nom de Stiegler et à l'entreprise qui ramenait cet accusé à Paris ?

Cependant, Messieurs, quelle a été la véritable situation de Leproux dans cette affaire ?

S'y trouvait-il aussi engagé que les trois principaux accusés ?

Il faut le dire, Messieurs, la lettre qui lui est écrite par Huber ne concorde pas pleinement avec les autres résultats de l'instruction.

Si on la considère en elle-même, il semble que l'exécution du complot soit encore subordonnée à des événements ultérieurs.

Nous savons cependant qu'il n'en était pas ainsi : le carnet d'Huber, cette minute d'une lettre évidemment adressée à Laure Grouvelle, et le papier saisi chez Annat, font connaître le but précis et prochain du complot.

Il faut donc reconnaître qu'Huber lui-même ne croyait pas Leproux aussi engagé que lui dans cette affaire, aussi complétement décidé à l'immédiate exécution.

Mais ce complice plus timide n'était-il pas déjà un complice ?

Incontestablement il a connu le complot, les conjurés l'ont cru leur complice.

De deux choses l'une donc : il a simplement connu le complot sans s'y associer, ou bien il l'a connu et y a pris part.

L'a-t-il seulement connu ? L'instruction et les débats prouvent le contraire ; il a donné de l'argent à Huber pour son premier voyage à Londres; il en convient. Or, il connaissait le but du voyage.

C'est là de la complicité.

Il a reçu et accepté d'Huber un rendez-vous dans le but du complot.

Ce point résulte de la lettre d'Huber et de celle de Souillard.

De la lettre d'Huber dans laquelle on l'invite, dans un but qui, d'après la teneur même de cette lettre, se rattache nécessairement au complot, à se trouver à un rendez-vous antérieurement donné, antérieurement accepté, dont le lieu avait été convenu et dont il ne s'agissait plus que d'annoncer l'époque ;

De la lettre de Souillard déposée à Mons et adressée tout à la fois à Huber sous le faux nom de Stiegler et à J. Leproux, ce qui prouve que ces deux individus devaient passer par cette ville belge, et ce qui est parfaitement d'accord avec les explications qu'Huber, dans sa lettre à Leproux, se croit obligé de donner sur les motifs qui l'ont empêché de revenir par la Belgique.

Leproux devait donc concourir activement et personnellement à des actes qui avaient pour objet de préparer l'exécution du complot. Cela est encore de la complicité.

Nous ne parlerons pas de ces demandes d'argent réitérées qui lui ont été faites par Laure Grouvelle et par son frère, et sur lesquelles il avait donné, dans l'instruction et à plusieurs reprises, des détails qu'il dénie aujourd'hui.

Les faits qui demeurent constants suffisent pour établir sa culpabilité.

C'est par suite de ses relations avec Laure Grouvelle que Leproux est compromis dans cette affaire.

Ce sont les mêmes relations qui ont entraîné dans le complot Vincent, Giraud et Vauquelin.

Vincent Giraud, cet homme qui, sur la demande de Laure Grouvelle, a reçu et logé chez lui Steuble et Kluppel pendant un mois, est envoyé, le 26 juillet, à Verneusse par Laure Grouvelle; il est porteur d'un billet de cette accusée qui recommande d'avoir toute confiance en lui, il se rend chez Vauquelin et en reçoit 400 fr.

Quel était le but de cette mission spéciale? Il s'agissait, dit-on, de demander de l'argent pour les amnistiés, et notamment une somme déterminée pour un réfugié politique.

Cette explication ne donne pas la raison suffisante de l'envoi d'un exprès, surtout quand on se rappelle que cet exprès était expédié au mois de juillet et que, pour justifier de l'emploi de la somme reçue dans le but qu'on lui assigne, on produit une quittance du mois de septembre. Les accusés l'ont eux-mêmes senti, car ils ont ajouté qu'on a profité d'un voyage que devait faire Vincent Giraud à Bernay pour lier avec le fabricant Piquenot des relations commerciales; mais Piquenot a donné sur ce point, soit dans l'instruction, soit à l'audience, le démenti le plus formel.

Encore une fois, quel était donc le but de ce voyage, et pourquoi, immédiatement après l'arrivée de Vincent Giraud à Verneusse, Vauquelin s'empresse-t-il d'envoyer, au milieu de la nuit, son garde à Bernay pour mander Piquenot en toute hâte?

Rappelons-nous, Messieurs, que Vincent Giraud arrive à Verneusse le 27 juillet, qu'il revient à Paris immédiatement et rapporte entre les mains de Laure Grouvelle 400 fr., le 20 ou le 30 juillet, et que le 31 du même mois Huber et Steuble partent pour Londres avec l'argent que leur fournit Laure Grouvelle.

Ne comprenez-vous pas qu'entre ces faits qui se suivent de si près dans le temps, il existe une connexité d'un autre ordre, et leur relation n'éclate-t-elle pas de la manière la plus évidente, lorsque, dans une lettre écrite par Vauquelin lui-même, on trouve la preuve que l'argent qu'il a donné n'avait pour destination ni le soulagement des amnistiés, ni une assistance que réclame la situation d'un réfugié politique, mais une *cause très-grave*, mystérieuse et que *dans la crainte de compromettre des amis, on n'osait pas même confier au secret d'une intime correspondance.*

Vainement on insiste et l'on prétend qu'en présence des lois de septembre ou des lois d'association, cette assistance donnée ou aux amnistiés ou aux réfugiés politiques, avait aussi ses périls et était obligée de se cacher.

La commission centrale des secours de ce genre a publié son organisation et son but. Voici les journaux dans lesquels ses lettres ont été insérées et qui ont aussi soigneusement enregistré les listes de souscription et les noms des souscripteurs.

Telle n'est donc pas cette cause grave et périlleuse pour laquelle Vincent Giraud a demandé de l'argent à Vauquelin et pour laquelle Vauquelin en a donné. Pour achever de le prouver, nous nous rappellerons que, dans cette lettre à Godard, Vauquelin distingue lui-même ce qu'il donne pour les frères et ce qui est donné pour la cause grave. 20 fr. pour Annat, 50 fr. pour nos frères. 330 fr. dont il craint de révéler la destination quoi qu'il la connaisse.

Quelle est elle donc cette destination si grave, si compromettante, si dangereuse nous le répétons?

La date du voyage de Vincent Giraud, la mission qu'il a reçue à cet effet de Laure Grouvelle, le départ d'Huber et de Steuble pour Londres le lendemain du retour de Vincent Giraud, répondent à cette question; cette cause très-grave, c'est le complot; c'est ce que confirmait la déclaration de Valentin, dont il reste, Messieurs, à nous occuper.

Mais que dire de cet homme dont la situation, dans ce procès, est si étrange? Valentin n'a été dénoncé et n'est accusé que par lui-même. Jamais l'accusation ne s'est emparée des déclarations de Valentin que contre Valentin lui-même.

Comment comprendre donc ces attaques sans fin, comme sans mesure, dirigées contre cet accusé?

Avons-nous besoin des déclarations de Valentin? Est-ce nous qui avons été chercher cet homme? N'est-ce pas lui qui est venu se jeter dans l'affaire alors que l'instruction était terminée?

Il a fait des révélations dont une partie trouvait sa confirmation dans l'instruction, dont une autre partie faisait peser sur lui-même une complicité dans le complot.

Nous n'avons pas pu repousser cette révélation; mais, encore une fois, nous ne l'avons acceptée que contre Valentin lui-même.

Que signifiait donc cette instruction faite à l'audience contre cet homme, et ces dépositions de témoins qui établissent qu'avant l'époque où vous receviez Valentin, accusé, où vous le traitiez de *frère* et d'*ami*, il avait déjà commis quelques-unes de ces actions honteuses dont on accumule aujourd'hui les preuves contre lui?

Qu'avez-vous donc voulu prouver? Qu'il est capable de mentir? Ne suffit-il pas pour l'établir qu'il ait été condamné pour faux? Mais comme nous ne nous sommes emparés des dires de Valentin que contre lui, votre instruction est en sa faveur contre l'accusation en ce qui le concerne.

Il y a cependant des vérités dans sa déclaration; ainsi, le témoin Moulin dont la déposition, pour l'accusation, n'est pas suspecte, a été forcé de reconnaître que Valentin, depuis son retour de Verneusse, du 10 août au 19 septembre, lui a dit qu'Huber était en Angleterre et qu'il y était pour un projet politique. Si Valentin l'a dit à Moulin, à cette époque il le savait donc et il a dit vrai sur ce point dans son interrogatoire.

Valentin a donc connu les motifs du voyage d'Huber à Londres, et, si nous rappelons qu'il était à Verneusse au moment où Vincent Giraud y est arrivé, et que les antécédents qu'on lui supposait, ses sentiments et ses opinions politiques devaient lui assurer la confiance de Vincent Giraud qui le connaissait, et de Vauquelin dont il était devenu le commensal, on comprendra facilement qu'il ait connu le but du voyage de Vincent Giraud; et si, d'ailleurs, il est prouvé, en dehors de la déclaration de Valentin, que ce voyage était fait dans le but du complot, on sera forcé de reconnaître que, sur ce point du moins, Valentin a dit vrai.

En ce qui le concerne du moins, il est certain qu'il a connu le complot, l'est-il également qu'il s'y soit associé? Nous ne le trouvons mêlé à aucun des actes qui ont eu pour but d'en préparer l'exécution.

Dès le 19 septembre, il était arrêté sous le coup d'une inculpation différente.

Dans de telles circonstances, et sous le mérite des observations que nous avons présentées, vous apprécierez, Messieurs, si la déclaration de Valentin suffit à vos consciences pour que vous lui accordiez le verdict de condamnation personnelle qu'il est venu demander.

Notre tâche est terminée : nous avons mis sous vos yeux tous les détails de cet affligeant procès ; oui, Messieurs, nous disons affligeant procès ; car c'est avec douleur que la justice s'est vu forcée d'armer de nouveau son bras contre des tentatives dont elle était loin de prévoir le retour.

Il semblait enfin permis d'espérer qu'une auguste clémence refoulerait à jamais, dans le cœur de ceux qui en ont ressenti les effets, ces sanguinaires pensées dont l'humanité gémit, et dont s'indigne notre caractère national.

Cette attente a été trompée, tant sont profonds les maux qu'a causés parmi nous le fanatisme politique. Il est des hommes chez lesquels l'esprit de parti a étouffé le sentiment moral ; leur conscience ne se contente pas d'établir une distinction que réprouve la conscience publique entre le crime politique et le crime ordinaire ; à leurs yeux, le régicide n'est pas seulement excusable ; c'est une vertu, c'est une religion ; et il n'est que trop vrai que cette religion a son culte et son prosélytisme.

Eh bien ! ce sont les adeptes de cette abominable doctrine qui sont aujourd'hui devant vous ; examinez tous leurs actes, et vous verrez qu'il n'en est pas un seul qui ne témoigne et de leur admiration pour les auteurs des attentats contre la vie du Roi, et du besoin persévérant de se montrer leurs imitateurs.

Vous ne vous étonnerez pas, Messieurs, que sous l'influence de tels principes, les accusés n'aient pas craint de récriminer contre le pouvoir et de lui imputer la pensée d'un complot qui, à les entendre, ne serait qu'une fable inventée à plaisir. Votre raison a déjà fait justice de cette absurde imputation à la vue des écrits émanés des accusés eux-mêmes, et qui, encore une fois forment la base principale de l'accusation. Ce n'est donc pas devant vous que nous entreprendrons une justification inutile. Vous savez trop bien que l'intérêt du Gouvernement, inséparable de l'intérêt du pays, est dans la paix publique, unique objet de ses constants efforts. Pour l'obtenir, cette paix si désirable, il a tout fait, jusqu'à amnistier des factieux pris les armes à la main, jusqu'à pardonner à des régicides saisis en flagrant délit : et c'est lorsque le pouvoir agit sous l'impulsion de ces généreux sentiments, c'est quand il n'aspire qu'à l'oubli du passé et à la réconciliation des partis, qu'on ose l'accuser d'avoir conçu l'infâme projet de perdre quelques artisans de désordre, convaincus eux-mêmes d'avoir incessamment prémédité les plus coupables attentats !

C'est à vous, Messieurs, organes du pays et de la vérité, qu'il appartient de décider si les accusés que nous vous dénonçons peuvent être rendus à la liberté sans péril pour la Société dont le repos est étroitement lié au maintien de la royauté et à la sécurité du prince.

Loin de nous la pensée de détourner votre indulgence de ceux qui pourraient vous en paraître dignes ; mais, nous devons le dire hautement, l'impunité serait un malheur public, et elle entraînerait de si funestes conséquences que vous en répudierez la terrible responsabilité.

Audience du 22 mai.

A dix heures et demie l'audience est ouverte.

Golschmidt, témoin, est appelé. Je connais Schiller, dit-il, depuis mon enfance; il est de mon pays (royaume de Hanovre). Il a été condamné en 1834 pour avoir fabriqué un faux testament; en 1836 il s'est évadé. Le Gouvernement a promis 1,200 fr. à celui qui le ramènerait à la prison. Il a dit dans l'audience d'hier qu'il avait de la fortune, des biens en Angleterre, des immeubles dans son pays. Tout ce qu'il y a de vrai, c'est qu'il n'a autre chose que des dettes.

D. Tous ces faits, vous en avez la connaissance personnelle; vous avez été à même de les vérifier? — R. Oui, très-bien. Il y a un journal de mon pays, daté de 1834, où tout cela est consigné.

D. N'y avait-il pas d'autres personnes compromises dans l'affaire? —R. Oui, Monsieur.

D. Lesquelles? — R. Je ne me rappelle pas bien.

M. le Président. Nous allons faire traduire l'extrait de ce journal.

M. Wenger traduit cet article. Il en résulte que des peines sévères ont été éditées contre de grands criminels condamnés pour escroquerie, pour vol et pour faux. Au nombre des condamnés se trouvent quelques personnes occupant des positions élevées, et enfin le nommé Schiller, ancien garde forestier en retraite, condamné à six années de réclusion.

Un autre témoin donne de nouveaux détails sur les antécédents de Schiller. Il avait, dit-il, une mauvaise réputation dans la ville qu'il habitait. D'après le bruit public, il aurait abusé de ses forces physiques pour commettre des voies de fait envers des personnes faibles; il avait des habitudes d'ivrognerie et de jeu. Il est à ma connaissance qu'il avait des relations avec des individus mal famés et de mauvaise vie. Plus tard tous ces faits ont été avérés par une condamnation infamante prononcée contre Schiller pour la fabrication d'un document. Ces faits sont connus dans le pays; et j'ai cru devoir remplir un devoir de conscience et de moralité, en empêchant la justice de croire à la déposition d'un pareil homme, et de fonder sa conviction sur la parole de celui qui a été marqué au sceau de l'infamie par la justice de son pays, et qui est couvert du mépris de tous ses compatriotes.

M. le Président. A quel âge avez-vous quitté votre pays? — R. A dix-sept ans.

D. Depuis, y êtes-vous retourné? — R. Non, Monsieur.

D. Quel âge avez-vous? — Trente ans.

D. De quelle date est la condamnation? — R. Elle est de 1834.

M. le Président. La parole est à Mᵉ Arago, défenseur d'Huber.

Mᵉ Arago. Peut être si l'accusation avait quelque chose de redoutable, serait-il dangereux pour les accusés que le dernier venu dans la carrière, que le plus inexpérimenté des avocats assis au banc de la défense, fût appelé à prendre le premier la parole. Mais ce danger ne me préoccupe pas; quelque sonores que soient les phrases que l'on vous a fait entendre, l'accusation existe à peine, je dis existe à peine, car je ne me dissimule pas, pour faire une large part au zèle de l'organe du ministère public, la multitude de charges dont on a voulu nous accabler. Si je ne considérais que le fond, que la force de l'accusation, je vous le déclare, je me dispenserais d'y répondre, et je vous annonce qu'elle va mourir.

« Sachez d'abord, Messieurs, vous qui êtes les juges du camp, les souverains arbitres de la lutte, les maîtres de nos destinées; sachez sur quel terrain va s'engager le combat. Pénétrez-vous bien de nos droits, connaissez bien nos limites respectives, mesurez-nous nos armes, afin de ne point errer dans votre jugement, afin de déclarer et félons et vaincus ceux qui dépassent leur ligne, ceux qui n'aborderont pas leurs ennemis en face, ceux qui frappent de côté. Permettez-moi, Messieurs, de vous bien définir avant de discuter le fond de notre cause, de vous bien enseigner ce que c'est qu'un complot; on n'a fait qu'effleurer dans le réquisitoire cette grave question qui domine de haut toutes les autres questions du procès actuel, qui les absorbe toutes; interrogeons la loi, demandons à son texte quels sont les éléments, éléments nécessaires, forcés, constitutifs du crime politique qui nous est reproché; voyons ce que l'on est absolument tenu de prouver contre nous pour que votre verdict puisse venir nous frapper, pour que vous nous jugiez coupables de complot; voyons, ouvrons le Code. »

M⁰ Arago passe en revue tous les faits de la cause. Il s'attache à établir qu'aucun de ces faits ne prouve un concert arrêté entre plusieurs personnes avec la résolution arrêtée d'agir. Il examine ensuite la déclaration de Steuble, et s'exprime ainsi : « Vous connaissez l'épisode de l'interligne. Un seul mot fait connaître la destination prétendue de la machine; Steuble proteste contre les mots qui ont été intercallés. Je crois à la déclaration faite par Steuble avec l'énergie que vous savez; vous savez pourquoi. C'est M. Simonnin qui s'est trouvé entre l'accusé et M. le juge d'instruction. Je le crois capable de faire ce dont Steuble l'accuse, et si vous connaissez les renseignements que j'ai reçus, vous penserez comme moi sur le compte d'un homme dont la moralité a été mise à l'abri derrière un arrêt.

Le défenseur, après avoir examiné l'expertise de M. Saint-Omer, termine en ces termes sa plaidoirie :

« Pourquoi donc nous a-t-on fait le procès? A cause de nos opinions. Est-ce donc un crime que de penser que la république est une forme de Gouvernement préférable à la royauté? Ah! s'il en est ainsi, sortons d'ici, tenez vos assises au milieu du Champ-de-Mars : la place n'y sera pas trop large pour juger les coupables. »

M. Wenger fait pour Steuble le résumé de cette plaidoirie. L'audience est ensuite suspendue pendant une demi-heure, et reprise à deux heures et demie.

M⁰ J. Favre présente la défense de Laure Grouvelle. Il commence par faire l'historique de sa famille. C'est son père qui a fait à Louis XVI la lecture de son jugement dans la prison du Temple. De bonne heure elle a été pénétrée de principes politiques qu'elle n'a jamais abandonnés depuis. Traçant ensuite le tableau de sa vie, le défenseur la représente apprenant à l'école de sa mère à soulager toutes les misères, s'efforçant d'effacer les traces que le choléra et la guerre civile, ces deux fléaux qui ont à la fois pesé sur la France, ont laissées derrière eux.

« Il faut que je vous dise un mot d'un moyen que j'ai été étonné de trouver dans l'acte d'accusation, et encore plus étonné de trouver dans la bouche de M. le Procureur général, lui qui, en commençant, nous avait si bien promis d'éviter jusqu'à l'ombre même d'une récrimination. On a fait un crime à mademoiselle Grouvelle de preuves de commisération qu'elle a données à Pépin et à Morey, en ensevelissant leurs restes. Il en était ainsi aux mauvais jours de Rome, alors que Tacite disait : *Feminæ, quia occupandæ reipublicæ argui non poterant, ob lacrymas accusabantur.* Ces paroles de l'annaliste de Rome, M. le Procureur général, étaient écrites pour les gens de justice du règne de Tibère, qui avait pour ministre Séjan... »

M. le Président. Vous ne pouvez, Mᵉ Favre, mettre le ministère public en accusation ; vous ne pouvez refuser à celui qui représente ici la société le droit d'employer les moyens que sa conscience lui suggère.

Mᵉ Favre. Je ne dispute point la conscience de M. le Procureur général; oh ! non, soyez-en persuadé...

M. le Président. Nous vous invitons, Mᵉ Favre, à ne pas vous jeter dans de pareilles digressions.

Mᵉ Favre. Je vous le répète, c'est involontairement que de pareils souvenirs me sont venus. Mademoiselle Grouvelle a très-bien pu, cédant à un sentiment qui n'a rien que d'honorable, aller pleurer sur une tombe. La similitude était complète, le rapprochement m'est venu. Si les paroles sont vives, ce n'est pas à moi qu'il faut s'en prendre, ce n'est pas moi qui ai écrit ces mots, c'est Tacite.

M. le Président. Non, mais c'est vous qui avez fait le rapprochement; si vous continuez, nous nous verrons forcés d'user contre vous des pouvoirs que la loi nous donne.

Mᵉ Favre. La Cour peut user contre moi de ses droits. Je connais toute l'étendue de mes devoirs, et je saurai les remplir jusqu'à la fin, à mes risques et périls..... J'ai usé de mon droit en protestant, et je protesterai toujours contre le moyen mis en œuvre par M. le Procureur général ; il aurait dû ne pas oublier que lorsqu'un supplicié sort des mains du bourreau, il n'y a plus que des restes appartenant à la pitié et une mémoire qui appartient à l'histoire.

M. le Président. Mᵉ Favre, calmez-vous !

Mᵉ Favre. Je tâcherai d'être calme ; mais j'aimerais mieux, je le déclare, m'asseoir et abandonner à elle-même et à votre justice la défense de mademoiselle Grouvelle, que de ne pas dire jusqu'au bout ma pensée, ma pensée tout entière... On a encore parlé d'Alibaud, on a fait à mademoiselle Grouvelle le reproche de s'être faite son admirateur ; on lui a reproché sa pitié. Ah ! je vous le dis, moi, Alibaud, mourant sur l'échafaud à la fleur de l'âge, a excité toutes mes sympathies. (Mouvement.)

Mᵉ Favre termine ainsi sa plaidoirie :

Le défenseur examine rapidement les charges de l'accusation ; il cherche à démontrer que l'accusation se détruit par ses propres impossibilités. Pour qu'il y ait complot, il faut qu'il y ait concert, accord, et plusieurs des accusés sont inconnus à mademoiselle Grouvelle, que l'accusation a représentée comme l'âme, comme le centre du complot. Les écrits que l'accusation présente comme preuves sont contradictoires ; ainsi, dans la pièce trouvée chez Annat, commençant par ces mots : *La manière de s'en servir*, c'est le jour de l'ouverture des Chambres que l'on doit placer et tirer la machine. Dans la lettre à Leproux, on dit, au contraire, qu'il faut attendre pour agir, la marche que prendra la nouvelle Chambre, et c'est cependant sur ces deux éléments contradictoires que l'accusation s'appuie à la fois.

» Maintenant que ma tâche est finie, que je l'ai remplie à la mesure de mes forces, je vous l'avoue, Messieurs les Jurés, je me sens désolé d'être obligé de me taire : je suis saisi d'une terrible angoisse, non pas que je doute de votre justice; je sais que vous avez tout écouté, que rien n'est perdu pour vous, et que la vérité s'est fait jour. Mais cependant je me sens inquiet à cette pensée, que si une condamnation intervenait, Laure Grouvelle serait vouée à une torture perpétuelle qui, pour elle, serait un horrible tombeau. Sa condamnation frapperait en même temps une mère sexagénaire aux soins de laquelle elle s'est dévouée. Cette malheureuse mère, Messieurs les Jurés, ce matin même elle m'a conjuré de lui ramener sa fille; elle me l'a fait promettre, et moi je le lui ai promis; je m'y suis engagé. Aurais-je trop présumé de mes forces? Oh! non, vous ne voudrez pas enlever à la pauvre mère paralytique la fille qui doit lui fermer les yeux. Pour tout obtenir de vous, je descendrai jusqu'à la prière et à la supplication.

» Cependant, en m'appelant à elle, Laure Grouvelle m'a dit d'être fort et confiant dans son innocence; elle avait raison, jugez-la sur ses actes; oubliez pour un moment, cette mère qui pleure derrière elle, et dites-moi ensuite si l'accusation ne s'est pas trompée. Le ministère public vous a dit en terminant qu'un acquittement serait un malheur public, moi, je vous dis, qu'une condamnation serait un malheur public, qu'elle serait la négation de la vertu. Non, vous ne ferez pas une pareille injure à votre siècle, à votre pays. Vous acquitterez Laure Grouvelle; vous l'acquitterez parce qu'elle innocente; vous acquitterez tous les autres accusés, parce qu'ils sont innocents; qu'ils sont venus sur ces bancs expier leur honorable amitié pour elle, et qu'elle les tient tous par la main. »

Après cette plaidoirie, l'audience est levée à cinq heures et demie, et est renvoyée à demain dix heures pour la continuation des plaidoiries.

Audience du 23 mai.

La parole est à M⁰ Hemerdinger, défenseur de Steuble.

M⁰ Hemerdinger. « La présence de Steuble sur le banc des accusés a quelque chose d'inexplicable. Etranger à notre pays, à nos mœurs, à nos agitations politiques, sans sympathie comme sans haine pour personne, ce malheureux jeune homme, qui n'aurait pas cessé d'être à l'abri de tout reproche, se trouve compris dans une accusation dont tout semblait devoir le préserver.

» Sa position diffère encore sous un autre point de vue de celle de ses compagnons d'infortune; tous ils sont suivis dans cette enceinte de leurs familles, de leurs amis qui les entourent de leur affection, de leurs vœux. Steuble comparaît seul et délaissé; il n'a pour lui que son défenseur, et ce faible soutien était sur le point de lui manquer aussi. Il faut, Messieurs, que je le confesse ici guidé par cette instinctive répugnance que nous inspire tout ce qui ressemble à l'opprobre ou au crime, je voulais répudier la délicate mission que m'a confiée l'honorable magistrat qui dirige ces débats. Mais j'ai examiné, j'ai lu jusqu'au fond de l'âme de cet infortuné, et j'ai acquis la conviction qu'il ne s'agissait pour moi que de la victime d'un malentendu à défendre. Oh! alors, Messieurs, je n'ai plus hésité, et si Steuble pouvait me comprendre ici, je lui demanderais publiquement pardon d'avoir pu un seul instant douter de la pureté de sa conduite et de la bonté de sa cause. »

Le défenseur représente ensuite Steuble comme un homme tout à fait étranger à la politique, absorbé dans ses rêves de mécanicien. Selon lui, rien ne prouve qu'il eût connaissance de la destination de la machine. L'eût-il connue, il y aurait dans sa brouille avec Huber la preuve qu'il avait renoncé à en faire partie.

« La cause de Steuble est plaidée, ajoute M⁰ Hemerdinger, et, sous quelque face que vous considériez l'accusation, il est impossible d'y rien trouver contre lui. C'est en vain qu'elle a mis tous ses efforts à presser tous les faits;

il n'en est sorti qu'une chose, c'est son propre néant. Partout éclate son impuissance à faire de Steuble autre chose qu'un mécanicien exclusivement occupé de ses travaux. »

Le défenseur, termine et conjure les jurés de rendre Steuble à sa patrie.

Me Teste, défenseur de Leproux : « Messieurs, au moment où nous allons prendre la parole, vous sentez qu'il s'opère une transition dans le débat, et que l'accusation ébranlée dans son foyer même par une de ces discussions éloquentes qui font à la fois le salut des accusés et la gloire de leurs jeunes patrons, en descendant jusqu'à nous, se rappetisse et se décolore entièrement. Jamais, à l'égard de Leproux, elle n'avait été ni bien visible, ni bien palpable; et pour nous, la défiance tout entière était dans l'impossibilité de heurter de front un ennemi. Mais à présent le terrain lui-même sur lequel nous étions appelé se dérobe sous nos pas. Le cartel nous reste et l'adversaire disparaît. Cette dégradation du système de l'accusation n'a point échappé à la sagacité du ministère public ; lui-même vous l'a signalée, et nous le remercions de l'aveu qu'il vous a fait. Qu'il nous permette d'achever sa pensée : s'il n'a pas été entraîné jusqu'à l'abandon de l'accusation, en ce qui concerne Leproux, c'est qu'il a craint qu'une seule pierre détachée d'un édifice si laborieusement construit, n'en déterminât immédiatement la ruine. C'est une nécessité; c'est à la faiblesse générale du système que nous devons d'y tenir encore par un imperceptible lien. Ce lien, je vais le rompre. Je me garderai bien, Messieurs, de relever l'importance du débat en me montrant prodigue de paroles et en exagérant une défense que je dois proportionner au sujet.

» Mon rôle est accessoire ; au-dessous des trois principaux accusés, il n'y a que des comparses, des inutilités. L'accusation me rend modeste, j'accepte cette condition avec joie.

» A quoi se résume l'accusation à l'égard de Leproux ? à la connaissance du complot, à une assistance passive. »

Me Teste s'attache à démontrer que tout éloignait Leproux de la pensée d'un complot, sa fortune, sa famille, son éducation, l'emploi de sa vie, sa qualité de magistrat, son serment. Ses relations avec mademoiselle Grouvelle, relations dont il s'honore, et qu'il n'a garde de désavouer, on a renoncé à les incriminer dans le réquisitoire que vous avez entendu. S'occupait il de la fabrique de sucre? c'est chose démontrée.

Le défenseur s'explique ensuite sur la visite d'Huber à Leproux, à Vervins. Il ne le connaissait pas, il ne l'avait jamais vu, ne connaissait même pas son nom. Il ne l'a vu qu'un moment pendant qu'il s'habillait pour aller au bal. Huber s'en est allé, et Leproux a été passer tranquillement le reste de la nuit au bal, après avoir donné 20 francs à la personne qu'on lui avait recommandée.

Me Teste continue en ces termes : « L'accusation semblait devoir être arrêtée à cette limite. Au contraire, c'est au delà, c'est en-dehors de Leproux qu'elle se pose et croit trouver sa force. Vous pressentez que je veux parler de la lettre trouvée dans le portefeuille perdu. C'est, vous a-t-on dit, la charge la plus grave ; je ne me prévaux pas, pour le moment, de ce que l'adresse est d'une autre main, ni de ce qu'Huber a dit que la lettre n'était pas pour Leproux, ni du séjour du portefeuille pendant vingt-quatre heures en mains tierces. Je vais droit au sujet et à l'argumentation de M. le Procureur général. Je dis qu'elle est effrayante, et qu'à l'admettre, ni M. le Procureur général ni moi, nous ne pouvons répondre de ne pas être à ce moment pris en flagrant délit de complot. Quoi donc ! une lettre a été écrite; elle n'a pas été envoyée ; elle n'a pas été reçue, on n'y a pas répondu, et elle ferait preuve d'une accession au complot! Vous oubliez donc que le complot est la convention entre plusieurs personnes, et qu'un contrat suppose le concours de deux volontés; et quand il s'agirait de la tête, cette lettre ferait preuve contre Leproux! Où en sommes-nous? et vous avez dit : « Qu'importe! » Qu'importe! certes, il importe beaucoup; il importe de savoir ce qu'aurait dit Leproux en recevant la lettre. Et vous présumez le bon accueil que dirige l'acceptation! et, sur cette présomption, vous soutenez une accusation capitale, puisque vous créez le crime, vous le complétez du moins pour vous donner l'occasion de le poursuivre. Vous trouvez le nom et vous voulez atteindre la personne. Savez-vous où l'on va avec un pareil système? Je vais vous l'apprendre, et je ne sortirai pas de la famille Leproux pour trouver un exemple.

» En mars 1794, un parent de l'aïeule paternelle de l'accusé avait émigré. Il écrivit à sa parente de la terre d'exil pour lui demander des secours. Sa lettre ne parvint point, elle fut saisie; fut-elle perdue, trouvée par un douanier, décachetée à la poste, je ne sais, elle fut saisie; et la mère de M. Leproux père fut arrêtée, emprisonnée, conduite à Arras devant cette commission d'horrible mémoire où dominait Joseph Lebon, et huit heures après sa tête tombait sur l'échafaud. On l'avait condamnée sur une lettre qui lui était adressée et qu'elle n'avait pas reçue. Son fils aîné, qui s'était enfermé dans Landrecies et qui défendait courageusement nos frontières, exposait sa poitrine aux balles des Autrichiens, et s'associait ainsi aux généreux élans de ce patriotisme qui fait l'une des plus belles gloires de cette époque, son fils aîné fut aussi, à son retour, arraché des rangs de l'armée, fut accusé de complicité et traduit devant cette même commission. Par grâce, il ne fut condamné qu'à la détention jusqu'à la paix générale.

» Son mari, arrêté lui-même, est amené à Paris, il est traduit au Tribunal révolutionnaire, et c'est au 9 thermidor qu'il dut non pas son salut, car il succomba bientôt après à ses douleurs, mais c'est à cette journée qu'il dut de mourir au soleil.

» Voilà, Messieurs, dans la famille Leproux, les terribles effets d'une lettre écrite et non reçue. Etrange coïncidence! Que de plaies l'accusation est venue rouvrir! Ne dirait-on pas une fatalité! Mais nous sommes heureusement loin de ces temps où le soupçon suffit, où la vraisemblance tue.

» Vous sentez, Messieurs, que je n'ai pas à m'occuper de la teneur de la lettre, ce serait nous l'approprier, et son auteur lui-même affirme qu'elle ne nous était pas destinée; d'ailleurs, moins qu'à tout autre, il me conviendrait de tenter l'apologie de ce qu'elle contient, et mes opinions, ma position, mes devoirs mêmes, tout m'interdit une telle justification. La défense de Leproux aurait eu besoin d'un autre organe s'il eût fallu aborder un tel sujet, et pourtant, Messieurs, ma longue expérience et la part que j'ai eue dans les proscriptions politiques, me disposent à l'indulgence et font taire en moi les mouvements passionnés. Mais, je le déclare, dans cette lettre, dont je n'approuve ni les pensées ni les expressions, je n'ai trouvé aucun vestige de complot. »

Arrivant ensuite à la lettre saisie à Mons, et sur l'adresse de laquelle se trouvent les noms réunis de Leproux et Huber, il poursuit ainsi : « Et M. le Procureur général de dire : Leproux a reçu et accepté un *rendez-vous dans le but du complot*. Ce point résulte de la lettre d'Huber et de celle de Souillard. Cela est encore de la complicité.

» Je ne conçois pas, je l'avoue, la légèreté des prémisses et la dureté des conséquences. Le rendez-vous n'est pas prouvé : fût-il donné, a-t-il été accepté? a-t-il eu lieu? Non, car Leproux n'a pas quitté Vervins. D'après

l'accusation, le complot s'ourdit à Paris entre les trois accusés principaux, et Leproux n'y était pas, il n'y vint pas. Le complot se poursuit à Londres, Leproux n'y est pas, il ne s'y rend pas, n'y correspond pas; il n'a jamais vu Steuble et Souillard. Le complot débarque à Boulogne, Leproux l'ignore, il continue à rendre la justice. Le complot vient se renouer à Mons; Leproux n'en sait rien, il ne quitte pas encore Vervins. Encore un mot, et j'ai fini, dit en terminant Me Teste. Quelque jugement que l'on veuille porter des opinions de Leproux, alors même qu'on le croirait agité de ce rêve fâcheux d'un retour aux formes républicaines; qu'on se rassure, ce ne serait pas à la république de 93 qu'il voudrait nous ramener... Pour y rentrer... il faudrait mettre le pied dans le sang de sa mère, de son père......
Prononcez. »

Après cette plaidoirie, l'audience est suspendue pendant une demi-heure; elle est reprise à deux heures et demie.

Me Leblond présente la défense de Vincent Giraud, et Me Ferdinand Barrot celle de Vauquelin. Les défenseurs s'en réfèrent à ce qui a été déjà dit sur les généralités du procès, et s'attachent à combattre les charges particulières qui pèsent sur leurs cliens.

Après ces plaidoiries, MM. les Jurés demandent qu'il n'y ait pas d'audience demain.

Me Teste. « Au point où en sont arrivés les débats, il est dans l'intérêt des accusés, et la justice exige qu'il n'y ait, jusqu'au jugement, aucune interruption. »

Après de nouvelles observations de MM. les Jurés et de Me Teste, M. le Président annonce qu'il y aura audience demain.

Me Arago, pour un confrère absent, présente en quelques mots la défense d'Annat.

Me Colmet d'Aage fils présente la défense de Valentin.

« Si je m'en tenais au réquisitoire de M. le Procureur général, dit le défenseur, je ne devrais pas me lever pour Valentin, à l'égard duquel l'accusation est abandonnée. Mais tant d'outrages sont venus fondre sur lui de toutes parts, que je croirais manquer à mon devoir de défenseur d'office, si je ne faisais entendre quelques paroles en sa faveur, non point pour réclamer votre estime, un arrêt le lui interdit, mais pour invoquer au moins votre commisération.

» De toutes les accusations qui ont été élevées contre lui, je ne dirai point par le réquisitoire, mais par la défense elle-même, il n'en est pas une qui soit fondée. N'a-t-on pas vu avec douleur l'un de ces témoins à décharge venir dans cette enceinte et lire une sorte de procès-verbal d'information. C'est quand un accusé est en proie depuis trois semaines à tant d'avanies, à tant d'injures de la part même de ceux qui ne parlent que de pitié et de charité, c'est alors que les devoirs de la défense grandissent. Mais pourquoi vais-je entreprendre une réfutation sans objet et détruire les arguments auxquels les autres accusés attachent leur salut? Valentin n'est plus compromis, et, en l'acquittant, vous concilierez les exigences de l'accusation avec celles de l'accusé. »

L'audience est levée à 5 heures et remise à demain 10 heures pour les répliques.

Audience du 24 août.

L'audience est ouverte à dix heures et demie.

M. le procureur général se lève pour répliquer :

« Messieurs, s'il fallait en croire la défense, l'accusation que nous sommes chargé de soutenir était morte avant même qu'on l'eût attaquée. Et pourtant on n'a pas pensé que, pour l'aider à mourir, il fût inutile de multiplier les efforts. On n'a rien épargné pour vous convaincre, on a tout mis en œuvre pour vous émouvoir ; et comme si ce n'était pas assez de discuter les faits, d'examiner les preuves, de combattre l'accusation, on a tenté de changer les rôles, et de nous forcer nous-même à nous défendre. Ici on invoque les souvenirs des cruautés que le burin de Tacite dénonçait aux siècles à venir ; là, on rappelle le nom de l'un des plus féroces proconsuls que la république de 93 ait infligé à la France. C'est sur le banc des accusés que se trouvent groupées toutes les vertus ; nous y avons traduit la bienfaisance, le courage, le dévouement, l'héroïsme.

» A notre côté, on place les haines politiques, les lâches embuscades, ou, du moins, les soupçons téméraires et les odieuses persécutions.

» Non, Messieurs, nous ne poursuivons pas les opinions politiques, nous n'accusons pas une femme à cause de ses larmes, nous ne voulons ni de la justice de Tibère ni de celle du Tribunal révolutionnaire.

» Nous sommes ici pour soutenir, devant vous, représentants du pays, en face d'une libre défense, une accusation déjà sérieusement examinée par deux degrés de juridiction.

» Vous ne vous déciderez, Messieurs, contre les accusés, que sur les preuves les plus positives et les plus claires. C'est là ce que nous vous demandons, c'est là le devoir que vous accomplirez. La condamnation d'un innocent pèserait sur notre conscience comme sur la vôtre.

» Mais pouvons-nous craindre, Messieurs, un tel malheur, dans une accusation qui s'appuie sur des preuves si nombreuses et si décisives? L'art de la défense a consisté à isoler chacun des accusés, chacun des faits qui les concernent, et chacune des preuves qui sont apportées à l'appui de ces faits, et, en cherchant le complot dans chacune de ces circonstances dont la réunion seule peut la montrer à tous les yeux, on était d'avance assuré, Messieurs, de ne point la rencontrer.

» Notre tâche et la vôtre consistera donc à établir ce faisceau, qu'on a voulu délier pour parvenir à le rompre.

» Dans cette rapide discussion, nous négligerons les détails, et nous ne nous occuperons plus que de ce qui doit déterminer votre conviction.

» Dans le cours de la discussion on n'a pas osé soutenir, mais on a insinué que la police avait connu le complot d'Huber avant le 8 décembre, jour de son arrestation. On vous a parlé d'un gendarme qui aurait dit à Steuble : « Votre camarade est passé hier. » Qui prouve ce fait? rien que la déclaration de Steuble. Mais lors même que ce fait serait prouvé, qu'aurait-il d'extraordinaire ? On comprendrait qu'Huber, soumis à la surveillance de l'autorité et en état de rupture de ban, ait été signalé à toutes les brigades de gendarmerie : le débat vous a même montré que c'était ce qui avait été fait ; et, dès lors, comment s'étonner qu'il ait pu être reconnu ? Mais vous, MM. les Jurés, qui avez prêté une attention si soutenue à ces débats ; vous qui avez entendu la déposition de Pauchet ; vous qui avez pu remarquer la bonne foi, la sincérité de ce témoin, comment croirez-vous que le portefeuille n'ait pas été trouvé, qu'il ait été, ainsi qu'on l'a osé dire, *presque trouvé volé ?* Vous avez remarqué l'attitude de ce témoin devant vous, vous avez vu comment il hésitait si naïvement à reconnaître ce portefeuille. Il y a vous a-t-il dit, des lignes écrites en travers qui n'existaient pas ; et en effet, ces lignes n'existaient pas, c'étaient les visa des magistrats, apposés pendant le cours de l'instruction?

Il est évident que ce portefeuille a été trouvé : que renfermait-il? La lettre écrite par Huber et adressée à l'accusé Leproux. Cette lettre, ce n'est pas le douanier qui l'a placée là, car elle est de votre main, Huber; vous ne pouvez la nier.

» Cette lettre contient elle seulement des pensées blâmables, comme l'a dit l'éloquent défenseur de Leproux?

» Des pensées blâmables! Mais c'est la preuve d'un complot qu'elle renferme! Nous ne vous la relirons pas, Messieurs, mais elle passera sous vos yeux. Vous verrez que cette lettre parle d'une entreprise qui n'était autre chose qu'un criminel projet formé contre la vie du Roi. Cela est si évident, que ceux entre les mains desquels le portefeuille est tombé, ces douaniers, qui les premiers ont lu la lettre, n'ont pas hésité un seul instant; tous y ont vu un complot contre le Gouvernement, un crime de haute trahison : tant il est vrai que le simple bon sens, le bon sens le plus vulgaire suffit pour voir dans cette lettre ce qui s'y trouve écrit à chaque ligne.

» Vous vous rappelez, MM. les jurés, les phrases remarquables de cette lettre : « Ne manquez pas au rendez-vous.... Mais prenez bien vos mesures, » les hommes de votre position sont trop importants.... Le matériel est con- » centré dans Paris, etc. » Quelles explications la défense a-t elle données? Aucune autre que celle de Laure Grouvelle et de Huber. Il s'agissait de faire rentrer un réfugié en France. Eh bien ! il n'y a pas un mot qui ne repousse énergiquement cette interprétation.

» Ce qui nous frappe d'abord dans cette lettre, c'est cette phrase : « Le » plan que l'on exige, je l'apporte ; le matériel est concentré dans Paris.... » Il ne s'agit plus que des moyens d'exécution.... » Huber apporte-t-il un plan? Oui , car on le saisit dans son chapeau. Quel est ce plan? doit-il servir pour faire entrer un réfugié en France? C'est le plan d'une machine meur- trière, et la lettre ne permet pas de ne pas voir qu'il s'agit de se servir de cette machine pour attaquer le Gouvernement et renverser nos institutions. Or, comment les accusés se proposaient-ils d'attaquer le Gouvernement?

» On ne renverse pas un gouvernement directement avec une machine de guerre, on ne le peut qu'en s'attaquant à celui qui est la personnification du Gouvernement; c'est donc au Roi, c'est au cœur du monarque que vous vouliez aller porter vos coups.

» Après cette lettre, nous en trouvons une autre adressée à Laure Grou- velle, qui l'associe complétement aux projets d'Huber. « J'apporte, écrit » celui-ci, ce que vous me demandez... J'ai perdu mon portefeuille. Ce qui » me tourmente, c'est qu'il contenait une lettre à notre ami, dans laquelle » je lui parlais assez ouvertement de notre entreprise. »

» *Notre entreprise!* Elle leur était donc commune; mais les accusés ne le nient pas. Il s'agissait d'une convention arrêtée entre eux. Quelle était cette entreprise? Ils vous l'ont dit; il s'agissait de faire entrer un réfugié en France. Eh bien! dans la lettre à Laure Grouvelle, il est question de la lettre à Leproux, « dans laquelle, dit Huber, je parlais assez ouvertement » de notre entreprise. » Relisez cette lettre à Leproux, et vous verrez, MM. les Jurés, qu'il n'y est pas question de réfugié; mais d'une entreprise contre la vie du Roi ! Il ne faut, pour apprécier cette lettre, que du bon sens et de la raison : MM. les Jurés, vous auriez plus s'il le fallait!

» Mais ce plan d'une machine meurtrière, quel est-il?

» Comment a-t-il été fait? par qui?

» C'est Steuble, il en convient ; Steuble, qui, même à cette audience, a re- connu qu'il l'avait fait d'après une convention avec Huber et L. Grouvelle.

» A la vérité, il a ajouté que la machine devait être vendue; mais il a dit aussi, même à cette audience, que, si on ne pouvait la vendre, elle devait servir en cas de révolution. Y a-t-il si loin, Messieurs, de cette déclaration de l'audience à la déclaration du 13 janvier?

» Non, MM. les Jurés, ce qu'il disait le 13 janvier, il le disait dans ses interrogatoires et dans sa confrontation avec Huber; confrontation qu'on n'attaque pas, qu'on n'ose pas attaquer; car Huber sait l'allemand, et Huber entendait ses réponses, et Huber, par son silence, confirmait l'exactitude de la traduction faite par l'interprète Simonnin...

» Voici le texte même de la pièce que nous indiquons : « *Question*. Persistez-vous à dire qu'il avait été convenu entre vous, Laure Grouvelle et » Huber, que vous iriez à Londres avec Huber pour confectionner une » machine de guerre? — *Réponse*. Oui, Monsieur, cela est vrai. »

» Steuble disait donc alors que la construction de la machine avait été décidée entre lui, Huber et Laure Grouvelle.

» Il l'a dit, non-seulement dans sa déclaration du 13 janvier, dans deux interrogatoires, mais dans cette confrontation avec Huber, confrontation qu'on ne peut attaquer, nous le répétons, qu'on n'attaque point, car Huber (nous insistons sur ce point), sait l'allemand. Steuble a dit aussi, dans les mêmes circonstances, que le voyage à Londres avait été arrêté entre lui, Laure Grouvelle et Huber, pour faciliter l'exécution de ce projet.

» On nous a dit : Mais comment voulez-vous qu'on soit allé à Londres pour construire la machine? On manquait d'argent et on serait allé à Londres, où la nourriture, les matériaux sont à un prix plus élevé qu'à Paris! Il eût été plus commode et moins coûteux de la construire à Paris.

» Steuble s'est chargé de la réponse; il a dit qu'il connaissait des ouvriers en Angleterre et qu'il avait voulu d'ailleurs être plus en securité, parce qu'il redoutait moins la police de Londres que celle de Paris. Il a dit encore qu'en effet l'objection que la construction de la machine serait moins coûteuse à Paris avait été faite, et que Laure Grouvelle avait beaucoup insisté pour que l'exécution eût lieu à Paris; mais que son insistance, à lui Steuble, avait vaincu les répugnances de Laure Grouvelle.

» Maintenant, Messieurs, Steuble savait-il qu'en effet le plan avait la destination qui lui est assignée dans la pensée d'Huber par la lettre de Leproux? Oui, et ce qui le prouve, c'est le *traité avec la République*. Steuble montre clairement ainsi qu'il travaillait au service de la république; donc, le but de l'entreprise avait été annoncé, convenu, arrêté dans la conférence entre lui, Huber et Laure Grouvelle. Et ici nous rappelons que ce traité a été saisi en la possession de Laure Grouvelle, à qui Steuble l'avait remis, parce qu'en effet cette accusée représentait pour lui la république.

» Ces inductions sont pleinement d'accord, vous le voyez, Messieurs, avec les trois lettres dont nous vous avons d'abord parlé.

» Nous avons trouvé dans le papier saisi chez Annat une preuve plus explicite encore et plus complète de la destination de la machine et du but des travaux de Steuble et d'Huber à Londres.

» Ce que nous indiquait la lettre à Leproux et le traité fait avec la république, nous le retrouvons plus formellement énoncé dans cette pièce écrite par Huber.

» En effet, Huber et Steuble s'occupent à Londres des plans et de la construction des machines meurtrières, dans le but de l'établissement de la république. Huber revient de Londres, en toute hâte, apportant le plan de cette machine, et son premier soin, à peine débarqué, est d'annoncer à Leproux, à Laure Grouvelle, qu'il apporte le plan, et il indique à Leproux que ce plan se rapporte à un matériel concentré dans Paris.

» Et maintenant, nous le voyons, dans la pièce saisie chez Annat, parlant du matériel des machines qui vont foudroyer l'état-major au moment du passage du Roi.

» Quelles explications a-t-on données sur cette pièce? On a dit qu'Huber l'avait reçue de Steuble avec plusieurs autres lettres ; que sur le paquebot il avait craint de ne pas pouvoir introduire en France une lettre cachetée; qu'il avait ouvert cette lettre, et que, dans la crainte d'être compromis par elle, il l'avait transcrite. Quoi! il n'ose pas introduire cette lettre de l'écriture d'un autre, et il s'empresse de la copier! et il l'entre en France transcrite de sa main, et il en fait ainsi son œuvre! Cette explication est inadmissible.

» Il y a, Messieurs, une observation qui paraîtra peut-être minutieuse, mais qui ne nous paraît pas sans importance. Remarquez les tournures de style familières à Huber, dans la lettre à Leproux : « Le plan que l'on exige, je l'apporte...... Le *matériel* est concentré dans Paris. » Dans le papier saisi chez Annat : « Le moyen de s'en servir le voici.... C'est là qu'on placera le *matériel* des deux machines. » Vous jugerez ces observations, Messieurs, vous les réunirez à ce que nous avons eu déjà l'honneur de vous dire, et vous demeurerez convaincus qu'il est impossible que ce papier ne soit pas l'ouvrage entier d'Huber, qu'il n'ait pas été pensé comme il a été écrit par lui.

» Ainsi, chaque pas que nous faisons rend plus évident le but qu'on se proposait : c'était d'attenter à la vie du Roi.

» S'il restait encore quelques doutes à cet égard , le carnet d'Huber les leverait facilement. Quand on a interrogé Huber sur ces chiffres, il a dit : « Il me faut un mois pour traduire ces chiffres; ils sont bien de moi, mais je » me suis servi de plusieurs clés. »

» Messieurs , le 16 janvier on lui a montré cette traduction, on la lui a lue : qu'a-t-il dit? Je répondrai plus tard! Pourquoi n'a-t-il donc pas, depuis le 16 janvier, fait sa traduction pour la présenter devant le jury? Mais cette traduction, elle ne peut pas être différente de celle qui a été faite devant vous. Nous disons à la défense : Prenez mille dictionnaires, tous les livres que vous voudrez, et je vous porte le défi de donner jamais à ces chiffres un sens suivi et raisonnable, qui ne soit pas celui-là même que l'expert a signalé.

» Que disons-nous, Messieurs? Le sens que l'accusation présente, non-seulement est raisonnable et suivi , mais il est en rapport complet avec tous les faits de l'instruction, et notamment avec la déclaration de Steuble.

» Rappelons-nous donc que dans ce carnet , Huber, sous le voile de ces chiffres, qu'il croit impénétrables, annonce le projet de tuer le Roi.

» Rappelons-nous que dans son désespoir , au moment de sa brouille avec Steuble, il annonce le projet d'assassiner Steuble, comme il a fait pour un autre, et qu'il parle dans son délire frénétique d'employer, à l'exécution d'un projet qui se trouve arrêté par des obstacles, le moyen de la poudre fulminante.

» Ici la défense nous arrête et nous dit : C'est donc un nouveau complot, qui implique par conséquent l'abandon du premier? — Non, c'est seulement un nouveau moyen d'exécution du même complot, proposé à Laure Grouvelle par Huber, dans un moment où le premier mode d'exécution était entravé. Aussi lui écrit-il : *Si vous voulez continuer de cette manière, envoyez l'argent nécessaire.* Mais bientôt l'idée première est reprise ; et, Messieurs, en voulez-vous la preuve? Elle est dans les deux lettres d'Huber à Leproux et à Laure Grouvelle, saisies à Boulogne, et postérieures aux chiffres du carnet.

» En effet, les chiffres du carnet ont été écrits avant le départ de Steuble de Londres, à l'époque où on lui donnait rendez-vous à Hyde-Park pour l'assassiner ; et lorsque Huber a écrit les lettres dont nous parlons, Steuble était à Paris depuis un mois. Ainsi, dans ces deux pièces, qui montrent que la résolution d'agir n'avait jamais défailli, il est toujours question du premier moyen, qui n'est pas abandonné.

» Ainsi, et en résumé, une résolution d'agir dans le but d'attenter aux jours du Roi a été concertée et arrêtée entre Laure Grouvelle, Huber et Steuble.

» Pour préparer l'exécution de cette résolution, Huber et Steuble ont été en Angleterre ; c'est Laure Grouvelle qui, dans ce but, a payé les frais du voyage et du séjour.

» Là, en vue de cette exécution, Steuble, surveillé par Huber, a dessiné le plan de la machine, et le 6 décembre Huber revient à Paris apportant le plan que deux fois il a volé.

» Sa première démarche est d'annoncer l'apport du plan à deux de ses complices, et d'appeler l'un d'eux à un rendez-vous convenu.

» Ces faits constituent-ils le complot ? Messieurs, ils vont au delà du complot ; c'est ce qu'une rapide discussion suffira pour démontrer.

(M. le procureur-général cite les termes de l'art 89 du Code pénal, qui définit le complot : une résolution d'agir concertée et arrêtée entre plusieurs personnes, et considère comme une circonstance aggravante un acte commis ou commencé pour préparer l'exécution. Il continue en ces termes :)

» Une voix imposante vous disait hier que, dans un crime tout intellectuel que le législateur avait été forcé de punir, il fallait être d'une grande réserve dans l'admission des preuves, et se tenir strictement dans les limites tracées par les définitions de la loi.

» Le défenseur avait raison.

». Mais ici, Messieurs, et ce point a été constamment omis par la défense, nous ne sommes pas dans cette région purement intellectuelle, où l'on pourrait craindre de confondre avec le crime un échange de paroles imprudentes, ou même l'expression plus ou moins vague de mauvaises intentions ; et en admettant l'accusation que nous soutenons devant vous, vous n'aurez pas à craindre de funestes abus.

» Ici nous établissons le complot par les actes qui l'ont suivi, qui ne le constituent pas, mais qui le présupposent, qui l'aggravent et le prouvent.

» N'est-il pas évident, en effet, qu'il faut qu'il y ait eu résolution d'agir, s'il y a eu des actes commis pour préparer l'exécution de cette résolution ?

» Ces actes sont des faits matériels appréciables par tous, et ils se rencontrent ici comme manifestation extérieure de la pensée arrêtée et convenue, de ce pacte, de cette association qu'on vous a présentés comme nécessaires, et qu'exige en effet la loi.

» Mais est-il nécessaire, comme on vous le disait, Messieurs, qu'il y ait eu serment, et que les conjurés soient définitivement fixés à l'avance sur la date, sur le lieu, sur les moindres détails de l'exécution ?

» Non, sans doute, et toutes ces conditions sont en dehors de la loi.

» Comment l'admettre, en effet, en présence de son texte formel, et lorsqu'on voit qu'elle regarde comme une circonstance aggravante d'un crime déjà complet, un seul acte *commencé* pour en *préparer* l'exécution ?

» Comment, deux ou plusieurs conjurés arrêtent et concertent entre eux la résolution de tuer le Roi ; ils achètent l'arme qui doit servir à l'exécuter ; ils se tiennent prêts à tenter l'exécution ; et parce que d'avance ils ne seront convenus ni du lieu ni du moment précis de l'exécution, parce qu'ils laisseront ainsi au hasard ce qu'on peut si rarement lui enlever, ils seront affranchis de toute responsabilité légale ! Cela est impossible, Messieurs, cela est en contradiction manifeste avec la disposition précise de la loi, avec son esprit, avec son but.

» Dans un autre ordre de faits, des conspirateurs ont arrêté la résolution de faire, pour renverser le Gouvernement, une attaque à main armée ; ils cherchent des prosélytes, se procurent des armes et confectionnent des munitions.

» Ce n'est évidemment qu'après tous ces actes préparatoires qu'ils peuvent arriver à fixer le moment de l'attentat.

» Eh bien ! la doctrine que nous combattons les absout ; mais elle les absout, Messieurs, parce qu'elle est contraire à la loi, et qu'elle efface de son texte ce crime intermédiaire qui est déjà plus que le complot, mais qui n'est pas encore l'attentat ni même la tentative d'attentat.

» Voilà, Messieurs, ce que nous avions à vous dire en réponse aux attaques dirigées contre l'accusation, et pour rétablir dans leur vérité des faits et des principes qui avaient été méconnus.

» Vous aurez sans doute remarqué, Messieurs, que nous ne nous sommes appuyés dans cette nouvelle et rapide discussion que sur les pièces émanées des accusés ; nous aurions pu cependant revendiquer les témoignages que vous avez entendus.

» Schiller, on peut dire contre lui tout ce qu'on voudra, mais il est certain qu'il a parlé le 22 décembre, et que d'avance, s'il a menti, il avait ainsi deviné la déclaration que Steuble devait faire le 13 janvier, et la traduction du carnet d'Huber.

» Darvaris, on ne lui reproche que de n'être pas Français et d'être retourné dans son pays avant l'ouverture des débats.

» Ringot, c'est un homme qui avait une dette de 200 fr., il est donc indigne d'être cru. Cependant il avait déposé le 11 décembre, avant les premiers actes de l'instruction.

» Faut-il maintenant répondre à quelques objections personnelles aux accusés ?

» Nous ne le pensons pas, Messieurs ; nous devions vous montrer de nouveau l'existence et la réalité du complot, et la culpabilité des trois principaux accusés auteurs de ce complot. Mais nous avons la confiance que les circonstances du débat sont encore présentes à vos esprits, et nous croyons inutile d'y revenir ; nous ne voulons point engager de nouveau une longue série de discussions ; nous avons donné nos raisons, vous avez entendu celles de la défense, c'est à vous qu'il appartient de décider.

» Toutefois, nous rappellerons quelques points importants dans cette accusation, et qui ont été complétement méconnus dans leurs rapports avec l'accusation elle-même.

» Le voyage de Verneusse d'abord.

» On a dit : Comment, Laure Grouvelle envoie un exprès pour avoir 400 fr. ? cela est impossible, déraisonnable. En effet, ce serait une chose peu sensée, peu raisonnable ; et si elle a été dite, ce n'est pas par l'accusation mais par la défense. »

M. le procureur général cite la lettre de Vauquelin à Godard, dans laquelle on lit : « Vous remarquerez qu'on demandait une somme beaucoup plus forte ; » et l'interrogatoire de Vauquelin qui disait : « On me demande quelques mille francs pour une cause très-grave que je ne puis tracer, dans la crainte de compromettre des amis. »

» Maintenant, MM. les Jurés, quand fait-on cette demande ? A la veille du départ d'Huber et de Steuble. Qui l'a faite ? c'est Laure Grouvelle.

» On parle encore de caisse centrale à établir pour les amnistiés; mais ce prétexte est évidemment faux, et les lettres de Vauquelin à Godard et à Laure Grouvelle le prouvent manifestement.

» Sans doute Vauquelin a été effrayé de cette ouverture qui lui a été faite.

» C'est ce qui résulte « 1° de sa lettre à Godard; 2° de ce qu'il n'a voulu remettre que 330 fr., même à titre de prêt; 3° de sa lettre à Laure Grouvelle, par laquelle il réclame le remboursement de ce qu'il a prêté.

» Ce voyage, quoi qu'on ait pu dire, se rattache donc étroitement à cette entreprise qui constitue le complot.

» L'objection faite contre le voyage à Verneusse, on l'a renouvelée contre le voyage à Vervins. Comment, vous a-t-on dit, c'est pour 20 fr. qu'on passe par la Belgique, et que vous accusez Leproux de complicité !

» Mais ce n'est pas là, Messieurs, ce qu'à prétendu l'accusation : l'accusation ne sait pas ce que vous avez donné, encore moins ce qu'on vous a demandé, ce qu'on espérait de vous. Elle a dit et prouvé contre vous, qui alors le niez, qu'Huber vous avait visité à Vervins, et qu'il avait reçu de vous une somme d'argent. Elle l'a dit avec cette déclaration de Darvaris que l'on attaque vainement, car sur tous ses points elle reçoit confirmation.

» On s'est emparé, Messieurs, d'une sèche analyse de nos paroles, qu'on séparait ainsi des discussions qui les avaient précédées pour nous prêter des raisonnements qui n'ont jamais été les nôtres.

» Non, nous n'avons pas dit que, par cela seul qu'Huber avait fait des propositions à Leproux, par cela seul qu'il lui avait indiqué un rendez-vous, Leproux était coupable. Certes, nous comprendrions alors et votre étonnement et votre indignation. C'est qu'en effet, Messieurs, la lettre d'Huber à Leproux ne renferme point une proposition d'entrer dans un complot; elle n'indique point de rendez-vous; tout au contraire, elle suppose le concert préalable, la résolution déjà arrêtée, la convention faite. « Le plan que l'on exige, je l'apporte; le matériel est concentré dans Paris, il ne s'agit plus que de préparer les moyens d'exécution. »

» Et puis ces lignes du commencement :

« Vous êtes sans doute déjà prévenu de mon arrivée; trouvez-vous au lieu du rendez-vous, mais surtout prenez bien vos mesures. »

» Le rendez-vous était donc déjà pris, accepté d'avance.

» Si nous insistons sur ces circonstances, Messieurs, c'est beaucoup moins, nous devons le dire, contre l'accusé Leproux, qui, enfin, ne s'est pas trouvé à ce rendez-vous, car il aurait alors reçu et nous n'aurions pas trouvé la lettre de Mons ; c'est moins, disons-nous, contre l'accusé Leproux que pour rétablir les faits de l'accusation, et pour les signaler de nouveau dans toute leur vérité.

» Maintenant, Messieurs, répondrons nous aux reproches que nous a faits la défense d'avoir invoqué les antécédents des accusés? N'est-ce pas là un droit, disons mieux, un devoir de l'accusation?

» Tous les actes de la vie qui révèlent une passion, une habitude coupable, peuvent mettre l'accusé dans l'oubli, quant au fait analogue de cette passion, et cette habitude est révélée à la justice.

» Est-ce bien surtout à la défense qu'il appartenait de blâmer l'exercice d'un droit dont elle a si largement usé, en attaquant, à l'aide d'allégations des témoins protégés, et par leur serment et par une conduite antérieure, que rien de certain n'a permis de suspecter?

» Serait-ce, d'ailleurs, un détail étranger à la cause, que cette singulière existence de Laure Grouvelle, que cette vie mêlée de bien et de mal, que ce philanthropique dévoûment transformé bientôt en un fanatisme si contraire aux habitudes de son sexe?

» Nul plus que nous n'applaudit, sans doute, à sa conduite dans les mauvais jours du choléra, mais ce zèle ardent pour le bien n'a-t-il pas dévié dans son cours; et les antécédents d'humanité, que l'autorité elle-même s'était plu à récompenser, ne s'effacent ils pas, lorsque nous la voyons se livrer à des actes d'une horrible exaltation sur la tombe de Pépin et de Morey, vouer un culte à leur mémoire qu'on ne saurait considérer comme l'expression d'un sentiment de piété, alors surtout qu'elle s'efforce de propager leur exemple et qu'elle trace le portrait d'Huber si prudemment passé sous silence par son défenseur, et dont vous comprenez toute la portée relativement au procès actuel : « Quel que soit l'avenir que les circonstances lui réservent, il y a dans cet homme du Morey et de l'Alibaud. » Aussi, Messieurs, n'avez-vous pas vu avec surprise ces allusions historiques que l'imagination brillante du défenseur de Laure Grouvelle a jetés dans ce débat, et déjà vous avez fait justice de l'odieux parallèle qu'il a essayé d'établir entre des époques si essentiellement différentes. Messieurs, il n'y a qu'un temps qui ressemble au temps que l'on n'a pas craint de vous rappeler : c'est l'époque de cette terreur que le talent du défenseur de Leproux a si énergiquement flétrie et à laquelle quelques fanatiques admirateurs de Robespierre et de Marat voudraient nous ramener.

» Quant au règne sous lequel nous vivons, il est jugé par tous comme il le sera par l'histoire. Oui, la postérité dira du prince qui nous gouverne qu'il a été magnanime et clément; elle dira qu'il a pardonné à l'un de ses assassins avant même que les larmes d'une mère eussent ému son noble cœur!

» Avons-nous pu taire aussi, Messieurs, que cette clémence, dont Huber a également ressenti les effets, avait été payée par lui de la plus coupable ingratitude?

»Vainement vous a-t-on plaidé que l'amnistie avait effacé jusqu'au droit de rappeler un précédent dont l'influence sur vos esprits est justement redoutée.

» L'accusation a eu raison sur ce point comme sur tous les autres. Non, l'amnistie n'a point aboli le souvenir du passé, quant à Huber. Huber a obtenu une grâce, une remise partielle de sa peine, mais il est toujours sous le coup de la surveillance prononcée par l'arrêt de sa condamnation. Cet antécédent judiciaire subsiste donc dans sa matérialité, et surtout dans toute sa force morale, comme un renseignement qui prouve combien cet homme est invariable et obstiné dans ses projets, puisque ni la répression de la justice, ni le pardon généreux qui lui a été accordé, n'ont pu désarmer sa fureur!

» Vous l'avez vu employant tous les moyens pour parvenir à son but : tantôt la fraude pour dérober les plans de la machine; tantôt, au moment où il désespère de l'obtenir, préméditant le meurtre de l'homme cupide qui la lui avait promise, et, s'arrêtant à un nouveau moyen plus effroyable que le premier pour accomplir ses projets d'animosité.

» Telles sont, Messieurs, les circonstances qu'il est impossible d'isoler des faits de l'accusation, car vous ne jugez pas seulement les faits, vous jugez aussi les hommes, et leur moralité est aussi pour vos consciences la mesure de la criminalité de leurs actions.

» Loin de nous la pensée d'exercer sur vos esprits, comme on n'a pas craint de le faire, je ne sais quelle intimidation.

« L'intimidation, elle est tout entière dans les faits du procès. Oui, la société s'épouvante de pareils complots; c'est à vous de la rassurer; vous remplirez dignement, nous en avons la conviction, ce devoir qu'elle vous a confié.»

M. le Président. Pendant que l'interprète, M. Wenger, fera la traduction à Steuble, les défenseurs pourront s'entendre sur le réquisitoire de M. le Procureur général.

Les défenseurs se lèvent en masse et quittent l'audience. La traduction de M. Wenger est achevée qu'ils ne sont pas encore de retour.

M. le Président. L'audience est suspendue pendant quelques minutes. On préviendra les défenseurs que la Cour est prête à les entendre.

A midi un quart l'audience est reprise. Me Arago réplique.

« Messieurs les Jurés, dit-il, la défense prévoyait-elle un événement impossible, un succès chimérique, lorsque, la lice ouverte, au début de la lutte, elle vous disait par ma bouche : « Je vous annonce que l'accusation » va mourir? » Non, Messieurs, elle prophétisait ; l'accusation est morte ; et si l'on essaie aujourd'hui de la ressusciter, on n'aboutit à rien qu'à la faire tressaillir, à la galvaniser une seconde pour la laisser bientôt rentrer dans le néant. L'édifice est détruit, bouleversé de fond en comble, il n'en reste plus pierre sur pierre, et M. le Procureur général, errant pendant deux heures au milieu de ces ruines, ramassant çà et là les débris dispersés de son réquisitoire, n'a pas pu reconstruire un cachot pour Huber, une prison sombre et froide pour mademoiselle Grouvelle. Non, non, quelque grande qu'elle soit, son éloquence accusatrice n'a point enfanté des miracles.

» Maintenant, Messieurs les Jurés, je vais m'asseoir, sans doute pour ne plus me relever, je vais me taire maintenant, et, quoique j'aie la conscience d'avoir remis à leur place, c'est-à-dire, dans la poussière, les premiers arguments de M. le Procureur général ; quoique j'aie la conscience d'avoir brisé les seconds, j'hésite à quitter la parole ; j'hésite, car je suis torturé de cette affreuse pensée, de cette idée poignante que si le malheur voulait qu'un verdict égaré frappât la tête d'Huber, un innocent devrait sa condamnation à mon inexpérience, à ma débilité.

» Souffrez donc, je vous en adjure, souffrez que je termine en faisant un appel à vos âmes généreuses. Depuis tantôt trois mois, je vis avec Huber, je le vois tous les jours, tous les jours, à toute heure, et je le connais bien..... on se connaît vite en prison ! Le cachot, Messieurs, c'est un confessionnal dont l'avocat est le ministre ; écoutez-moi religieusement ; je ne parle pas seulement devant vous qui êtes sujets à l'erreur ; je parle devant Dieu, devant Dieu qui m'approuve : si dans le cœur d'Huber j'avais trouvé du fiel, si j'y avais trouvé des haines vindicatives et de la soif du sang, je serais encore venu vous dire à cette barre : « Huber n'est pas coupable de complot, vous devez l'acquitter. » Mais, je vous le déclare, aucune puissance au monde ne m'eût fait ajouter : « Huber est un homme que j'estime, un homme que j'aime ; que j'aime ! entendez-vous?..... que je n'oublierai jamais, comme j'ai l'espérance qu'il ne m'oubliera pas... un homme que je voudrais pour mon frère... mon frère ! vous me le rendrez. »

On entend ensuite Me Hemerdinger pour Steuble ; Me Tesle, défenseur de Leproux, se livre à une nouvelle discussion légale sur les caractères du complot et termine par quelques mots sur les faits particuliers à Leproux.

Me Leboud réplique pour Giraud, et Me F. Barrot pour de Vauquelin.

L'audience est de nouveau suspendue à deux heures et demie. A la reprise, Me Favre, passe de nouveau en revue tous les faits de la cause.

M. Wenger fait à Steuble l'analyse de la plaidoirie de Me Favre.

Les plaidoiries sont achevées.

L'audience est levée à 5 heures et demie, et remise à demain 10 heures.

Audience du 25 mai.

A 11 heures moins un quart, l'audience est ouverte.

M. le Président. Accusée Laure Grouvelle, avez-vous quelque chose à ajouter pour votre défense?

Mademoiselle Grouvelle : Si je prends la parole, MM. les Jurés, ce n'est pas pour ajouter à ma défense; c'est poussée par le besoin impérieux de donner un témoignage public de ma gratitude à celui qui est venu vous dire, avec tant d'âme, de courage et de bonne foi, quelle a été ma vie, quelles sont mes pensées les plus intimes. Ce qu'il a si bien deviné, je ne l'aurais pas si bien dit. Mon cœur est pour lui plein d'admiration et d'affection. Souvenez-vous qu'enveloppée dans un réseau fatal, c'est à lui et aussi à votre consciencieuse déclaration, MM. les Jurés, que je devrai la liberté, et plus que la liberté, la vie de ma mère.

» Oui, MM. les Jurés, mon cœur me le dit d'avance et il ne m'a jamais trompée, vous ne nous séparerez pas, vous nous rendrez tous à la liberté, et ce soir quand vous rentrerez dans vos familles, quand vous serez entourés de vos femmes et de vos enfans, chacun de vous se dira avec joie et bonheur : Je l'ai rendue à sa vieille mère.

« Maintenant, permettez-moi d'apporter quelques consolations à une conscience, qui, je le crois, n'est pas tranquille. (Se tournant vers Valentin.) Valentin je vous pardonne; Huber, M. de Vauquelin et moi, nous vous pardonnons les infâmes inventions que vous avez faites contre nous..... Si jamais vous êtes malheureux, si vous êtes malade, si tous les cœurs se sont retirés de vous, souvenez-vous que je suis au monde et que je ne suis pas venue pour juger les hommes, mais pour les soigner, les aimer et les consoler !...... »

M. le Président. Huber avez-vous quelque chose à ajouter à votre défense?

Huber. Je m'en rapporte à la défense de mon avocat et à la conscience de MM. les Jurés.

Les accusés Steuble, Leproux, V. Giraud, Annat, de Vauquelin et Valentin déclarent qu'ils n'ont rien à ajouter.

M. le Président. MM. les Jurés ont ils quelques questions à adresser. (Tous gardent le silence.) Les débats sont clos.

M. le Président fait le résumé des longs débats de cette affaire.

M. Wenger traduit pour Steuble la partie du résumé qui le concerne.

M. le Président donne lecture à MM. les Jurés des 32 questions auxquelles ils auront a répondre, et, à une heure un quart, ils entrent dans la salle de leurs délibérations.

A quatre heures vingt minutes, un coup de sonnette se fait entendre. MM. les Jurés sont introduits et prennent place.

Le chef du Jury. En mon honneur et conscience, devant Dieu et devant les hommes, sur le premier chef d'accusation (complot contre la vie du Roi), non les accusés ne sont pas coupables.

Sur le deuxième chef d'accusation (complot ayant pour but le renversement du Gouvernement), OUI, à la majorité, Huber est coupable.

Ce complot a-t-il été suivi d'actes préparés pour en consommer l'exécution ? OUI.

Fait principal. Oui, à la majorité, la d^lle Laure Grouvelle est coupable.

Circonstance. Non.

A la majorité, il y a des circonstances atténuantes en faveur de l'accusée.

Fait principal. Oui, à la majorité, Steuble est coupable.

Circonstance. Non.

Il y a des circonstances atténuantes en faveur de l'accusé.

Non, l'accusé Leproux n'est pas coupable.

Fait principal. Oui, à la majorité, Vincent Giraud est coupable.

Circonstance. Non

Il y a des circonstances atténuantes en faveur de Giraud.

Fait principal. Oui, à la simple majorité Annat est coupable.

Circonstance. Non.

A la majorité, il y a des circonstances atténuantes en faveur d'Annat.

Non, l'accusé Vauquelin n'est pas coupable.

Non, l'accusé Valentin n'est pas coupable.

M. le Président donne l'ordre d'introduire les accusés Leproux, de Vauquelin et Valentin, et rend l'ordonnance d'acquittement.

Les accusés Laure Grouvelle, Huber, Steuble, Vincent Giraud et Annat sont amenés par les gendarmes.

M. le Président. Nous recommandons aux défenseurs de la modération, du calme. Ils doivent l'exemple.

Huber, d'une voix étouffée. Nous devions nous y attendre, avec de pareils hommes!

M. le Président parvient à rétablir le silence et donne l'ordre à M. Catherinet, greffier, de faire lecture aux accusés de la déclaration du jury.

Huber entend la déclaration affirmative en ce qui le concerne; mais au moment où il entend la lecture de la déclaration affirmative à l'égard de mademoiselle Grouvelle, on le voit fouiller à sa poche. Les gardes, qui suivent tous ses mouvements, se précipitent sur lui. On entend l'un d'eux s'écrier : « Il a une arme... un canif. » (Mouvement général.)

Une lutte longue et violente s'engage entre l'accusé Huber et ses gardes. Laure Grouvelle se précipite sur lui et joint ses efforts à ceux des gardes municipaux pour désarmer son coaccusé; les avocats de la cause joign.nt à leurs efforts physiques les plus énergiques allocutions.

Un garde municipal parvient, après de longs efforts, à s'emparer du canif.

Mademoiselle Grouvelle. Voyez donc s'il s'est blessé.

Huber, d'une voix sourde. Non, rien!

Mademoiselle Grouvelle. Voyez! voyez toujours!

Huber. Non, je n'ai rien : vous m'avez mal servi... je vous aurais montré si j'étais un homme de courage.

L'accusé déboutonne son gilet et semble, en écartant ses vêtements, chercher à rassurer mademoiselle Grouvelle.

« Infâmes! s'écrie-t-il, en se levant tout à coup l'œil en flamme, la bouche écumante; infâmes! vous avez osé condamner la vertu...

M. le Président. Gardes, faites asseoir Huber et contenez-le.

Huber. Infâmes! vous ne connaissez donc pas ce que c'est que la vertu, puisque vous avez osé la condamner.

M. le Président. Huber, taisez-vous; n'aggravez pas votre position.

Huber. Je m'occupe bien peu de moi, allez! mais avoir condamné cet ange... Hommes corrupteurs et corrompus, vous ne pouvez que condamner la vertu... Misérables valets !

Les efforts des gendarmes pour contenir Huber sont impuissants. Il lutte contre trois d'entre eux. Mademoiselle Grouvelle lui ferme la bouche avec la main; Huber se replie, se débat et parvient à recouvrer l'usage de la parole : « Monstres que vous êtes, s'écrie-t-il, en montrant le poing aux jurés, monstres que vous êtes, votre crime ne restera pas impuni. »

M. le Procureur général. Nous requérons, conformément aux dispositions de la loi de septembre 1835, qu'Huber soit conduit hors de l'audience, pour la déclaration du jury être lue et l'arrêt rendu en son absence.

Huber. Oui, rendez vos arrêts, hommes du pouvoir...; mais prenez garde au réveil du peuple.

Mademoiselle Grouvelle. Gardez le silence, Huber, mon cher Huber ! Soyez calme.

Huber. Oui ! Oui ! mais laissez-moi donc faire rougir ces misérables avant de partir pour les cachots !

La Cour, au milieu du tumulte causé par cette scène, rend un arrêt qui ordonne qu'Huber sera immédiatement reconduit en prison.

M. le Président. Gardes, exécutez l'arrêt de la Cour.

Huber. Je ne sortirai pas ; vous m'arracherez plutôt en lambeaux.

Mademoiselle Grouvelle. Huber, obéissez.

Huber. Non ! non ! Il faut qu'ils rougissent à ma voix. Ils vous ont condamnée !

Huber lutte en désespéré avec les gardes qui sont obligés d'avoir recours à toute leur force ; mais il résiste et se cramponne au banc.

Un tumulte affreux, et dont les annales judiciaires n'offrent pas d'exemple, s'élève dans l'auditoire. Des jeunes avocats montent sur la barre, et luttent avec les gardes. Mademoiselle Grouvelle tient Huber enlacé dans ses bras, et s'écrie : « Non, non, il ne sortira pas, il faut qu'il reste... » Plusieurs dames, assises aux places réservées, se lèvent en poussant des cris d'effroi...

M. le Président et M. le Procureur général se lèvent à leur tour, mais leur voix ne peut dominer le bruit. Cette scène de confusion et de désordre se prolonge pendant plusieurs minutes ; Huber continue à se débattre avec force... Des vociférations éclatent dans le fond de l'auditoire.

M. le Procureur général. Nous requérons que la Cour ordonne l'évacuation de la salle.

Cette réquisition est de suite exécutée.

Cependant, mademoiselle Grouvelle parvient à calmer Huber. Il se rassied à sa place. Le calme se rétablit peu à peu, et M. le Président peut prendre la parole. « Nous prions, dit-il, la défense de nous venir en aide pour l'exécution des arrêts de la Cour. Il faut qu'Huber quitte l'audience.

Enfin, après quelques moments d'hésitation, Huber se lève ; mais, avant de quitter la salle, il s'écrie : « Le sang de Morey sera vengé... valetaille, gens corrompus, vendus, vous avez condamné la vertu..... Mais, vous ne m'assassinérez pas dans vos cachots ! mais, je vous en réponds, je... »

Ses dernières paroles se perdent dans les couloirs.

M. le Président. Que l'on rouvre les portes et que l'on fasse rentrer le public.

M. Wenger traduit à Steuble la déclaration du jury. Steuble accueille cette lecture par des signes de dénégation.

M. le Procureur général se lève et requiert contre Huber l'application des art. 87 et 89 du Code pénal, et contre les autres accusés l'application des art. 87, 89 et 463 du Code pénal. Spécialement contre Annat l'application de l'art. 56 du même Code.

Annat. Moi, je demande à partager le sort de tous les autres.

M. le Président. Les défenseurs ont la parole sur l'application de la peine.

M° Arago. Comme je tiens à honneur de répondre jusqu'au bout à l'honorable confiance qu'Huber m'a accordée, je ne dirai pas un seul mot sur l'application de la peine. Quant à Annat, je rappellerai une simple circonstance, c'est que je n'ai presque pas insisté pour sa défense, parce que je considérais l'accusation comme abandonnée à son égard.

Me Favre. Je n'ai pas besoin de vous dire, MM. de la Cour, que je suis abattu et consterné du verdict que je viens d'entendre. Puisque mes paroles n'ont pu trouver grâce devant le jury, puisqu'après ce verdict même, en descendant dans ma conscience, dans mon cœur, je n'y trouve que de la douleur et quelque chose aussi de plus, je ne dirai rien : la Cour sait que c'est une femme que son arrêt va frapper, et qu'elle est le seul soutien de sa vieille mère.

M. Billiard, placé au banc de la défense. La Cour veut-elle me permettre...

M. le Président. La Cour ne peut rien vous permettre, vous n'êtes pas dans l'affaire.

M. Billiard, élevant la voix. Je jure devant Dieu et devant les hommes que mademoiselle Grouvellé est innocente.

M. le Président. Gardez le silence, Monsieur; cette affirmation n'est pas convenable en présence de la déclaration du jury.

Me Hemerdinger. Après la déclaration du jury, je n'ai rien à dire pour Steuble. Le jury, dans sa sévérité, l'a condamné, la Cour prononcera.

Me Leblond. Je n'ai pas même la force de dire un mot pour Vincent Giraud.

Annat, riant : Quant à moi, je ne veux ni grâce ni pitié, prononcez.

M. le Procureur général. Nous prions M. le Président de vouloir bien faire traduire à Steuble nos réquisitions.

M. Wenger fait cette traduction.

Steuble. Je n'ai aucune connaissance de tout cela. Si la Cour le juge convenable, qu'elle me condamne avec toute la sévérité des lois.

La Cour se retire pour délibérer; au bout de trois quarts d'heure, elle rentre en séance.

M. le Président. M. Wenger va donner connaissance à Steuble de l'arrêt qui a été rendu vis-à-vis de Huber.

Me Favre. Avant que l'arrêt soit prononcé, je demande acte à la Cour de ce qu'il n'a point été donné connaissance à Steuble des réquisitions prises par M. le Procureur général contre Huber, et de ce que la Cour s'est retirée pour délibérer avant de lui avoir fait traduire l'arrêt rendu sur les dites réquisitions.

M. le Procureur général. La Cour a ordonné que cette connaissance soit donnée à Steuble, avant même que vous ayez commencé votre observation.

M. le Président. Me Favre, prenez des conclusions.

Me Arago. Je demande acte à la Cour...

M. le Président. Permettez, ne mêlons pas ainsi des incidents dans des incidents.

Me Favre donne lecture de ses conclusions, et M. le Procureur général déclare s'en rapporter à la sagesse de la Cour.

La Cour, après un court délibéré, donne acte à la défense des faits articulés.

Me Arago. J'ai aussi des conclusions à poser. Je demande qu'il plaise à la Cour, sauf à déférer sur ce point le serment, donner acte que, pendant toute la première plaidoirie de Me Favre, un juré a constamment lu un journal. La Cour verra si elle doit déférer le serment à ce juré; nous nous en rapportons sur ce point à sa prudence.

M. le Procureur général. La Cour ne peut admettre de semblables conclusions. Si le fait était vrai, ce que nous n'admettons pas, ce que nous nions formellement...

Me Arago. Il est constant, tout le monde l'a vu.

M. le Procureur général. Si le fait était vrai, il fallait en demander acte au moment où il a eu lieu, la Cour, en ce moment, ne peut y avoir aucun égard, elle doit repousser purement et simplement ces conclusions.

Me Arago. C'est en mon nom, parce que j'ai vu, c'est au nom de mes confrères, qui ont vu comme moi, que j'ai pris des conclusions. J'ai demandé que la Cour déférât le serment au juré que cela regarde. C'est un fait qui intéresse à un haut degré sa conscience. Il est de son honneur de répondre oui ou non. Il n'est pas nécessaire, je pense, que je le désigne.

M. le Président. Non pas, Monsieur, vous ne le devez pas.

Me Favre. C'est le second juré ; c'est une chose notoire.

M. le Procureur général. Si vous insultez les jurés, nous prendrons des réquisitions formelles contre vous.

Me Favre. Je n'insulte pas un juré en rappelant un fait que tout le monde a pu voir.

M. le Procureur général. C'est une insulte faite en haine de la déclaration que vient d'être rendue, faite *ab irato*.

Me Favre. Je déclare que je n'ai pas été poussé par la haine, mais que j'ai exercé un droit de la défense. Il est constant que le second juré, pendant toute la plaidoirie, a lu un journal avec une affectation marquée ; toute le monde a pu le voir.

Me Arago. Et c'était le journal la *Presse.*

Me Favre. Il est certain que, pendant qu'il faisait cette lecture, il n'a pas pu prêter attention à ma défense. Si je n'ai pas demandé acte de ce fait pendant qu'il avait lieu, c'est que j'ai craint d'indisposer le juré, et cela était tout naturel. Ma remarque eût pu lui paraître dure. En ce moment, je n'ai pas les mêmes ménagements à garder. Je rappellerai à cette occasion que, lors du jugement du complot de l'impasse Saint-Sébastien, M. le Président Moreau renvoya d'office les débats à une autre session, parce qu'il s'aperçut qu'un des jurés consultait son journal. Or, pendant toute ma plaidoirie, le juré a toujours lu un journal. Les jurés doivent toute leur attention à la défense. J'ai le droit de le dire, surtout en présence d'un verdict aussi inattendu.

M. le Président. Je croyais une déclaration de jury respectable pour tout le monde, mais particulièrement pour les membres du barreau.

Me Favre. Il ne s'agit que d'un fait à constater.

M. le Président. Je ne vous parle, Me Favre, que de votre observation déplacée sur la déclaration du jury.

Me Favre. Eh ! Monsieur, j'exprime ce que je sens.

Me Hemerdinger. Nous insistons pour que M. le Président interpelle M. le Juré sur le point de savoir s'il n'a pas lu un journal pendant toute la plaidoirie de Me Favre. Ce fait est vrai, je l'atteste.

Me Leblond. J'adhère à ces conclusions et j'ajoute que le fait est vrai.

Me Arago. Je regrette que Me Teste ne soit pas présent ; il pourrait attester la vérité de ce fait.

Me Teste. Je suis présent.

Me Arago. Me Teste, j'en appelle à votre témoignage.

Me Teste. Permettez, Me Arago... La Cour fait-elle une enquête ?

M. le Président. Non, sans doute.

Me Teste se rassied.

La Cour se retire, et, après une longue délibération, rend l'arrêt suivant :

« La Cour ;

» Considérant que le fait dont il est demandé acte ne serait pas de ceux qui sont interdits par la loi aux jurés ; que si, dans certaines circonstances, il pouvait autoriser la Cour à prendre des mesures qu'elle croirait utiles pour la bonne administration de la justice, au point où sont arrivés les débats, il ne pourrait avoir aucune importance, dit qu'il n'y a pas lieu de vérifier le fait, soit d'en donner acte. »

Me Arago. Nous demandons seulement à lire la liste des personnes qui sont prêtes à attester le fait.

M. le Président. Il y a arrêt.

Me Hemerdinger veut prendre de nouvelles conclusions, mais on lui oppose que la question qu'il veut soulever a été tranchée par l'arrêt, et il ne persiste pas.

M. le Président prononce, au milieu d'un profond silence, un arrêt par lequel :

« Considérant qu'Huber est déclaré coupable de complot ayant pour but de détruire et renverser le Gouvernement ; que ce complot a été suivi d'actes préparés pour en consommer l'exécution, ce qui constitue le crime de complot prévu par les articles 89 du Code pénal et 2 de la loi du 9 septembre 1835 ;

» Condamne Huber à la peine de la *déportation* ; ordonne que jusqu'à qu'il ait été établi un lieu de déportation, il subira sa peine dans une prison située dans le royaume.

» La Cour, vu les articles 9 et 10 de la loi du 9 septembre 1835, ordonne que l'arrêt sera lu à Huber dans sa prison, et qu'il sera averti qu'il a trois jours pour se pourvoir en cassation ;

» A l'égard des accusés Laure Grouvelle, Steuble et V. Giraud ;

» Considérant qu'il résulte de la déclaration du jury qu'ils se sont rendus coupables du crime de complot ci-dessus spécifié, mais sans qu'il ait été suivi d'actes préparés pour en consommer l'exécution, crime prévu par les articles 20 et 89 du Code pénal ;

» Considérant qu'il a été reconnu, en leur faveur, des circonstances atténuantes.

La Cour condamne Laure Grouvelle et Steuble à cinq années d'emprisonnement, et Vincent Giraud à trois années de la même peine.

» A l'égard d'Annat, considérant qu'il a été reconnu coupable d'avoir participé audit complot, sans qu'il ait été suivi d'actes préparés pour en consommer l'exécution ; considérant qu'il a été frappé précédemment d'une peine afflictive et infamante, crime prévu par les articles 20, 89 et 56 du Code pénal ; considérant, en outre, qu'il a été reconnu en sa faveur des circonstances atténuantes ;

» La Cour condamne Annat à cinq années d'emprisonnement ; condamne tous les accusés solidairement aux frais ; fixe à un an la durée de la contrainte par corps. »

M. Wenger transmet à Steuble l'arrêt de la Cour.

M. le Président. L'audience est levée.

N. B. Par un arrêt, en date du 30 juin 1838, la Cour de cassation a rejeté le pourvoi de tous les condamnés.

FIN.